Armin Nassehi und Peter Felixberger

Editorial

Das *Kursbuch* wird 50 Jahre alt. Gegründet im Jahre 1965 von Hans Magnus Enzensberger, weitergeführt von Nachfolgern in wechselnden Verlagen und Formaten, sind bis zum Frühjahr dieses Jahres 181 Ausgaben erschienen. Dass diese kontinuierliche Zählung womöglich mehr Kontinuität suggeriert, als es die diskontinuierliche Geschichte des *Kursbuchs* in seinen Textsorten, Denkungsarten und Autoren, aber eben auch im Wandel der Zeitläufte verbürgt, kann nur einem Beobachter aufstoßen, der Kontinuität mit Stillstand oder Stabilität gleichsetzt. *Continere* heißt in erster Linie *enthalten* – etwas zu kontinuieren bedeutet also, dass das Neue das Alte und Überwundene enthält, sonst könnte es gar nicht neu sein, sonst könnte es sich nicht verändern. Das hat sogar in den theologischen Sprachgebrauch Eingang gefunden, da die Erfahrung der sich verändernden Welt irgendwie dem Gedanken der Schöpfung am Anfang zuwiderlief, so dass man auf *creatio continua* umgestellt hat, was Gott in die merkwürdige Lage versetzt, zwar allmächtig zu sein, sich aber durch seine eigene Schöpfung eingeschränkt zu sehen.

Die Kontinuität von 181 *Kursbüchern* besteht also vor allem darin, dass es sie gibt und dass sie irgendwie immer in sich selbst enthalten sind – und darin eben unterschieden werden können. Ihre Kontinuität ist ihre Diskontinuität. Und nur wo man wenigstens Kontinuitätszumutungen macht, können Veränderungen sichtbar werden, die stärker von dem Vorherigen abhängig sind, als es Novitäts- und Originalitätsbehauptungen oftmals hergeben.

Wir könnten nun dem großen Jubiläum entsprechend mit wirklich Pathetischem fortfahren, was uns ja schon in die Nähe des Schöpfers selbst gebracht hat. Wir könnten das *Kursbuch* rühmen, womöglich die früheren Herausgeber, in der Hoffnung, selbst von späteren einmal gerühmt zu werden. Wir könnten darauf hinweisen, wie sehr das *Kursbuch* in die Debatten der Bundesrepublik eingelassen war. Wir könnten auch historisierend analysieren, wie sich die Zeiten dann doch verändert haben – nicht nur der Stil der Kritik, sondern auch ihr Gegenstand. Wir könnten also hinter das *Kursbuch* zurücktreten und es selbst zum Gegenstand machen. Oder aber, und dafür haben wir uns entschieden, wir tun das, was wir selbst seit 2012 mit dem *Kursbuch* tun: *weiterschreiben*. Wir schreiben das *Kursbuch* weiter, und zwar in dieser Ausgabe mit zwei unterschiedlichen Textsorten. Zum einen werden frühere *Kursbuch*-Texte *wirklich* weitergeschrieben, zum anderen wird in längeren Essays erkundet, wie das, als was das *Kursbuch* stets wahrgenommen wird, weitergeschrieben werden kann: *Kritik, Revolte, Protest.*

Wir haben Autorinnen und Autoren des *Kursbuchs* gebeten, eigene frühere Texte buchstäblich weiterzuschreiben. Dabei haben wir sie mit einem Ausschnitt eines Textes konfrontiert, an den sie frei anschließen sollten. Der älteste dieser Texte stammt von Bahman Nirumand aus dem *Kursbuch* 13 aus dem Jahre 1968, der jüngste von Barbara Sichtermann aus dem *Kursbuch* 145 aus dem Jahre 2001. Die Spannung zwischen Kontinuität und Diskontinuität ist diesem Weiterschreiben ja gewissermaßen als zweite Natur eingeschrieben. Die acht Beiträge arbeiten sich regelrecht daran ab, wie sich die eigenen Perspektiven verändern, wie Befürchtungen sich bewahrheitet haben, wie sich Fragen heute ganz anders stellen, wie begrenzt mancher frühere Blick war und wie sehr das auch bedeutet, dass uns die Begrenzungen unseres heutigen Blicks ähnlich unsichtbar bleiben wie diejenigen von damals.

Wir greifen zwei Beispiele heraus: So beeindruckt schon Krisztina Koenens Beitrag aus dem *Kursbuch* 102 von 1990 damit, wie sie die damals geradezu revolutionären Erwartungen an eine Demokratisierung Europas nach 1990 bezweifelt hat, um sich nun, weiterschreibend, am Beispiel Ungarns darin bestätigt zu sehen. Sie weist dabei auf die geradezu paradoxe Folge hin, dass mit der Integration gescheiterter Demokratien in die »westliche« Hemisphäre deren demokratische Selbstkritik geradezu unmöglich wird, weil man dann das eigene wieder zum anderen machen müsste.

Besonders beeindruckend und vielleicht auch repräsentativ für eine ganze Generationserfahrung ist die Relektüre von Bahman Nirumand. Seine Rolle bei der Öffnung des sehr engen, auf sich selbst bezogenen Blicks der Bundesrepublik für deren Verflechtung mit der sogenannten »Dritten Welt« kann nicht unterschätzt werden. Jenseits von Vietnam hat er am Beispiel des Irans bereits früh auf Verflechtungen hingewiesen, die erst sehr viel später als Globalisierungserfahrung geradezu universal werden sollten. Beeindruckend ist, wie er zeigt, wie sehr diese Aufklärungsarbeit damals von ganz eigenen Scheuklappen begleitet war – etwa in der Einschätzung der chinesischen Kulturrevolution, die man damals nicht als das große Verbrechen wahrnehmen wollte, das sie in erster Linie war. Und dennoch haben diese Scheuklappen keineswegs jenen Lernprozess behindert, den Nirumand beschreibt: dass Deutschland und Europa weltoffener und pluralistischer geworden sind – was man vom Iran wohl kaum behaupten kann, der vom autoritären Modernisierungsregen des Kalten Krieges in die Traufe der Islamisierung kam. Wenn diese biografische Bemerkung erlaubt ist: Einer der Herausgeber (Armin Nassehi) ist Bahman Nirumand, der als Student mit seiner schwäbischen Mutter und seinem persischen Vater befreundet war, Anfang der 1960er Jahre schon einmal begegnet, als Kleinkind. Auch die Art dieser Begegnung hat sich in 50 Jahren verändert.

Hannelore Schlaffer, Barbara Sichtermann, Cora Stephan, Stefan Welzk, Konrad Paul Liessmann und Peter Schneider, die sechs weiteren Leser und Kommentatoren ihrer eigenen Texte, machen allesamt ganz ähnlich darauf aufmerksam, wie sich die Perspektiven verschoben haben und wie sehr Kritik an die eigenen Kontexte gebunden ist, ohne ihren Stachel über die Zeit zu verlieren, gerade weil sie sich an manchen Stellen selbst korrigieren muss.

Vielleicht ist Selbstkorrektur ein gutes Stichwort für die fünf Beiträge, die sich der Frage nach den Möglichkeiten von Kritik widmen. Denn in all diesen Beiträgen geht es um exakt dies: Welche Potenziale haben Gesellschaften, sich selbst zu korrigieren, weiterzuentwickeln, überhaupt Korrekturbedarf auszumachen. Karen van den Berg exerziert dies an einem geradezu klassischen Thema durch, nämlich am Beispiel der Kunst, die der bürgerlichen Gesellschaft als ihr ganz eigenes Anderes stets den Spiegel vorgehalten hat. Van den Berg macht hier eine deutliche Kontinuität aus, die sich heute freilich neue Arrangements für die künstlerische Bearbeitung von Asymmetrien zwischen Kunst und Establishment sucht. Die beiden Beiträge von Rahel Jaeggi und Armin Nassehi beginnen theoretisch und methodisch an ganz unterschiedlichen Stellen und kommen auch zum Teil zu unterschiedlichen Ergebnissen bezüglich der Möglichkeitsbedingungen von Kritik – aber beide machen besonders stark deutlich, dass Kritik immer weniger mit dem Überblick des Kommandohügels operieren kann. Kritik muss immer stärker mit den konkreten empirischen Ressourcen rechnen, die zur Verfügung stehen, sie muss Praktikabilität nachweisen, um nicht ins Leere zu laufen. Daran schließt Mark Greifs lapidare Bemerkung an, dass wir uns Kritik nicht mehr wie in Kants *Diktum vom Ausgang aus der selbst verschuldeten Unmündigkeit* vorstellen dürfen: Erwachsen zu werden reiche nicht, meint der Mitbegründer und Mitherausgeber des amerikanischen Literaturmagazins *n+1*.

Der historische Beitrag von Georg von Wallwitz bindet unsere beiden Textsorten zusammen, weil er auch eine Relektüre darstellt. Von Wallwitz rekonstruiert die revolutionäre Bedeutung von Kommunarden – gemeint sind einerseits diejenigen aus dem Paris des Jahres 1871, andererseits die Kommunarden der 1968er Jahre, die sich semantisch explizit auf die Pariser Kommune bezogen haben. Die zweite, so von Wallwitz, war eine bürgerliche Bewegung, die erste, so seine Bemerkung, meinte es wirklich ernst. So unterschiedlich beide waren, so sehr hat sich beider Kritik in die gesellschaftliche Entwicklung eingeschrieben. 1871 und 1968, so schreibt von Wallwitz, haben die Gesellschaft toleranter, durchlässiger und kritikfähiger gemacht – nicht ohne andeutend hinzuzufügen, dass diese gute Nachricht auf eine neue *Belle* Èpoque hinweist, die zwar genossen werden will, uns aber auch zu Schlafwandlern machen kann.

Ganz besonders möchten wir auf unsere Bildstrecke hinweisen. Es ist uns gelungen, die drei *Grandes Dames* der politischen Fotografie in Deutschland zu gewinnen, die uns ihre Eindrücke von Kontinuität und Diskontinuität und von Protest, Revolte und Kritik zur Verfügung gestellt haben. Barbara Klemm, Herlinde Koelbl und Regina Schmeken bieten hier Einblicke in historische Situationen – mit und ohne historische Persönlichkeiten, aber alle von historischer Bedeutsamkeit und Unterscheidbarkeit.

Wir haben schon angekündigt, dass wir auf Pathos möglichst vollständig verzichten wollen, sondern das *Kursbuch* einfach weiterschreiben wollten. Eine Spur Pathos haben wir uns dann doch erlaubt, indem wir die Cover aller bisherigen *Kursbücher* zur Abbildung bringen, was wirklich ein beeindruckendes Bild ergibt. Noch schöner, weil ein wenig paradox, wäre es gewesen, wenn auch das Cover dieses vorliegenden *Kursbuchs* schon dabei gewesen wäre. Abgesehen von der Paradoxie des Sachverhalts und der produktionstechnischen Herausforderung möchten wir das Fehlen dieses Covers als expliziten Ausdruck dessen verstehen, auch nach 50 Jahren *Kursbuch* auf jegliches Pathos verzichtet haben zu wollen.

München, im Mai 2015
Armin Nassehi und Peter Felixberger

Georg von Wallwitz

Schlafwandler aus den Kommunen

Nach dem Ende des gesellschaftlichen Brodelns

In Frankreich ist das Jahrhundert der Revolutionen bis heute ein offenes Thema, welches bis in die Tagespolitik hineinragt. Die große Revolution von 1789 endet keineswegs mit der Kaiserkrönung Napoleon Bonapartes. Sechzehnmal haben die Bürger von Paris zwischen 1789 und 1871 Barrikaden auf ihren Straßen gebaut, bereit zum Häuserkampf: Royalisten gegen Republikaner, Klerikale gegen Säkulare, Bürger gegen Arbeiter, Kommunisten und Anarchisten gegen alle anderen oder auch gegeneinander. Am Ende sogar Männer gegen Frauen. Das unverdaute Ende dieser Epoche macht Frankreich bis heute zu schaffen. Das Zeitalter der Französischen Revolution endete erst 82 Jahre nach dem Sturm auf die Bastille mit der Zerstörung erheblicher Teile von Paris in Krieg und Bürgerkrieg, in einem bemerkenswerten Gleichklang von Naivität und Brutalität, welche die nachfolgenden Revolutionsjahre 1918 und 1968 in Westeuropa wie Sandkastenspiele aussehen ließen. Die Gräben in der Gesellschaft sind bis heute tief und lähmen das Land bei jedem Reformversuch. Das gesellschaftliche Brodeln ist in Frankreich durch glanzvolle Zwischenzeiten immer nur überdeckt, nie aber befriedet worden.

Auslöser der *Kommune* war die desaströse Niederlage Frankreichs gegen Preußen im Krieg von 1870/71. Napoleon III. fühlte sich stark nach Siegen gegen die Russen (1854 im Krimkrieg) und die Österreicher (im Sardischen Krieg 1859) und traute sich noch mehr zu. Aus recht nichtigem Anlass (es stand zur Diskussion, ob ein Hohenzollern-Prinz die spanische Erbfolge antreten könnte) verlangte er eine Unterwerfungsgeste von Preußen. Seine Generäle versicherten ihm, die Emporkömmlinge aus dem Osten seien leichte Beute, ein Unterschied zwischen Preußen und Österreich sei nicht auszumachen. Diese Geisteshaltung nahm Bismarck als Gelegenheit wahr, denn auch ihm versicherten seine Generäle, mit den Franzosen werde man spielend fertig. So nahm er die Provokation gerne an, und Frankreich erklärte postwendend den Krieg. Die süddeutschen Mittelmächte stellten sich, wie von Bismarck kalkuliert, an die Seite Preußens.

Auf beiden Seiten des Rheins freute man sich auf den Krieg, aber die Stimmung in Paris war besser, als die harten Tatsachen es rechtfertigten. Das Offizierskorps war ein Hort der Vetternwirtschaft und bei den einfachen Soldaten unbeliebt. Es fehlte ein echter Oberkommandeur: Als Neffe des gefühlt größten Feldherrn aller Zeiten sah Napoleon III. keine Notwendigkeit, den Siegeskranz einem Dritten zu überlassen, und übernahm selbst die Regie in diesem Feldzug. Der Aufmarsch war chaotisch und langsam, es fehlten Uniformen, topografische Karten und Versorgung. Lediglich zwei Drittel der erwarteten Soldaten meldeten sich bei ihren Sammelstellen, der Rest verpasste urlaubs- oder krankheitsbedingt diesen wichtigen Termin. Die deutsche Armee wurde von einem echten General kommandiert. Sie rollte über fünf ausgebaute Bahnlinien Richtung Elsass. Den Franzosen stand lediglich eine einzige Linie zur Verfügung. Fünfzig deutsche Züge fuhren jeden Tag an die Front gegenüber zwölf französischen. Nach 18 Tagen hatten die Deutschen 1,2 Millionen Soldaten an der Grenze stehen – während ein in Panik geratener französischer General ins Hauptquartier telegrafierte: »Bin in Belfort angekommen. Kann meine Brigade nicht finden. Kann den Divisionskommandeur nicht finden. Was soll ich tun? Weiß nicht, wo meine Regimenter sind.«

Der Krieg war besonders ruhmlos für die französische Armee. Eine Schlacht nach der anderen ging verloren, und schließlich, am 2. September 1870 in der Schlacht bei Sedan, auch der Kaiser selbst. Er wurde in Kassel eingesperrt und bald nach England ins Exil geschickt – im 19. Jahrhundert bereits der dritte französische Monarch, der auf der ungeliebten Seite des Kanals um Unterschlupf bitten musste. In Paris sorgte dies für erheblichen Unmut in der Bevölkerung, und der radikale Antiimperialist Léon Gambetta rief am 4. September zweimal die Republik aus (am Morgen und am Abend). Dies war die Geburt der Dritten Republik.

Es entstand ein gewaltiges Machtvakuum. Eine legitime Zentralregierung gab es nicht mehr, und hätte es sie gegeben, so hätte sie keinen Zugriff auf die Hauptstadt mehr gehabt, denn diese wurde nun von den Preußen und ihren Verbündeten belagert. Es entstand unter der Führung von Adolphe Thiers, der bereits unter dem Bürgerkönig Louis Philippe Ministerpräsident gewesen war, eine Regierung. Diese berief sich auf die aus Paris geflohenen Parlamentarier und erneuerte diese Legitimation durch eilig durchgeführte landesweite Wahlen. Andererseits bildete sich in Paris eine eigene Regierung, ein kommunaler Zusammenschluss aus den Abgeordneten der Arrondissements. Diese »Kommune« genannte Regierung nahm die Angelegenheiten der Stadt in die Hand, solange sie abgeschnitten war vom Rest des Landes, welches ohnehin keine ordentliche Regierung hatte. Sie wurde von Anfang an von den Abgeordneten der Arbeiterviertel im Osten der Stadt dominiert, die auch die Hauptlast des Krieges tragen mussten. Diese Arrondissements stellten darüber hinaus den Großteil der Nationalgardisten, welche aus der Mitte der Bevölkerung rekrutiert wurden, um die Stadt gegen den heranrückenden Feind zu verteidigen.

Die Kommune in Paris hatte kein Mandat und war zu links, zu sozialistisch und anarchistisch, um im Rest des konservativen Landes Autorität ausüben zu können. Hier und da gab es zwar auch in der Provinz Versuche, Kommunen nach Pariser Vorbild zu organisieren (hervorzuheben ist der grandios gescheiterte Anlauf von Michael Bakunin und Gustave Paul Cluseret in Lyon), aber es wurde keine landesweite Bewegung daraus. Die Regierung von Thiers hingegen war in Paris nicht vermittelbar: Dort traute man dem konservativen Thiers zu, seine alten Herren, die Bourbonen, wieder an die Macht bringen zu wollen. Darüber hinaus nahm ihm die Pariser Arbeiterschaft übel, dass er schnell bereit war, mit den Preußen Frieden zu schließen und das Elsass und Lothringen abzutreten. Der Vorwurf lautete, die Besitzbürger wollten nur feige ihr Eigentum vor der Zerstörung schützen und verstünden nichts von der Ehre der Nation.

So standen sich bei Paris plötzlich drei bewaffnete Einheiten gegenüber: die Preußen, die Zentralregierung mit den Resten der regulären Armee sowie die Pariser Kommune mit ihren Nationalgardisten. Das preußische Militär wollte die Stadt nicht erobern (zu verlustreich der Häuserkampf, zu schwierig die Versorgung der Truppen im Winter), die Franzosen waren ihrerseits zu schwach, um die Belagerung zu durchbrechen. In dieser Pattsituation erkannte Thiers, dass sein innenpolitischer Vorteil in einer schnellen Niederlage bestand. Am 28. Januar unterschrieb er einen Vorfrieden und kapitulierte im Namen der Stadt, die er ohnehin nicht kontrollierte. Die Preußen nutzten den Aufenthalt in Versailles noch für eine starke Geste im Spiegelsaal, zogen sich dann aber bald in ihre Stellungen zurück, wo sie den Eingang der Reparationszahlungen abwarteten und im Übrigen neutraler Zuschauer bei dem nun folgenden Drama blieben.

Es begann nun die Entmilitarisierung von Paris. Die Zentralregierung schickte Soldaten, um aus einem Pariser Arrondissement nach dem anderen die Waffen abzutransportieren. Der Anfang sollte am 18. März 1871 mit den 171 Kanonen auf dem Montmartre gemacht werden, einer Hochburg des Proletariats. Die Bevölkerung sah dies als eine Art Staatsstreich an, um den Machtanspruch der konservativen Zentralregierung durchzusetzen. Es gärte und rumorte heftig im Volk, als die Soldaten durch die engen Gassen den Berg hinaufmarschierten. Die Gärung übertrug sich auf die Truppen, und bald verbrüderten sich reguläre Soldaten, Nationalgardisten und das einfache Volk. Die kommandierenden Generäle ordneten noch an, auf das Volk zu schießen, welches sich in den Weg gestellt hatte, aber es war zu spät, die Befehle wirkten nicht mehr. Im Gegenteil: Die Generäle Lecomte und Thomas wurden gefangen genommen und wenig später von der Volksmenge – die sonst nichts mit ihnen anzufangen wusste – im Hinterhof des Hauptquartiers der Nationalgarde erschossen. Was als spontane Verteidigung der Kanonen der Nationalgarde begonnen hatte, wurde plötzlich zu einer Revolution. Edmond de Goncourt notierte an diesem Tag in seinem Journal: »Um mich herum reden alle über Provokationen und machen sich lustig über Thiers ... eine triumphale Revolution bemächtigt sich der Stadt Paris: Nationalgardisten finden sich an jeder Straßenecke, und überall werden Barrikaden gebaut; freche Kinder klettern auf ihnen herum. Es gibt keinen Verkehr; die Läden schließen.« Das Tischtuch zwischen Paris und dem Rest des Landes war zerschnitten.

Im Rathaus versammelten sich nun Abgeordnete der Arrondissements. Von Anfang an war klar, dass die Kommune sich nicht nur nicht der Zentralregierung unterordnen wollte, sondern auch eine soziale Revolution im Blick hatte. Wenige Tage nach dem 18. März veröffentlichte sie ein Manifest, in dem eine soziale und demokratische Republik gefordert wurde, in welcher es ein »System kommunaler Versicherung gegen alle sozialen Risiken« geben sollte, so auch gegen Insolvenz und Arbeitslosigkeit. Kapital und Kredit sollten den Arbeitern in einer Weise zur Verfügung stehen, welche die Massenarmut beenden würde.

Sehr konkret waren die politischen Vorstellungen der Kommune nicht. Vor allem lehnten die Kommunarden die Rückkehr zur Monarchie, den Einfluss der katholischen Kirche und die finanziellen Privilegien von Adel und Besitzbürgertum ab. Marxisten, Anarchisten, Blanquisten, Proudhonisten und Kleinbürgerliche konnten sich aber auf wenig mehr als diese abstrakten Grundsätze einigen. Gleichwohl war die Stimmung gut, denn eine Stadt, die der preußischen Belagerung widerstehen konnte, musste sich auch von einer schwachen Zentralregierung mit geschlagener Armee nichts sagen lassen. Das aber war eine Fehleinschätzung. Thiers sammelte seine Truppen.[1]

Die Kommune hatte einen fröhlichen Beginn. Ohne den Druck hoher Mieten oder Zinsen fühlte sich das Leben leicht an. Endlich konnte man sein Geld für Schöneres ausgeben. Die Geschäfte und Restaurants öffneten wieder, und für eine Weile konnte man vergessen, was sich offensichtlich zusammenbraute. Geld stand zur Verfügung, lag die Banque de France doch im Stadtgebiet. So war es der Kommune ein Leichtes, sich schon am Tag nach der Revolution dort 700 000 Francs zu leihen. Auch das Bankhaus Rothschild war sich nicht zu schade, den Kommunarden mit einem Kredit auszuhelfen.

* * *

»Kommune« klang in den Ohren vieler Bürger wie »Kommunismus«, und damit schwang ein ganzes Bündel von Assoziationen mit, die auch hundert Jahre später noch funktionierten. In Frankreich berief sich die 68er-Bewegung daher auch explizit auf die Kommune von 1871 und ihren heroischen Kampf gegen die Restauration des alten Staates. In Deutschland bezogen die »Kommunen« von Berlin und München einen guten Teil ihrer Aura aus der französischen Geschichte. Abgesehen von der Lust am Erschrecken der Bürger hatten die Kommunen aber nicht viel gemein, und die Berufung auf den Geist von 1871 war eigentlich ganz unangebracht. Die Kommune von 1871 wurde weitgehend von waschechten Vertretern des Proletariats geführt, von einfachen Leuten ohne nennenswerte eigene Konzepte. Die guten politischen Köpfe waren entweder nicht in der Stadt (Gambetta) oder zogen sich schnell aus der Kommune zurück (Clemenceau). Die Theoretiker der Revolution waren entweder verhindert (Bakunin, Blanqui), oder sie zogen die Sicherheit des Exils vor (Marx schickte seine Tochter, um für die Internationale zu berichten). Einzig Louise Michel hatte Format, konnte sich in der Männergesellschaft der Kommune aber keinen festen Platz erstreiten.

Die Träger der 68er-Revolte hingegen waren im Wesentlichen Professoren und ihre Studenten, tendenziell kopflastig, theorieverliebt und eigentlich recht bürgerlich in ihrer Ablehnung der Bürgerlichkeit. Engen Kontakt zu den arbeitenden Massen haben sie nicht gefunden und wohl auch gar nicht gesucht. Ihre Lebenserfahrung war weder von drückender Arbeit noch von drückenden Krediten geprägt – allenfalls von drückenden Pfarrhäusern. Die 68er wollten das akademische Milieu nie ernsthaft verlassen. Ihre Karrieren später waren oft gut, viele wurden Beamte, einige wurden Minister, manche gründeten Solarfirmen und wurden reich. Keiner ist dafür bekannt geworden, dass er das Leben der einfachen Arbeiter zu teilen gesucht hätte. In gewisser Weise fehlte es den 68ern an biografischer Substanz, um eine echte Revolution loszutreten.

Die Kommunarden wollten den Staat verändern, beendeten auch tatsächlich das zweite Empire. Die 68er hingegen mussten sich von der nachfolgenden »Generation Golf« sagen lassen, sie hätten den Weg von der Rebellion in den Staatsdienst ohne den Umweg über die eigentliche Systemkritik gemeistert. Im System der parlamentarischen Demokratie wurden sie zu (Verfassungs-)Patrioten, ohne deren Form auch nur im Geringsten zu ändern. Die von Jürgen Habermas entwickelte Diskursethik und das in *Faktizität und Geltung* entwickelte Staatsverständnis wirkten schon auf die unmittelbare Nach-68er-Generation wenig spannend, handelte es sich dabei doch am Ende um die Affirmation dessen, was in einer freiheitlichen, demokratischen, pluralistischen und marktwirtschaftlichen Ordnung selbstverständlich war (oder sein sollte). An den Rändern und den Inhalten der bestehenden Gesellschaftsordnung haben die 68er wohl geschliffen, aber der Ertrag war weder eine Revolution noch eine Umwertung aller Werte, sondern allenfalls der billige Schwur der Jungen, nicht werden zu wollen wie die Alten. Philipp Felsch hat das eben wunderbar beschrieben.[2] Die Revolte der 68er war ein theoretisches Projekt, welches die Anstrengung am Begriff scheute und die Inszenierung bevorzugte. Daher endete sie nicht in der Praxis, sondern in der Kunst, in der Ästhetisierung der Lebenswelt: »Und während sich der Kunstbetrieb mit einer Wolke aus Theorie umgibt, wird die Theorie der Kunst immer ähnlicher.«

Die 68er wurden von der Polizei schlecht und teilweise brutal behandelt. Sie wurden von den konservativen Medien (insbesondere aus dem Hause Springer) beschimpft und verleumdet. Da sie aber, bis auf den sehr schmalen Rand, der in den Terrorismus abgeglitten ist, niemals die Grundordnung des Staates in Frage gestellt haben, war ihre Kritik für die Gesellschaft am Ende durchaus verkraftbar. Die Kritik der

68er ging durchaus tief: Sie bezog sich auf das Familienbild, auf den Umgang mit der Sexualität und (in Deutschland) auf die nationalsozialistische Vergangenheit der Väter, sie stellte die freiheitlich-demokratische Grundordnung aber nie in Frage. Sie blieb, im wörtlichen Sinne, in der Familie.

Und tatsächlich konnte die nachfolgende Generation kaum noch erkennen, warum sich die Großeltern über die studentischen Revolutionäre aufgeregt hatten. Im geduzten Lehrer konnten wir nicht den Bürgerschreck erkennen, Woodstock war lange vorbei, die Familie hatte die Kritik akzeptiert oder ignoriert oder zurückgewiesen, jedenfalls wurden die Weisen des Zusammenlebens bunter. Die Gesellschaft hat sich sehr schnell wieder mit sich selbst vertragen. Die Generation vor dem Golf hat einfach eine eigene Partei gegründet mit sehr vernünftigen Zielen, alle innerhalb der freiheitlich-demokratischen Grundordnung. Spätestens in den 1990er Jahren waren die Revolutionäre von 1968 in der Mitte der Gesellschaft angekommen.

Wie anders und wie viel radikaler waren die Vorstellungen der Kommunarden. Sie verlangten den Wechsel der Regierungsform. Die Organisation des Staatsaufbaus sollte vom Kopf auf die Füße gestellt werden. Nicht mehr die Zentrale mit einem Monarchen sollte das Sagen haben, sondern die Städte und Dörfer. Mit ihren sozialistischen Vorstellungen von Mieten und Zinsen zielten sie auf das Mark der bürgerlichen Wirtschaftsweise, auf das gemütliche Dasein der Vermögenden, die Einnahmen erzielten, ohne dafür etwas Nennenswertes leisten zu müssen.

Und dennoch enden beide Revolten in Epochen, die mehr für ihren künstlerischen und ökonomischen Fortschritt als für ihren politischen Tiefgang bekannt geworden sind.

* * *

Waren die Kommunen der 1960er Jahre eher ein bürgerliches Gedankenexperiment, so meinten die Kommunarden in Paris es 1871 bitter ernst. Adolphe Thiers sah daher in der Kommune nichts anderes als einen Anschlag auf das Leben der *anständigen Leute (honettes gens)* und damit auf die Zivilisation selbst. Für ihn konnte es keine Verhandlungen und keine Kompromisse geben, sondern nur die bedingungslose Unterwerfung der Kommunarden von Paris, die für ihn nichts anderes als Abschaum und Verbrecher waren. Also sammelte Thiers die verbliebenen Streitkräfte, begann, die Stadt mit Granaten zu beschießen, und bereitete das Land durch laute Propaganda auf den kommenden Sturm auf die Hauptstadt vor.

Die Kommunarden in Paris nahmen es erstaunlich gelassen. Ihr Selbstbewusstsein war deutlich gestärkt durch die erfolgreiche Verteidigung gegen die Preußen und die unproblematische Beseitigung des Empire. Sie freuten sich an ihrem Sieg und waren zuversichtlich, dass sich das Land ihnen bald anschließen würde. Es wurden Festveranstaltungen organisiert, wie etwa der Sturz der Napoleon-Statue und der Triumphsäule in der Mitte der Place Vendôme. Für dieses Ereignis wurden von der Kommune Eintrittskarten verkauft, und so gingen kultureller Fortschritt und Gemeindefinanzierung Hand in Hand. Den Rest des Landes versuchte die Kommune durch Schreiben an andere Gemeindeverwaltungen für sich zu gewinnen, bekam aber kein positives Feedback.

Der Kommune gelang es nicht, irgendeine sinnvolle Art von Organisation zu bilden. Die fähigsten Genossen wurden verjagt, eingesperrt, oder sie zogen sich zurück (Clemenceau, Gambetta). Die einzelnen Fraktionen waren unfähig, eine gemeinsame Linie zu finden, weder inhaltlich noch formal. So gab es nicht einmal auf dem Gebiet der Verteidigung eine eindeutige Befehlskette: Die Führung der Nationalgarde unterstellte sich nicht der Kommune, die aber dennoch irgendwie davon ausging, die Befehlsgewalt innezuhaben. Chef der Polizei wurde Raoul-Georges-Adolphe Rigault, ein Blanquist aus sehr bescheidenen Verhältnissen, der seine plötzliche Macht über Leben und Tod so sehr genoss, dass er sich bei Verhaftungen und Erschießungen nur an den eigenen Willen gebunden fühlte – auf welches Gesetzbuch soll ein Revolutionär sich auch stützen? Es half auch nicht, dass er sehr viel

Zeit in Restaurants zubrachte, große Mengen Wein und Absinth trank und seinen Rausch meist bis in den frühen Nachmittag, also während der normalen Bürostunden, ausschlief.

Während die Kommune mit sich selbst beschäftigt war, rüstete die Regierung in Versailles, wohin Thiers ihren Sitz verlegt hatte, zum Sturm. Es dauerte eine Weile, bis die eben noch geschlagene Armee in brauchbare Einheiten geordnet war. Aber Preußen entließ die Kriegsgefangenen zügig, und so füllten die Reihen der Regierungssoldaten sich stetig. Währenddessen begann bereits ein lebhafter Propagandakrieg, wobei Versailles sofort dazu überging, frei erfundene Gräueltaten der Kommunarden im ganzen Land zu berichten.

Das Leben im Paris der Kommune ging noch immer unverändert weiter. Die Cafés waren gut gefüllt und kümmerten sich um ihre Gäste, die Verwaltung pflegte die öffentliche Ordnung, in den bürgerlichen Vierteln im Westen der Stadt ging man kultiviert auf den großen Boulevards spazieren, in den Arbeitervierteln im Osten nahmen die Handwerksbetriebe ihre Produktion wieder auf. Es gab Verkehr und Handel mit dem Umland, die Versorgung war gut genug, dass niemand Hunger leiden musste. Allerdings war es ein stetiger Hinweis auf die Belagerung durch die Truppen von Versailles, dass alle Männer im wehrfähigen Alter zur Nationalgarde eingezogen wurden. So verschwanden nach und nach, möglichst unauffällig, die Kampfunwilligen und die besitzbürgerlichen Familien aus der Stadt.

Die scheinbare Normalität verschleierte die Unfähigkeit der Führung der Kommune für eine Weile. Aber als die Truppen der Regierung die Beschießung intensivierten und schließlich zum Sturm ansetzten, brach die Kommune sofort zusammen. Es gab keine funktionierenden Informationskanäle und Befehlswege, die Nationalgardisten fühlten sich eher ihrem eigenen Oberkommando oder ihren Arrondissements verbunden als der Stadtverwaltung, es gab keinen übergeordneten militärischen Plan, keine eindeutigen Loyalitäten. Die besten Köpfe waren, angesichts der diktatorischen Tendenzen bei den führenden Kommunarden (man hatte die Regierung zuletzt durch einen

»Wohlfahrtsausschuss« geführt, nach dem blutigen Vorbild von 1793), längst verschwunden. Die verbliebenen Anführer der Kommune gerieten in Panik und erließen unproduktive Befehle, wie etwa gefangene Kleriker (inklusive des eigentlich arbeiterfreundlichen Erzbischofs von Paris, Georges Darboy) hinzurichten.

Als die Kommune zerfiel, zogen sich die republikanisch gesinnten Pariser in ihre Stadtviertel zurück und kämpften dort weiter, in Verbänden, in denen man sich von Kindheit an kannte, an Orten, von denen man wusste, dass es sich für sie zu kämpfen lohnte. Viele Frauen, Kinder und Alte griffen ebenfalls zu den Waffen, und es begann die unordentliche, grausame letzte Phase des Bürgerkriegs. Die Truppen von Versailles, von den Schauergeschichten der Regierung aufgehetzt, mussten in jedem Einwohner der Stadt einen Brandstifter und Mörder vermuten. Und so wurde jeder, bei dem sich auch nur das geringste Zeichen der Sympathie für die Kommune zeigte, umstandslos erschossen. Oft reichte es, eine rote Hose anzuhaben oder Pulverspuren an der Hand. Es reichte, einen Kanister mit Petroleum dabeizuhaben oder eine Eintrittskarte für den Sturz der Napoleon-Statue auf der Place Vendôme. Wer gegen die Preußen in der Armee gekämpft hatte und nun im Verdacht stand, sein Gewehr auf die ehemaligen Kameraden gerichtet zu haben, wurde als Fahnenflüchtling sofort hingerichtet. Ebenso alle Anführer der Kommune.

Eine blutige Woche dauerte es, bis auch der letzte Widerstand gebrochen war. Die Wut des Bürgertums kannte keine Grenzen. Es ging darum, erbarmungslos die Feinde der alten Ordnung auszurotten. Letzte Höhepunkte bürgerlichen Wütens war die Hinrichtung von 147 Kommunarden auf dem Friedhof Père Lachaise sowie die Exekution von 42 Männern, drei Frauen und vier Kindern an jenem Ort, wo die Kommunarden am 18. März zum Auftakt der Revolte ihre ersten gefangenen Generäle hingerichtet hatten (als Zeichen der Sühne mussten die Opfer bei der Erschießung knien).

Auf der Seite der Kommune haben vielleicht 20 000 bis 30 000 Nationalgardisten gekämpft. Viele sind auf den Barrikaden gefallen. Kaum einer hat die Exekutionen überlebt, denen zwischen 17 000 und 35 000 Menschen zum Opfer gefallen sind. Niemand hat die Gräber gezählt, niemand die Leichname, welche die Seine abtransportiert hat. Über 10 000 Menschen wurden zu Haftstrafen verurteilt, etwa die Hälfte von ihnen zur Verbüßung an unwirtlichen Orten in der Südsee (Neukaledonien) und Lateinamerika (Cayenne).

* * *

Die Reaktion auf die 68er konnte nicht so brutal ausfallen, weil der Gegner nicht so genau definiert war, da der Protest doch aus den Kinderstuben der bürgerlichen Haushalte kam. Die Mordlust der anständigen Bürger konnte sich nicht gegen die eigene Jugend richten, was diese natürlich schamlos ausnutzte. Die Revolte endete unblutig, sie rollte aus wie eine Welle am Strand. War die Kommune wütend, schäumend an einem Felsen zerschellt, so passten sich die 68er klug an die Realitäten der gesellschaftlichen Geografie an. Sie wollten die staatliche Ordnung nicht grundsätzlich ändern – die Rufe nach Ho Chi Minh und Che Guevara galten 1968 eher dem romantischen Ideal des einsamen Guerillakämpfers gegen die Macht des Imperiums als einem konkreten politischen Programm.

Die Forderungen der 68er-Generation waren auch für einfache Gemüter leicht nachzuvollziehen. Die Weltkriege hatten die Gesellschaft dauerhaft verändert. Frauen hatten die Kriegsproduktion aufrechterhalten, und Afroamerikaner hatten einen guten Teil der siegreichen Streitkräfte gestellt. Beide Gruppen ließen sich nun ungern in ihre frühere dienende Rolle zurückverweisen. Neue Techniken (wie das Automobil, Fernsehen und ab 1960 die Pille) brachten Massenprodukte hervor, welche das individuelle Selbstbewusstsein deutlich stärkten. Dem gegenüber standen patriarchalische Strukturen, Denkweisen und Seilschaften, welche die Kriege unbeschadet überdauert hatten. In Deutschland (aber auch in den USA) war der Umgang der Justiz mit dem Holocaust bezeichnend: Etwa 6500 Wächter und Verwaltungspersonal aus dem Konzentrationslager Auschwitz hatten den Krieg überlebt. Nur 100 wurden vor Gericht gestellt, nur 50 verurteilt. Es war für KZ-Wärter in Deutschland und den USA wahrscheinlicher, Opfer eines Verkehrsunfalls zu werden, als von der Justiz belangt zu werden. Erst 50 Jahre nach Kriegsende, als fast kein Täter mehr am Leben war, begann sich die Justiz ernsthaft zu interessieren.

Die Revolte der 68er war von Anfang an zu sehr der Popkultur verbunden (Woodstock!), um erheblich mehr zu sein als eine Pose. Was in Berlin unter dem Begriff »Kommune« lief, war im Grunde kein politisches Projekt. Echte Kommunisten haben das, im Gegensatz zur Springer-Presse, bemerkt. Der radikale Rand dieser Generation hatte nie eine Chance, politische Substanz anzusetzen. Diese bildete sich erst mit der Gründung der Grünen, einer gesellschaftlich progressiven Partei, die aber von Anfang an viel zu nett war, um an Umsturz zu denken.

Was aber beide Epochen gemein haben, ist ihr Aufgehen in einer Belle Époque. In den 1970er Jahren versöhnten sich die Länder der Studentenrevolte (mehr oder weniger) mit sich selbst, ebenso wie Frankreich in den 1880er Jahren. Die Wunden schließen nicht in einer Kruste, sondern es entsteht ein neues Zeitalter, das die alten Kämpfe hinter sich lässt und neugierig auf ein neues Leben ist. Dem General MacMahon, unter dessen Oberbefehl die Truppen von Versailles stehen und der Nachfolger von Thiers im Präsidentenamt wird, gelingt es nicht, die Monarchie wieder einzuführen. Als Ersatz versucht er weitgehend erfolglos, eine »moralische Ordnung« zur Grundlage von Staat und Gesellschaft zu machen. Im Gegenteil, er muss mit ansehen, wie das Parlament mit jeder Wahl weiter nach links driftet und viele Ideen der Kommunarden salonfähig werden. Und er ist ehrlich erleichtert, als er sich 1879 auf das Altenteil zurückziehen kann. In Frankreich gibt es zehn Jahre nach der Kommune eine allgemeine Amnestie für die Kommunarden. Der Jahrestag des Sturms auf die Bastille wird zum Nationalfeiertag erklärt und die Marseillaise zur Nationalhymne. Die Mauer des Friedhofs Père Lachaise *(Mur des Fédérés)*, wo die 147 Kommunarden massakriert wurden, wird Gedenkstätte, wohin die aus Neukaledonien zurückgekehrte Louise Michel alljährlich am 1. Mai einen

Gedenkmarsch anführt (in den 1930er Jahren nehmen unter der Führung von Léon Blum und Maurice Thorez bis zu 600 000 Menschen an diesem Ritus teil).

Über alles breitet sich aber der Zuckerguss der Belle Époque. Renoir etwa kannte als Arbeiterkind das Elend in den Arbeitervierteln im Osten der Stadt sehr gut, weigerte sich aber, es zu malen. Ihn interessierten Schönheit und Fortschritt der neuen Zeit, er sah keinen Sinn darin, die Armut zu verewigen. Zola beschrieb 1882 in *Das Paradies der Frauen*, wie sich das Leben der Pariserinnen um den Schmuck und den Putz dreht, wie die Neuerfindung Kaufhaus den Konsum zu einer Feier macht, in welcher alle Gesellschaftsschichten miteinander in Berührung kommen. Die Verkäufer machen sich Gedanken, wie das Angebot noch schmackhafter präsentiert und an die Frau gebracht werden kann. Die Shopaholics treibt um, was sie noch alles sofort benötigen. Die harten politischen Gegensätze, welche das Thema großer Werke wie Balzacs *Illusions Perdues* oder Stendhals *Le Rouge et le Noir* waren, mögen im Hintergrund weiterbrodeln, sie spielen aber keine Rolle in einer Zeit, welche sich durch die Eisenarchitektur Eiffels und die fortschrittliche Malerei der Impressionisten dargestellt sieht, welche den Telegrafen, die Glühbirne und den Phonographen erfindet, kurz: Eine Gesellschaft, die das Morgen und Übermorgen im Blick hat, langweilte das Elend der Vergangenheit.

Charakteristisch für die Jahre nach 1871 und nach 1968 ist die Öffnung der Gesellschaft nach links in Verbindung mit einer neuen Sinnlichkeit für den materiellen Fortschritt. Die 68er haben ja nicht nur gegen den Schah demonstriert und in Woodstock gefeiert, sondern auch Microsoft, Apple und, etwas weniger erfolgreich, Solarworld gegründet. Der Zuckerguss, welcher seit der Generation Golf über Deutschland liegt, ist dem der Belle Époque nicht unähnlich. Auf die Erkenntnis von 1871 und 1968, dass es nicht weitergehen kann wie bisher, folgte eine neue Epoche mit schwindendem Sinn für das Politische und anschwellendem Sinn für Wohlstand. Nach dem Untergang des eigentlichen Projekts wurden sich die Träger der Revolte klar, dass nur Wahlsiege und ein Marsch durch die Instanzen Erfolg versprachen. Um die Regierungsform der parlamentarischen Republik und den Rechtsstaat kam niemand herum, der die Gesellschaft verändern wollte.

Nach und nach nahm Frankreich in den 1870er und 1880er Jahren die Kommunarden in sich auf – so wie Nordamerika und Westeuropa die 68er-Generation aufgenommen haben. Deren Kritik wurde in einer Weise vorgebracht, die für den Rest des Landes anschlussfähig war und das Entstehen der Generation Golf vorbereitete. Léon Gambetta und Georges Clemenceau betrieben eine Politik, die sie »Opportunismus« nannten. Sie wollten ihre Positionen durchsetzen, wo sie die Gelegenheit dafür sahen. Wo sie ihre Erfolgsaussichten gering einschätzten, stellten sie ihre Anliegen zurück. Aber am Ende war nicht mehr zu unterscheiden, wer wen nach seinem Bild formte: 1906 ließ der Ex-Kommunarde Clemenceau als Innenminister (Spitzname: *premier flic de France*) das Militär gegen streikende Bergarbeiter ausrücken. Die Karriere von Otto Schily war nicht ohne Vorbild.

Wenn es einer Gesellschaft gelingt, verschiedene gesellschaftliche Strömungen (das können soziale Schichten sein oder Zuwanderer, Andersgläubige oder Frauen oder sonst eine bislang ausgegrenzte Gruppe) zu integrieren und die eigene Geschichte und Struktur nicht zu hoch zu hängen, kann sie einen erheblichen Zuwachs an Wohlstand und Kultur erfahren. Wer aufnahmebereit für Fremdes ist, kann sich aneignen, was andere ausgedacht und ausprobiert haben. Eine offene Gesellschaft wird nicht durch alte Seilschaften und dicke Beamtenapparate gelähmt, Korruption und Klientelismus werden in Grenzen gehalten. Die besten Ideen haben dann eine Chance, sich durchzusetzen, nicht nur die ältesten oder die für die herrschenden Schichten wünschenswertesten. Politische Schriftsteller von Voltaire bis Popper haben die Schokoladenseiten der offenen, liberalen und toleranten Gesellschaften immer wieder beschrieben.

1871 und 1968 haben die Gesellschaft durchlässiger, toleranter und kritikfähiger gemacht. Durch die Revolten wurde der Wettbewerb der Ideen ein gutes Stück ehrlicher und die Voraussetzung für ein fortschrittliches Zeitalter geschaffen. Die Blüte der bürgerlichen Epoche zählte sicher nicht zu den Zielen der Kommunarden und Woodstocker, aber ganz schuldlos sind sie daran nicht. Ihnen verdankte die bürgerliche Gesellschaft eine ungeahnte Offenheit für neue Konzepte, Verfahren und Denkweisen – und auf nichts anderes gründet sich das Wohlergehen (und manchmal auch die Macht) einer Gesellschaft.

* * *

In Deutschland leben wir heute in einer Neuauflage der Belle Époque. Berlin ist sexy, München leuchtet wie immer, Düsseldorf zeigt sein Geld gerne her, in Hamburg und Stuttgart wird dafür umso mehr davon verdient. Die Armutsgrenze geht bei Singles bereits bei 900 Euro pro Monat los – das liegt über dem Durchschnittseinkommen in Ungarn. Der Fortschritt findet nicht an den linken oder rechten Rändern der Gesellschaft statt, sondern kommt aus ihrer Mitte, aus dem Konsens. Baden-Württemberg mag einen grünen Ministerpräsidenten haben und Thüringen einen von der Linkspartei, aber die Geräuschlosigkeit, mit der beide regieren, zeigt nur, wie breit die Mitte geworden ist. Die Positionen, die früher einmal die Linke ausgezeichnet haben, reichen heute nicht mehr aus, um das Bürgertum zu erschrecken. Die Kritik von links äußert sich eher in Gefühlen als in Begriffen – sonst könnte die durchaus salonfähige Linkspartei sehr viel mehr aus ihrem großen Potenzial machen.[3] Die große Koalition ist von der Ausnahme zum Ideal geworden. Die Gesellschaft ist etwas oberflächlich und gemütlich und stellt keine zu genauen Fragen nach dem Sinn und Zweck menschlicher Existenz. Die Sorge der Menschen gilt dem Wohlstand und der Sicherheit, denen der Fortschritt jederzeit untergeordnet sein muss.

Den Belle-Époque-Konsens unserer Zeit konnte nicht einmal die große Finanz- und Wirtschaftskrise erschüttern. Grundsätzlich wurde das System nur kurz von der Occupy-Bewegung in Frage gestellt, der aber alle Charakteristika einer ernsthaften Revolte abgingen. Sie hatte weder eine straffe Führung noch eine kohärente Botschaft. Occupy spielte mit Ideen wie einem großen Schuldenschnitt, der Verstaatlichung der Banken oder der Einführung von »Schwundgeld«, die alle für sich diskussionswürdig waren. Aber Occupy wurde von Professoren inspiriert, deren Institutionen dem obersten einen Prozent (und damit dem eigentlichen Feindbild) nahestehen (David Graeber ist an der London School of Economics beschäftigt und schreibt in der *Financial Times*. Joseph Stiglitz war Professor in Princeton, bevor er Chefökonom der Weltbank wurde). Die Nähe der Vordenker zum Objekt der Kritik ist nie wirklich thematisiert worden – wurde die Bewegung doch nach anarchistischem Ideal von niemandem geführt. Damit gingen ihr die beiden wesentlichen Erfolgsfaktoren für eine Revolte ab: eine entschlossene Führung und die kritische Masse an wirklich verzweifelten Armen. So war das allgemeine Wohlsein nicht zu erschüttern.

Karl Marx hat die Wandelbarkeit des besitzbürgerlichen Systems bewundert und gefürchtet. Die Bürger passen sich den Gegebenheiten an und wollen weiter Geld verdienen. Sie interessieren sich nicht für die Notwendigkeit der Geschichte, sondern für die weitgehend zufälligen Chancen und Risiken der Gegenwart. Mit domestizierten Linken von Georges Clemenceau bis Bodo Ramelow kann eine Belle Époque sehr gut umgehen, denn diese stehen auf dem Boden derselben Tatsachen und werden selten grundsätzlich. Der Markt, der alles verschlingt, scheint auch seine Kritiker zu verschlingen, so dass die Kritik am Ende zur Selbstkritik wird. Heute ist Kai Diekmann, Chefredakteur der *Bild-Zeitung*, deren Mission das Gegenteil von Systemkritik ist, Teilhaber bei der *taz*, die einmal als das Gegenteil der Springer-Presse angetreten war. Wir sind heute eine große, dicke, friedliche Schweiz.

Die großen gesellschaftlichen Themen des 20. Jahrhunderts, welche die Pariser Kommune wie ein Brennglas gebündelt hatte (Republik gegen Monarchie, Kommunismus gegen bürgerliche Gesellschaft, Räte gegen Parlamente, Befreiung der Frau, Unterdrückung der Arbeiterschaft, Säkularisierung), brachen 1871 mit einer solchen Wucht und Breite auf, dass sie unmöglich ausdiskutiert werden konnten. Sie wurden zu einem großen Teil unter den Teppich gekehrt, um dann einzeln hervorgeholt und in Episoden verarbeitet zu werden – wie etwa der Dreyfus-Affäre, in welcher sich Nationalismus, Revanchismus und Antisemitismus aufs Innigste verbanden. Die Oberflächlichkeit der Belle Époque, ihre Freude am Glitzern und Strahlen, ihr programmatischer Opportunismus waren das Mittel, mit dem der innere Friede aufrechterhalten werden konnte. Die ganze Realität auf einmal wollte das Land sich nicht zumuten, es bewegte sich gleich einem Gletscher, unter dem das Schmelzwasser brodelt.

In gewisser Weise hält Frankreich es bis heute so. Die gesellschaftlichen Konflikte gehen viel tiefer als in Deutschland, das Beharren auf radikalen Positionen fällt viel leichter, und Barrikaden, geistig und physisch, sind viel schneller gebaut. Wenn es zu schmerzhaft wird, besinnt sich das Land wieder auf seine Größe, seine Schönheit, seine Kultur – ohne damit irgendeines der anstehenden Probleme zu lösen.

Deutschland ist heute eher in der Gefahr, sich am eigenen Glanz zu berauschen. Es ist voll in seiner eigenen Belle Époque angekommen, ist die dominierende Nation in Europa, hat die inneren Kämpfe des 19. Jahrhunderts durch die mehr oder minder gelungene Neuformulierung des gesellschaftlichen Betriebssystems hinter sich gelassen. Kritische Stimmen sind wohlinstitutionalisiert, haben Ämter und Zeitungen, decken gelegentlich Skandale auf, aber alles nur, soweit es den Zuckerguss über dem Ganzen nicht gefährdet. Das Land mag sich, alles ist gut.

Gute Zeiten enden im Schlafwandel. Wie damals sind wir in unserer Belle Époque überzeugt, eine durchlässige Gesellschaft mit offener Diskussion zu allen Themen zu haben. Wir sind kritikfähig und bereit für Neues – und sind darauf bedacht, dass sich nichts Wesentliches ändert. Dabei leisten wir viel, und der materielle Fortschritt gibt uns ebenso recht wie die Kreativität der Kunstszene in der Hauptstadt. Und doch kann all das einen Schleier legen über das, was wirklich passiert. Es mag sein, dass wir uns nicht nur so wohl fühlen wie im ersten Jahrzehnt des 20. Jahrhunderts, sondern dass wir auch so selbstzufrieden und überheblich sind wie damals. Zu nichts anderem lädt eine

Belle Époque ein. Es mag sein, dass wir heute in einen großen Konflikt mit Russland steuern. Es mag sein, dass religiöse Kreise immer stärker werden, dass immer mehr Menschen sich genötigt fühlen, das Heilige vor dem Spott zu verteidigen. Es mag sein, dass unsere ökonomische Schwäche gegenüber den Aufsteigern aus Asien zu einem politischen Problem wird. Es mag sein, dass wir, leichtgläubig und der grundsätzlichen Kritik entwöhnt, in ein heute noch undenkbares und morgen schon unausweichliches Problem hineinlaufen. Aber darüber kann man sich dann immer noch die Haare raufen. Gute Zeiten wollen genossen werden. Wir leben in einer zweiten Belle Époque.

Anmerkungen

1 Die beste neuere Darstellung der Kommune stammt von John Merriman: *Massacre.* Yale 2014. Merriman zeigt dabei sehr viel Verständnis für die Kommune und sehr wenig für Thiers.

2 Felsch, Philipp: *Der lange Sommer der Theorie. Geschichte einer Revolte.* München 2015.

3 Nach einer am 23. Februar 2015 vorgestellten Studie des Meinungsforschungsinstituts Infratest dimap stimmen 61 Prozent der Deutschen folgender Aussage zu: »Unsere Demokratie ist keine echte Demokratie, da die Wirtschaft und nicht die Wähler das Sagen haben.« Und 42 Prozent (Osten: 59, Westen: 37) stimmen der Aussage zu: »Der Sozialismus/Kommunismus ist eine gute Idee, die bisher nur schlecht ausgeführt wurde.« Jeder Dritte ist wie Malthus und Marx zu Anfang des 19. Jahrhunderts davon überzeugt, dass der Kapitalismus zu Armut und Hunger führe – nachdem er in Ländern wie China in den letzten 30 Jahren Hunderte von Millionen Menschen aus einer von Marxisten verursachten Armut befreit hat.

Peter Schneider

Revisiting end

Anatomie eines Irrwegs

»Was nützt das schönste Talent, wenn es sich nicht zum Sprecher derjenigen macht, deren Mangel an Talent dazu benützt wird, ihre elementarsten Bedürfnisse zu unterdrücken. In dem Maße, wie das Kapital sämtliche Fasern der Gesellschaft nach seinen Bedürfnissen durchformuliert, verliert die Phantasie in der Wirklichkeit ihren Existenzboden, findet keine Lücken mehr, in denen die Zukunft sichtbar würde, wird aus dem letzten Schlupfwinkel vertrieben und in den Untergrund gedrängt. Wenn aber die Phantasie aus der Gesellschaft so vollständig vertrieben ist, daß die Kunst zur Vertretung der Bürokratie im Reich der Einbildung wird, dann müssen die Wünsche und Phantasien ihre Form als Kunst sprengen und sich die politische Form suchen. Die Phantasie kann nur am Leben bleiben, wenn sie das Terrain in Wirklichkeit erobert, das ihr ja wirklich, nicht in der Einbildung, genommen wurde.«

Aus: Kursbuch 16, »Kulturrevolution. Dialektik der Befreiung«, 1969, S. 27

Ich glaube, es gibt keinen anderen Text von mir, der sich durch ein solches Nebeneinander von Hellsichtigkeit und haarsträubendem Unsinn, von Erkenntnis und Verstiegenheit auszeichnet. Auch wenn dieser ziemlich verrückte Artikel dann doch erstaunlich schwungvoll geschrieben ist.

Als ich ihn verfasste, war ich in einem Zustand, wie ich ihn in meinem Roman *Lenz* beschrieben habe. Ich hatte mich von der großen Liebe jener Jahre getrennt und wurde mit dieser Trennung nicht fertig. Ich hatte Berlin den Rücken gekehrt und war nach Italien gefahren, übrigens zum ersten Mal in meinem Leben. Leisten konnte ich mir die Reise nur, weil ich von Karl Markus Michel einen Vorschuss von 2000 D-Mark erhalten hatte, um den oben erwähnten Aufsatz zu schreiben. Ich wohnte zunächst in einer fantastisch billigen Pension in Rom in unmittelbarer Nähe zur Fontana di Trevi, für umgerechnet zwölf Mark pro Nacht. In Italien kannte ich damals niemanden außer dem Komponisten Hans Werner Henze, dem ich im SDS öfters begegnet war. Henze lebte in seiner Villa in Marino und hatte mich eingeladen, ihn zu besuchen. Bei Henze hatte damals Rudi Dutschke, der noch an den Folgen des Attentats litt, Unterschlupf gefunden. Er war noch ganz am Anfang seiner Rekonvaleszenz, hatte Wortfindungsschwierigkeiten und fragte mich, ob wir uns denn eigentlich kennen würden. Er diktierte mir eine wirre Rede, die ich in Frankfurt halten sollte mit dem Ziel, sämtliche Führer des SDS abzusetzen.

Kapitalismus überwinden

Es schien mir, dass mit dem Attentat auf Rudi auch unsere Revolte, unsere Träume kaputt geschossen worden waren. Woher ich trotz allem den Mut und den Ehrgeiz nahm, diesen Essay zu schreiben, weiß ich nicht. Es sollte ja nichts weniger sein als eine philosophische Begründung jener Kulturrevolution, die wir meiner Meinung nach in Angriff zu nehmen hatten. Es ging ganz unbescheiden darum, zu bestimmen, wie wir den Kapitalismus überwinden können und welche Bedeutung dabei der Kunst zukommt, welche Rolle »die revolutionäre Avantgarde«, also die rebellierenden Studenten, dabei spielen. Es war – in den Worten jener Zeit gesprochen – ein Manifest des »Subjektivismus«. Wir wollten keineswegs warten, bis irgendwann einmal die objektiv-historischen Bedingungen für die »proletarische Revolution« gegeben wären. Wir wollten jetzt und hier beginnen im Vertrauen darauf, dass das Bewusstsein notfalls das Sein bestimmen könne. Folglich haben wir beim Subjekt und seinen Wünschen angesetzt, wofür uns natürlich die orthodoxe Linke verachtete.

Beim Wiederlesen des Artikels war ich überrascht, dass ich mich – außer in einem Zitat über die große »Wehklage« – mit keinem Wort auf die Kulturrevolution in China bezog, die ja damals bereits im Gange war. Es handelt sich um den Versuch einer eigenständigen, im Westen anwendbaren Konstruktion der Kulturrevolution. Tatsächlich wussten wir damals wenig über die Vorgänge in China; das wenige, was wir wussten, haben wir idealisiert, die Schreckensmeldungen dagegen nicht geglaubt beziehungsweise verdrängt. Die im Artikel verwendete Literatur – Marx, Freud, Marcuse – hatte ich offenbar nach Italien mitgeschleppt. Ich kannte dort niemanden, mit dem ich mich hätte austauschen können, habe den Essay weder Freunden gezeigt noch mit jemandem diskutiert. Ich habe mich in den Albaner Bergen in der Nähe von Castel Gandolfo in eine Art Raserei hineingeschrieben.

Soweit ich mich erinnere, hat Karl Markus Michel den Text dann fast ohne Änderungen drucken lassen. Heute würde ich mir wünschen, er wäre ein strengerer Redakteur gewesen und hätte mir die unsinnigsten Sätze herausgestrichen. Beispielsweise den Absatz, in dem ich nur noch Kunst gelten lasse, die agitatorischen oder propagandistischen Zwecken dient. »In der gegenwärtigen Phase der Kulturrevolution in Deutschland, wo es noch keine einer proletarischen Musik entsprechende soziale Wirklichkeit gibt, kann der Musikunterricht der Massen nur in ihrer Erziehung zur Revolution bestehen.« Was für ein blanker Unsinn – und was für ein Horror die Vorstellung eines solchen Musikunterrichts! Oder: »Holen wir die geschriebenen Träume von den brechenden Bücherborden der Bibliotheken herunter und drücken wir ihnen einen Stein in die Hand.« Natürlich hatte ich keinen Schimmer, wie man einem Buch oder einem Gemälde einen Stein in die Hand drückt und was in aller Welt damit gewonnen wäre. Es war – mal wieder – nur eine Metapher.

Reines Wunschdenken war natürlich auch die Hoffnung, dass die Arbeiter sich nach entsprechender Vorarbeit uns, der »Avantgarde« der Revolution, anschließen würden. Nach meiner Ausweisung aus Italien und meiner Rückkehr nach Deutschland habe ich dann als braver Exekutor meiner eigenen Anweisungen für einige Zeit bei Bosch gearbeitet – als Materiallieferant in einer Frauenabteilung. Die Damen haben mich gemocht, aber sobald ich anfing, über die Revolution zu reden, haben sie weggehört oder mich ausgelacht. Man kann durchaus sagen, dass mich diese Frauen durch ihr nachhaltiges Weghören von meinen verstiegensten Überzeugungen geheilt haben. Dazu gehörte übrigens auch die damals sakrosankte, von Herbert Marcuse übernommene Unterscheidung zwischen den sogenannten »wahren« und den »falschen Bedürfnissen«. In meinem Essay gebe ich mich ganz überzeugt, dass die Arbeiter »in Wahrheit« gar keine Autos wollen, und angeblich wollen sie auch keine Hollywood-Filme im Kino oder im Fernsehen ansehen, wenn sie – wie ich schreibe – nach der Arbeit »nachhause torkeln«. Woher ich das wusste? Reine Behauptung. Natürlich stimmt es, dass Bedürfnisse ständig neu geweckt werden. Bevor das Auto erfunden war, konnte niemand den Wunsch nach einem Auto entwickeln. Und wahr ist auch, dass ständig auch überflüssige oder sogar schädliche Bedürfnisse geweckt werden. Nicht von ungefähr wurde Steve Jobs, dem verstorbenen Apple-Chef, die Fähigkeit nachgerühmt, ein Produkt zu kreieren, bevor der Kunde auch nur ahne, dass er dieses Produkt dringend haben wolle. Aber die Frage, ob er es will oder nicht, sollte dem Kunden überlassen bleiben und nicht von einer selbst ernannten Avantgarde entschieden werden. So mischt sich hier Richtiges mit ganz und gar Falschem.

Was ich immer noch für tragfähig halte, ist die Zusammenführung des jungen Marx mit Sigmund Freud – mit dem Marx also, dem es noch nicht um den Kommunismus und die Diktatur des Proletariats geht, sondern um die freie Entfaltung des Individuums. Ich beschäftige mich mit der Frage, wie die menschlichen Wünsche und Bedürfnisse entstehen und wie sie mit der kapitalistischen Realität korrespondieren. Und man kann wohl doch – mit Marx – behaupten, dass der Tauschwert eines Produkts über seinen Gebrauchswert gesiegt hat. Es werden eben nicht nur konkrete Produkte verkauft, sondern mit ihnen Gefühle wie Status, soziale Überlegenheit, Gruppenzugehörigkeit.

Grenzenloser Optimismus

Manchmal muss ich auch lächeln, wenn ich den Essay von damals überfliege. Ich staune über den grenzenlosen Optimismus, den wir damals hatten oder zu haben glaubten – und natürlich bin ich auch ein wenig traurig darüber, dass dieser Optimismus fast gänzlich abhandengekommen ist. Wir haben uns an der Idee berauscht, dass man die Welt komplett neu erfinden, dass man die Gesellschaft wie einen Text auf einem völlig weißen Blatt Papier Wort für Wort neu konstruieren kann. Aber vielleicht waren manche unserer Utopien gar nicht so verrückt! Sind nicht viele dieser Träume wahr geworden? Tatsächlich sehe ich, dass die beiden Generationen nach uns – ohne ideologisches Tamtam – eine ganze Reihe von Utopien wahr gemacht haben. In meinem Essay heißt es: »Die Revolution sagt: Jeder Mensch hat das Recht auf ein eigenes Zimmer in seiner Stadt. Die Kulturrevolution sagt: Jeder Mensch hat das Recht auf jedes Zimmer in jeder Stadt.« Das klingt ja wie ein Werbeslogan von Airbnb, mit dessen Hilfe man sich mit ein paar Mausklicks in jeder größeren Stadt der Welt von privat zu privat in eine Wohnung einmieten kann. Ein anderes Beispiel aus meinem Aufsatz: »Die Revolution (sagt): Schaffen wir solche Verhältnisse, daß jeder Anteil am Werk Picassos nehmen kann. Die Kulturrevolution: Schaffen wir solche Verhältnisse, daß jeder ein Picasso und Picasso jeder werden kann.« Dass jeder Picasso werden kann, ist natürlich Blödsinn und wird immer Blödsinn bleiben. Aber mit Hilfe des Internets kann tatsächlich jeder inzwischen seine Gemälde und Bücher veröffentlichen, ganz egal wie sie sind – er hat die Möglichkeit, wahrgenommen zu werden. Noch ein Beispiel: In meinem Essay mache ich mir darüber Gedanken, ob es wirklich nötig und wünschenswert ist, dass jeder Mensch ein Auto besitzt. In der jungen Generation hat sich die Einstellung zu Autos vollständig gewandelt. Kaum jemand träumt noch vom ersten eigenen Mercedes, die jungen Leute laufen scharenweise zum »Carsharing« über. Schließlich finde ich auch das »Crowdfunding« eine ziemlich großartige Erfindung. Hunderte oder Tausende von Spendern oder Kleininvestoren tun sich zusammen und finanzieren einen ökologischen Turnschuh oder einen Krimi.

Aber natürlich darf man nicht naiv sein. Längst versuchen globale Konzerne, diese neuen Kommunikations- und Produktionsformen für sich nutzbar zu machen, und sie tun es bereits. Dagegen regt sich noch kaum Widerstand. Vielleicht braucht es eine digitale Kulturrevolution!

Wenn ich heute alte *Kursbuch*-Ausgaben lese, bin ich überrascht über die Qualität der Texte und ihren Ausgriff in die Welt. Deutschland war damals noch ein anderes Land – kleiner, spießiger, verschlossener –, und es ist ein großes Verdienst von Hans Magnus Enzensberger, dem Gründer, das *Kursbuch* als ein Mittel der Verständigung mit der ganzen Welt konzipiert zu haben, in aller Herren Länder unbekannte Autoren zu entdecken und bei den Lesern Neugierde auf sie und die weite Welt zu wecken. Wer hatte denn je von Roque Dalton gehört: »Die Revolution ist ein Aspirin von der Größe der Sonne.« Aber wer den Satz damals gelesen hat, hat ihn nie mehr vergessen.

Konrad Paul Liessmann

MENSCH 2.0

Die Kritik gehört zu einer Welt von gestern

In einer neuen und sehr schicken Kunstzeitschrift findet sich unter der Rubrik »Modestadt Berlin« und der Überschrift »Ästhetische Rivalität zwischen Punk und Techno« das Bild einer selbstbewußt-lasziven jungen Frau, im gestylten Straßencafé in einem Korbstuhl lehnend, malerisch mit Tuchresten und Fetzen drapiert, die Brüste kaum verhüllt, ein Weinglas vor sich. Es handelt sich, so erfährt der Leser, um die Jungdesignerin Darja Richter, eine Meisterschülerin von Wolfgang Joop, die mit einem selbstentworfenen Oberteil solcherart posiert; für ihr fahles Make-up zeichnet übrigens Odile Agée verantwortlich. Darja Richter, so erläutert der Kommentar, »versteht Mode als Diskurs über das Geschlecht« und verknüpft »die Formensprache des Punk mit Fragen nach der weiblichen Selbstdarstellung«, sie verwendet »überwiegend Filz, markiert mit aufgenähten Dreiecken und Kreisen Geschlechtsmerkmale oder entblößt sie«. Und auf der MODA 94 »kontextualisierte« sie mit einer parallel zur Entwurfspräsentation projizierten Dia-Show den »Zusammenhang zwischen Textilindustrie und Prostitution«.

Das also ist es, was nach der Postmoderne das ästhetische Bewußtsein markiert. Untrennbar fließen Kunst, Werbung, Design, Propaganda, Unterhaltung, Lebensgefühl, Mode, Kritik und Konsum ineinander. Versatzstücke der Moderne wie das aufklärerische Pathos, der Filz und die Sorge um Randgruppen kreuzen sich mit postmodernem Ästhetizismus, die sichtbaren Signale einstiger Protestbewegungen werden zu Markenzeichen, und industriell verordnete Freizeitekstasen mutieren zu einer neuen Kunst- und Jugendbewegung, die Geschlechterfrage darf nirgendwo fehlen, wer andere schminken kann, beansprucht die Aureole des

Künstlers, und der diesbezügliche Verweis auf Baudelaire ist obligat. Und dort, wo man die schwache Vermutung hegt, daß bestimmte Dinge miteinander zu tun haben könnten oder zu tun haben sollten, wird auf Teufel komm raus kontextualisiert. Der einstige Kampfruf der Postmoderne – anything goes – scheint eine Selbstverständlichkeit geworden zu sein, noch immer laut und schrill, aber auch schon langweilig, so daß die Rückbesinnung auf die asketischen Ideale der Moderne nicht lange auf sich warten lassen kann. Wer zählen kann, der zählt und ist in der Gegenwart bei der Zweiten Moderne angelangt. Damit sind wir aber dort, wo wir schon einmal waren, und die kurz unterbrochene Projektarbeit kann also weitergehen: mit neuer Abstraktion und dem Lob der neuen Medien. War in der Postmoderne soviel Ende wie nie zuvor, so wird nach dem allgemeinen Postismus, den vielen Gesten der Verabschiedung, das Neo zur universellen Vorsilbe der Wiederkunft des Gleichen. Intime Kenner der Moderne aber wissen, daß die weltgeschichtlichen Wiederholungen so ihre Tücken haben: Auf die Tragödie pflegt die Farce zu folgen.

Aus: Kursbuch 122, »Die Zukunft der Moderne«, 1995, S. 21 f.

Ach, wie doch die Zeit vergeht. Und sie hinterlässt ihre Spuren auch dort, wo etwas bleibt. Und es bleibt viel mehr, als man mitunter glaubt. Die *hefte für gegenwartskunst* gibt es zum Beispiel noch immer, sie schreiben sich jetzt klein und heißen schon lange nicht mehr *Springer*, sondern *Springerin*, sind chic wie eh und je und widmen sich nun der Netzkultur. Und Darja Richter, die ehemalige Meisterschülerin, die gerne mit Filz arbeitete, residiert jetzt als »reine de la dentelle haute-couture« in Versailles. Vom Filz zur Spitze, vom Kontext ins Netz, vom generischen Maskulinum zur Sexualisierung der Grammatik: War das die Zukunft der Moderne, der sich ein *Kursbuch* des Jahres 1995 gewidmet hatte?

Gestern Zukunft, übermorgen Vergangenheit

Jede Vergangenheit, das wird gerne vergessen, war einmal eine Zukunft. Das, was in den letzten beiden Jahrzehnten geschehen ist, lag einmal vor uns, war unbekannt, Gegenstand heftiger geschichtsphilosophischer und ästhetischer Spekulationen. In welcher Zeit leben wir? Was haben wir schon hinter uns? Wie geht es weiter? Was zeichnet sich am Horizont der Zukunft als unausweichliche Entwicklung ab? Warum, so frage ich mich heute, interessierte mich vor 20 Jahren überhaupt die Frage, in welcher *Epoche* ich lebe? Ob nach oder vor der Moderne, ob in der ersten, zweiten oder dritten Moderne, ob *prae* oder *post*: Warum war das so wichtig? Warum ist es überhaupt wichtig zu wissen, in welcher Zeit man lebt, wenn man weiß, dass sich im Rückblick alles als Irrtum erweisen wird? In meiner Jugend war ich überzeugt davon, im Spätkapitalismus zu leben, eine Gesellschaftsformation, der ihr nahes Ende auf die Stirn geschrieben schien. Kein Irrtum einer Generation war heftiger, aber auch die folgenden Versuche, schon in der Gegenwart herauszufinden, wer man gewesen sein wird – nichts anderes drückt sich in einer Epochenbestimmung aus –, waren nicht viel glücklicher.

Seit den 68ern, die sich im Spätkapitalismus wähnten, werden solche Diagnosen gerne an die Befindlichkeit einer Generation geknüpft, und man könnte sich hin und wieder auch einmal fragen, was aus diesen Generationen eigentlich geworden ist. Wohl gibt es den Begriff und das Phänomen des Alt68ers, aber was wurde eigentlich aus der Generation No Future, der Generation Golf, der Generation X? Generationen, die einander schneller ablösen, als es jeder natürlichen Reproduktionsrate entspräche, Generationen, denen per definitionem keine Zukunft beschieden sein kann, denn in ihrem Wesen liegt es, von einer nachfolgenden Generation abgelöst zu werden. Aktuell, so lese ich auf der Titelseite eines Wirtschaftsmagazins, regiert die Generation Y, auch »Generation Zuversicht« genannt, die neuen unter 35-Jährigen arbeiten angeblich anders, verzichten gerne auf hohe Einkommen und überteuerte Statussymbole und sind überzeugt, dass alles gut wird. Na, dann kann ja nichts mehr schiefgehen. Wem Apple aber seine neuen teuren Uhren verkaufen wird, lässt sich aus diesem Befund nicht erschließen. Ob und an wen Apple aber etwas verkauft, halten manche mittlerweile für die entscheidende Signatur einer Epoche. Da war mir, ich gestehe es, die Postmoderne noch lieber.

Tatsächlich drückt sich in solchen Bestimmungsversuchen doch immer nur ein bestimmtes, ziemlich begrenztes und kurzsichtiges Lebensgefühl aus. Wer als Soziologe, Wirtschafts- oder Jugendforscher die Eigenschaften einer Generation hoffnungsfroh oder warnend beschreibt und verallgemeinert, leitet dieses Lebensgefühl in der Regel aus einigen wenigen Fallgeschichten, mitunter aus seiner eigenen ab und stilisiert es zu einem Trend, der eine ganze Gesellschaft charakterisieren soll. Wer in größeren Dimensionen denkt, begnügt sich nicht mit der Vermutung, dass einige junge Menschen diese oder andere Vorlieben haben, sondern versucht diese als Merkmale einer Epoche zu dechiffrieren, die solch einem Lebensgefühl eine historische Tiefendimension und eine globale Perspektive verleihen sollen.

Ob man sich in der Zeit eines *Post* oder *Prae* wähnt, sagt so weniger darüber aus, was tatsächlich geschieht, sondern markiert einen zeitlichen Bezugspunkt des Selbstverständnisses: Man lebt in einem Danach oder einem Davor, bezieht die Deutung seiner selbst aus dem Verhältnis zu einer Vergangenheit oder aus einem Vorgriff auf die Zukunft, überwindet etwas oder nimmt etwas vorweg, bringt etwas zu Ende oder fängt mit etwas ganz Neuem an. Im *Post* freut man sich, etwas überwunden zu haben – die Moderne, den Feminismus, den Strukturalismus, den Kolonialismus –, und erweist dem Überwundenen in der Überwindung seine Referenz durch eine anhaltende und nie zu Ende kommende Vollendung, im *Prae* verspricht man das Blaue vom Himmel. In welchem Davor man aber gelebt hat, weiß man immer erst in einem Danach, wie nicht nur das schöne Beispiel des *Vormärz* zeigt, von dem die Menschen, die tatsächlich vor der Märzrevolution des Jahres 1848 lebten, natürlich keine Ahnung gehabt hatten. Aber vielleicht hatten sie bei aller biedermeierlichen Beschaulichkeit gespürt, dass sie sich am Vorabend einer Revolution bewegten. Wer sich allerdings *nach* einer Zeit, einer Epoche, einer Strömung wähnt, weiß zumindest, wovon er sich abgrenzen möchte und was er in und durch diese Abgrenzung thematisieren will. Natürlich war die Postmoderne eine Auseinandersetzung mit der Moderne gewesen.

Kontinuität und Diskontinuität

Ob im Davor oder Danach: Immer geht es um die Frage nach dem Verhältnis von Kontinuität und Diskontinuität in unserem Leben, um das Wahrnehmen von Fortsetzungen oder das Aufspüren von Brüchen, um den Nachweis, dass in dem einen das andere noch immer steckt und in dem anderen das eine. War in ihrer Frivolität, ihrer Ironie, ihren Narrationen die Postmoderne nicht doch sehr modern gewesen? Oder hatte es sich bei der Postmoderne um gar kein »Nach der Moderne«, sondern womöglich um ein ganz anderes Danach gehandelt, zum Beispiel um eine postfaschistische Ästhetik? Auch im *Danach* entscheidet die Bestimmung des *Wonach* über die Brisanz solcher Bestimmungen.

Jeder *Postismus* enthält immer auch ein gerüttelt Maß an infantilem Trotz. Das haben wir hinter uns, behaupten wir unermüdlich und mit triumphierender Geste – aber es ist vielleicht noch immer da. Nicht zuletzt die Spielarten des Postkapitalismus – von der ökosozialen Marktwirtschaft bis zum digitalen Kapitalismus, der alle zum Unternehmer ihrer selbst machen wird – zehren von der Hoffnung, das Schlimmste hätte man schon hinter sich und die Zukunft öffnete ihren lichten Horizont. Das Gefühl, in einem *Danach* zu leben und sich mit den Schatten der Vergangenheit, ihren Drohungen, aber auch Versprechen auseinandersetzen zu müssen, kann so umschlagen in den Wunsch, in einem *Davor* zu leben, das seinen Wert erst bekommen wird durch das, was kommt. Nicht nur in Gesprächen mit Künstlern, Technikern oder Autoren wird dann die Frage, was man gemacht habe, abgelöst durch die perennierende und mitunter peinigende Frage: Und, was kommt als Nächstes? Die aus der Programmiertechnik bekannte Zählung von Programmversionen markiert mittlerweile flächendeckend ein Epochenbewusstsein, das wissen will und wissen muss, in welcher Version man sich gerade befindet und was als Nächstes kommt: Bologna 2.0, Gymnasium 3.0, Industrie 4.0. Das Neue drückt sich in der Versionsnummer aus, und es bestimmt sich als Optimierung des Vergangenen. Die Gegenwart erscheint diesem Bewusstsein nicht als wie immer gearteter Reflex auf Vergangenes, sondern als Vorspiel einer Zukunft, die ihre Versionsnummern schon bereithält.

Überhaupt: Zukunft. Je älter man wird, ich gestehe es, desto schwächer wird das Interesse an der Zukunft. Das liegt in der Natur der Dinge. Und je größer die Distanz zu den einstigen Zukunftsfragen, desto deutlicher und beruhigender wird die Einsicht, dass diese ohnehin falsch gestellt gewesen waren. Angesichts der leichten Irritation des ästhetischen Bewusstseins durch die Postmoderne gleich besorgt nach der Zukunft der Moderne zu fragen erscheint aus heutiger Perspektive doch seltsam überzogen. Als hinge die Moderne davon ab, dass man an das Schwarze Quadrat, an die experimentelle Literatur, an die Dissonanz in der Musik und an den Avantgardecharakter der Avantgarde glaubt und nichts zulassen kann, was diesen Glauben je erschüttern könnte.

Der Besorgnis um die Zukunft der Moderne ging es vielleicht gar nicht um die Moderne. Sondern um die Zukunft. Und zwar weniger in dem Sinn, in dem die Apokalyptiker des 20. Jahrhunderts wie Günther Anders oder Hans Jonas fragten, ob denn unter den Bedingungen einer technischen Zivilisation die Menschheit überhaupt noch eine Zukunft haben werde, als vielmehr in dem, dass Zukunft selbst zur ideologischen Rechtfertigung der Gegenwart wurde. Man lebt, um herauszufinden, was kommt. Zukunft erscheint dabei nicht als Resultat bewussten Handelns, sondern als Naturnotwendigkeit, auf die man sich rechtzeitig einstellen muss. In der Politik, in der Wirtschaft, in der Kunst. Zukunft: Das sind die Trends, die man rechtzeitig erkennen muss. Und wer dabei zu spät kommt, den bestraft das Leben. Das Schöne an der Zukunft aber ist, dass sie immer auch schon da ist, man muss nur wissen, wo. Sie hinterlässt noch keine Spuren, wirft aber ihren Schatten voraus. Die Zukunft lauert in der Gegenwart, aber sie zeigt sich nicht; oder noch nicht; oder nur den Sehenden. Um diesen ihr prognostisches Geschäft zu erleichtern, wirft die Zukunft ihre Schatten dann auch nur an ganz bestimmten Orten. Diese muss man aufsuchen, um zu wissen, was kommt. Natürlich sprechen wir vom Silicon Valley.

Seit einiger Zeit werde ich – warum, weiß ich nicht – regelmäßig mit den Annoncen eines Unternehmensberaters und Trendforschers versorgt, der immer am Puls der Zeit ist. Er weiß, was Unternehmen beachten müssen und tun sollen, um in Zukunft erfolgreich zu sein und nicht unterzugehen. Ganz wichtig dabei ist es, Regeln zu brechen und alles zu vergessen, was man weiß. Erfolgreiche Manager, so lese ich, sind *rulebreaker* und beherrschen perfekt das Prinzip des *learn to unlearn*. Der Verdacht, dass sich im Herzen des Kapitalismus die Lust an der Anarchie mit der Lust am Vergessen innig verbündet, war ja nie ganz von der Hand zu weisen. Vor allem aber: Erfolgreiche Manager reisen ins Silicon Valley und dürfen dort die Zukunft in Gestalt der großen Innovatoren dieser Region schon heute bestaunen und danach ihre Geschäftsmodelle konfigurieren.

Die Technik wird's richten

Was wird uns also die Zukunft bringen? Lauter schöne Dinge: Minisatelliten, die das Internet noch in den letzten Winkel der Welt bringen werden, die Verschmelzung von Wohnzimmer und Fernsehen, Bioprinter, die Ersatzorgane ausdrucken können, ein Nanogel, das alle gesundheitsrelevanten Branchen revolutionieren wird, und die Unsterblichkeit durch Einfrieren, an der Kyroniker mit Hochdruck arbeiten. Zukunft ist Technologie. So einfach bestimmt die Moderne ihren Erwartungshorizont heute. Und doch verbergen sich dahinter die ganz alten Sehnsüchte: Omnipotenz und Omnipräsenz, nun als Form digitaler Zugriffsmöglichkeit; Gesundheit und Jugend, nun zum Preis eines Nanogels oder künstlich erzeugter Ersatzorgane; Unsterblichkeit, wenn auch erst in naher Zukunft. Das Versprechen, die unabgegoltenen Sehnsüchte des endlichen Mängelwesens Mensch durch Technik befriedigen zu können, markiert den Bewusstseinsstand von Moderne heute.

Von ästhetischen Potenzen spricht niemand mehr. Die Künste haben sich mit den Trends arrangiert. Und das bedeutet: Das Ästhetische ist keine Potenz mehr. Wo Kunstwerke nicht im Anlagengeschäft als Alternative zu Aktien firmieren, bleibt nur die Möglichkeit, der Kunst ihr störrisches Kunstsein auszutreiben. Forschung ist das Zauberwort, das nun die ehemaligen ästhetischen Diskurse okkupiert: Kunst als Wissenschaft mit technologischer Anschlussfähigkeit. Kunst macht dann, was mittlerweile ohnehin alle machen: forschen. Vom forschenden Lernen in den Kitas und Grundschulen über die Jungend-forscht-Programme der Gymnasien bis zu den durch Drittmittel finanzierten Forschungsprojekten der Universitäten durchzieht ein unbändiger Wille zur Forschung den Geist der Zeit. Alles forscht. Und was erforscht wird, muss auch *präsentiert* werden. Möglichst knapp und möglichst lustig: Der *Science-Slam* mutiert zur markanten Erscheinungsform des ästhetischen Bewusstseins heute.

Man wird, so schrieb ich vor 20 Jahren, der Postmoderne vielleicht noch einmal nachtrauern. Das war wohl eine Fehleinschätzung, auch wenn das bildungsgesättigte Spiel, das manche Autoren dieser Epoche mit uns trieben, die aktuelle Transformation von Wissen in Kompetenz in einem ziemlich trüben Licht erscheinen lässt. Man müsste, so schriebe ich heute, eigentlich der Moderne nachtrauern. Angesichts der Reetablierung vormoderner Strukturen, Denk- und Lebensweisen in der technisch avanciertesten Gesellschaft aller Zeiten könnte man wohl ins Grübeln kommen. Von der Wiederkehr der Religionen bis zur Krise der Demokratie, von der Ablösung des mündigen Subjekts als Ziel aller Bildung durch den kompetenzorientiert ausgebildeten Konsumenten bis zur Errichtung feudaler Quasimonopole auf den globalisierten Märkten, von Verschwörungstheorien aller Art bis zum erhobenen

Daumen der sozialen Netzwerke, vom Verlust des Intim-Privaten bis zu den anschwellenden Datenströmen in den Händen des Privateigentums reicht die Palette von Entwicklungen, die allen Konzepten der aufklärerischen Moderne Hohn sprechen.

Die neue selbst verschuldete Unmündigkeit angesichts eines paternalistisch fürsorglichen Staates, der durch sanften Druck seinen Bürgern das gute Leben beibringt, lässt das große Ziel der Moderne, die Entfaltung von Freiheit, in einem seltsam schrägen Licht erscheinen. Die entscheidende Geste aufgeklärten Denkens, die Kritik, gehört dann auch zu einer Welt von gestern. Ein Satz wie der, dass die Kritik der Religion die Voraussetzung aller Kritik an Zuständen sei, die so etwas wie Religionen überhaupt erst notwendig machen, erscheint angesichts des neuen Sonderstatus, dessen sich Religionen, religiöse Gefühle, religiös motivierte Sozial- und Kleiderordnungen nun erfreuen, nicht nur seltsam antiquiert, sondern seine Unmöglichkeit demonstriert eindringlich, dass die Konzepte der Aufklärung ihre Plausibilität eingebüßt haben. Dem entspricht auch der unausgesprochene Hang zur Affirmation, der das aktuelle Denken nötigt, zu allem erst einmal Ja zu sagen. Die mit großem Pathos proklamierte inklusive Gesellschaft will nicht nur allen die Partizipation an dieser Gesellschaft ermöglichen – was eine Selbstverständlichkeit sein sollte –, sondern unterwirft alle dem Regime einer Inklusion, das kein Außen mehr kennen will. Wo Teams und Netzwerke, permanente Kontrolle und Selbstkontrolle regieren, haben Einzelne und solche, die nicht mitmachen wollen, keine gute Presse. Spätestens an dieser Stelle kommt in der Regel die Frage, ob man denn ein Kulturpessimist sei. *Quod erat demonstrandum.* Die Kritik, die einst den Boden für humane Verhältnisse bereiten wollte, setzt sich nun dem Vorwurf aus, die Durchsetzung eben dieser zu sabotieren, nur weil sie nicht einsehen will, dass die Moderne nur ein Durchgangsstadium zu einer posthumanen Zukunft gewesen war: Mensch 2.0. Manche blieben allerdings lieber bei der ersten Version. Denn man weiß ja nie, was kommt.

Armin Nassehi

Mehr Kritik, bitte!

Aber welche?

Es gibt nichts, was nicht anders sein könnte, als es ist – zumindest nichts, was einen Informationswert hat, also einen Unterschied macht. Und dass etwas anders sein könnte, bildet stets den Horizont von Kommunikationsofferten, die man als kritisch wahrnimmt oder denen eine kritische Attitüde unterstellt werden kann. Kritik ist nur dann Kritik, wenn etwas auch anders sein könnte, besser: als es tatsächlich ist. Man wird also niemanden dafür kritisieren können, dass er stets atmen muss, weil das letztlich nur in Ausnahmefällen vermeidbar ist und ansonsten vegetativ von nicht beeinflussbaren Kräften gesteuert wird. Nicht so laut zu atmen freilich wäre durchaus ein angemessener Gegenstand für kritische Kommunikation. Das Wetter per se ist auch kein Gegenstand von Kritik, weil man es niemandem zurechnen kann, aber den Entscheider, der dafür gesorgt hat, dass man sich draußen aufhält, oder der das falsche Urlaubsziel ausgewählt hat, kann man durchaus kritisieren. Spätestens wenn man das Wetter so beeinflussen kann, dass es auch anders sein könnte, würden wir schlechtes Wetter (die Frage wäre dann: Schlecht für wen – für Urlauber, für Bauern und Landwirtschaft oder für eine Sportveranstaltung?) kritisieren können. Jetzt können wir es nur zur Kenntnis nehmen. Kritik hat also stets mit einer Welt zu tun, die auch anders sein könnte und für deren So-Sein es eine Adresse gibt.

Glaubt man an einen Schöpfergott, ist sogar das So-Sein der Welt ein angemessener Gegenstand für Kritik, selbst wenn man die eigene Fähigkeit, sich eine andere Welt vorstellen zu können, jenem Schöpfer der Welt verdankt, der ja auch der Schöpfer des Kritikers und seiner Freiheit sein muss, wenn er wirklich der Schöpfer der Welt ist. Ich erwähne dieses merkwürdige Beispiel nur deshalb, weil wir ja durchaus gewöhnt sind, auch solche Dinge zu kritisieren, deren Geschöpfe wir selbst sind – auch wenn wir dafür keinen *creator mundi* in Anspruch nehmen.

Kritik und Natur

Dass solcherart Kritikkonstellation womöglich biotechnisch denkbar werden könnte, verändert dann auch die Perspektive der Kritik, sobald der Schöpfergott, den wir uns ja als ansprechbare Person vorstellen, durch Natur abgelöst wird. Das Konzept der menschlichen Natur funktioniert folgendermaßen: Es setzt eine Grenze gegen grenzenloses Nachfragen und macht wenigstens einen Teil des menschlichen Lebens *unzurechnungsfähig* und damit *unzugänglich für Kritik*. Das scheint nötig zu sein in einer Welt, in der alles als gestaltbar, veränderbar und verbesserbar gilt, in der das fortschreitende Ablösen des Alten durch das Neue bis in die Epochenbezeichnung der *Moderne* selbst hineinwirkt und in der alles, was geschieht, auf Entscheidungen zugerechnet werden muss. An die *menschliche Natur* lässt sich dann delegieren und zurechnen, was weiterer Erklärung und Gestaltung nicht zugänglich ist – die Palette reicht von der Bewältigung von Leid und Tod über Liebe und Hass bis zur genauen Beschreibung der Endlichkeit, Begrenztheit und Fehlerhaftigkeit menschlicher Fähigkeiten. Und dies gilt sowohl für die *Natur der menschlichen Gattung* als auch für diejenige *jedes einzelnen Exemplars*, dessen Würde auch deshalb gesetzlich geschützt werden muss, weil diese auch aufgrund unserer Unvollkommenheit stets in Gefahr ist.

Ähnlich wie in der Religionsentwicklung gerade mit der Personalisierung einer monotheistischen Adresse das Theodizeeproblem entsteht, wird spätestens mit dem Kontingentwerden der Natur auch die Natur zur Adresse der Kritik. So hat etwa Herbert Marcuse die philosophische und theologische Tradition kritisiert, dem Tod eine geradezu mystische Bedeutung zu geben und ihn hinzunehmen, statt ihn als bloß natürliche Grenze der Naturbeherrschung zu unterwerfen und wenn nicht prinzipiell, so doch im Hinblick auf seine natürliche Bedeutung hin zu kritisieren. Es sollte dann künftigen Generationen vorbehalten bleiben, in der Anerkennung als natürlicher Grenze zugleich diese Grenze selbst zum Gegenstand der Kritik zu machen.[1] Hier wird die Kritik dann auf die Naturgrenzen ausgeweitet. Noch weiter gehen die Konsequenzen zukünftiger technischer Möglichkeiten der Humangenetik oder des *human enhancement* mit technischen und biochemischen Mitteln.

Wäre eine bio-industrielle Nutzung des Humangenoms denkbar – und es spricht empirisch wenig dagegen, dass solche Nutzungen alsbald bevorstehen –, kann man sich nicht mehr auf die Unverfügbarkeit der menschlichen Natur berufen, weil diese Unverfügbarkeit selbst aufgehoben worden sein wird – und das muss Konsequenzen für jene Zurechnungsroutinen haben, für die der Körper bis dato zur Verfügung steht – was übrigens eine doppelte Konsequenz für *Kritikkonstellationen* zeitigt. Einerseits wird mit ihrer Verfügbarmachung die menschliche Natur selbst kritisierbar, andererseits wird auch der Verzicht darauf potenzieller Gegenstand von Kritik.

Bereits die einfache moralische Aufforderung, die Bioinformation des Humangenoms nicht zu nutzen, um der Unsichtbarkeit der menschlichen Natur zu ihrem Recht zu verhelfen, enthält eine unaufhebbare Paradoxie: Sie appelliert an die Bedeutung der Unverfügbarkeit des menschlichen (individuellen) Genoms und erkennt zugleich ihre mögliche Verfügbarkeit an, wozu sonst überhaupt ein solcher Appell? Was vormals allein aufgrund seiner Unsichtbarkeit wirkte, wird damit endgültig destruiert, weil es seiner Unsichtbarkeit entkleidet ist. Eine der Konsequenzen besteht bereits darin, dass damit auch die Entscheidung gegen das Klonen eine Entscheidung ist, also zugerechnet werden kann und somit die Autonomie auch des nicht geklonten Menschen nachhaltig zerstören könnte. Warum sollte ein mit *natürlichem* Genom ausgestatteter Mensch seinen Eltern nicht vorwerfen, sich auf jenen biologischen Zufall verlassen zu haben, der zu jener individuellen Person geführt hat, die sich da beklagt?

Es wird uns jetzt erst deutlich, welche Funktion die *Unverfügbarkeit* über die Grundlagen unserer Existenz hatte, wie wichtig es war, die Bedingung unserer eigenen Möglichkeit nicht selbst bestimmen zu können. Andernfalls ließe sich Scheitern, Unglück, Unrecht und so weiter nicht aushalten. Die Beleuchtung des dunklen, unsagbaren Abgrundes unserer Existenz, schlicht die Tatsache, dass wir nicht dabei sind, wenn unsere je individuelle genetische Disposition entsteht, scheint so etwas wie die Bedingung für menschliches Selbstbewusstsein zu sein. Denn was sich als Leiden in der und an der Welt nicht mehr an einen gnädigen oder strafenden Gott delegieren ließ, erlaubte wenigstens die Natur, die dem Leiden wenn schon keinen Sinn, dann doch einen Raum gab. Mit der Auflösung jener einfachen Unterscheidung von Natur und Kultur freilich wird selbst die Theodizee Gegenstand menschlicher Entscheidungen – und damit kehrt all das, was das westliche Denken so erfolgreich in (göttliche) Reiche der Allmächtigkeit oder (natürliche) Reiche der Notwendigkeit auslagern konnte, zurück.[2]

Die Möglichkeit der Kritik

Warum beginne ich mit solchen Beispielen? Mir geht es hier um die prinzipielle Frage nach der Möglichkeit von Kritik. Eine Möglichkeitsbedingung jedenfalls ist die Veränderbarkeit des Kritisierten. Kritisierbarkeit hat stets mit Kontingenz zu tun und vor allem mit Zurechenbarkeit. Kritik wirkt dann, wenn sie nicht nur gute Gründe benennen kann, sondern auch über falsche Gründe und ihre Wirkungen aufklären kann. Kritik opponiert gegen Eineindeutigkeit und gegen die Vorstellung einer Welt totaler Notwendigkeit. Die vielleicht vornehmste Aufgabe der Kritik scheint darin zu bestehen, vormals unverrückbare und quasinatürliche Verhältnisse so darzustellen, dass sie einerseits anders hätten kommen können, andererseits auch anders kommen können, als es die Sachverwalter ewiger Wahrheiten, traditioneller Selbstverständlichkeiten und unüberwindbarer Sachzwänge behaupten. Dabei hat Kritik insofern mehr Chancen auf Sympathie, weil schon ihre Performanz den Vorteil hat, Beobachter mit anderen Unterscheidungen zu versorgen. Schon dass man die Dinge anders *sehen* kann, ist ein wirklich wirksamer Hinweis darauf, dass sie dann auch anders *sein* könnten – oder wenigstens anders *werden* können. Der Beweis der Kritik ist die Zukunft – die bekanntlich nie beginnt, aber einen Horizont des anders Möglichen gegen und mit allen Pfadabhängigkeiten aufspannen kann. Deshalb ist Kritik oft verbunden mit utopischen Zeitperspektiven und mit normativen Bildern darüber, wie zukünftige Zustände auszusehen haben beziehungsweise aussehen könnten.

Nun gilt das zwar prinzipiell für Kritik schlechthin. Aber Kritik an konkreten Gegenständen – also etwa Kritik an einer politischen Entscheidung, ästhetische Kritik einer Form oder auch die Kritik am Verhalten einer Person oder an einem politischen, ökonomischen oder wissenschaftlichen Konzept – ist relativ einfach gebaut, weil nicht nur die Zurechnungsadresse relativ klar ist, sondern auch der Horizont der Lösung kalkulierbar erscheint. Meistens sind es auch konkrete Settings, in denen sich solche Kritik konkret bewähren muss, was dann dazu führt, dass sie konkrete Ansatzpunkte und operative Anker braucht, um sich Gehör zu verschaffen. So wird die Kritik einer konkreten politischen Entscheidung mit einem konkreten Vorschlag aufwarten – und letztlich sind durch die Logik des politischen Prozesses die Rollen des Kritikers und des Kritisierten relativ stabil verteilt.

Ähnliches gilt für andere Kritikformen mittlerer Reichweite, wenn ich sie so nennen darf. In einer Gesellschaft, die spätestens seit dem Buchdruck und der allgemeinen Schulpflicht und allerspätestens mit dem Internet die Distribution von Information nicht zentral kontrollieren kann, wird an fast allen Stellen mit Kritik konfrontiert, weil sich die Möglichkeit, dass die Dinge auch anders sein könnten und dass andere Beobachter etwas anderes sehen und dabei beobachtet werden können, geradezu universalisiert hat. Wir können uns diese Gesellschaft gar nicht mehr ohne Kritik vorstellen. Kritisch zu sein ist sogar ein etabliertes Lernziel schulischer und universitärer Ausbildung, und dass Kritik – bitte schön! – stets *konstruktiv* sein soll, ist ja nur ein Hinweis darauf, dass sie einerseits riskant ist, weil sie bewährte Routinen in Frage stellt, andererseits aber eben auch produktiv zu sein scheint, weil sie sonst gar nicht zur Weiterkonstruktion von Lösungen beitragen kann. *Kritik* verliert dadurch ihre Exklusivität und wird erwartbar. Man kann das als Lernprozess rekonstruieren.

Anders ist es bei einer Kritik, die sich selbst generalisiert, Kritik an nicht einfach zurechenbaren Gegenständen. Denn dies ist womöglich das, was kritische Kommunikationsformen so voraussetzungsreich macht. Gemeint ist so etwas wie Gesellschaftskritik, Kritik an den Verhältnissen oder aber – sicher die Mutter aller Kritik – die Kapitalismuskritik. Solche Kritikformen unterscheiden sich von klar adressierbarer Kritik durch zweierlei: *Zum einen* müssen sie mit komplexen Kausalitäts- und Zurechnungsfragen rechnen. Es ist schwer, kausale Adressen für die falsch verfasste Gesellschaft oder das falsche Wirtschaftssystem angeben zu können, auch wenn so etwas gerne versucht wird. *Zum anderen* laborieren solche Kritikformen vor allem daran, dass sie Teil des Kritisierten sind – darin ähnelt sie der Kritik der Geschöpfe Gottes am Schöpfer selbst, der sie einerseits in einer fehlbaren Welt zurücklässt, ihnen aber zugleich die Freiheit gegeben hat, sich in dieser Welt über die Welt zu erheben. Demut als Lösung für diesen Widerspruch oder diese Spannung ist eine zumindest logisch überzeugende Lösung, weil sie noch das Kritisierbare als Prüfung des Schöpfers anerkennen kann. Aus der Problematisierung und Bearbeitung dieser Spannung ist das Theodizeeproblem gemacht.

»*Kritische Theorie*«

Der paradigmatische Fall für solche Kritik ist natürlich die »Kritische Theorie«, die auf zweierlei hingewiesen hat. Bereits aus den frühen Aufsätzen von Max Horkheimer aus den 1930er Jahren stammt eine wissenschaftliche Selbstkritik, die auf multiple Beobachtungsverhältnisse hinweist. Horkheimer unterscheidet *traditionelle* von *kritischer* Theorie darin, dass erstere zwar einen Klassen-, also Beobachterstandpunkt hat, davon aber nichts weiß, während zweitere ebenfalls einen limitierenden Beobachterstandpunkt hat, darum aber weiß und es zum Gegenstand der eigenen Praxis macht – Horkheimer ist es vor allem darum zu tun, daraus eben keine vulgärmarxistische Konsequenz zu ziehen, der kritische Standpunkt sei für sich unproblematisch, denn auch der Beobachterstandpunkt des Proletariats biete keine Garantie für richtige Erkenntnis.[3]

Der Stachel im Fleisch aller Kritik ist aber die Beobachtung Theodor W. Adornos, dass die Kritik der Gesellschaft Teil jener Gesellschaft ist, die zugleich Gegenstand der Kritik ist. Das ist zunächst nur die Beschreibung eines logischen Verhältnisses, denn da wir nur innerhalb der Gesellschaft operieren können, ist auch ihre Kritik Teil der Gesellschaft. Die Beobachtung Adornos geht aber noch weiter – und dies ist der eigentliche Stachel. Er meinte, dass dieses logische Verhältnis dazu führt, dass Kritik und Affirmation zusammenfallen, dass Kritik also in ihr Gegenteil verfallen muss, weil sie dazu beiträgt, das, was sie kritisiert, zu kontinuieren. Kritik entfaltet also nur die Möglichkeiten des Kritisierten und unterläuft sich damit selbst.

Aber was bedeutet es, dass die Kritik immer schon zum Kritisierten dazugehört? Es bedeutet jedenfalls nicht, dass Kritik deshalb per se misslingen müsse beziehungsweise ihr Geschäft nicht erledigen könne. Im Gegenteil, es bedeutet nur, dass Kritik niemals von außen möglich ist, sondern immer schon in das Kritisierte hineingezogen wird, schon weil Kritik kommuniziert, adressiert, inszeniert, begründet, behauptet, durchgesetzt werden muss. Adorno hat aus der Immanenz allen

Kritisierens den Ausweg gewählt, den utopischen Maßstab der Kritik tatsächlich utopisch zu lassen, ihm also explizit keinen Ort zuzuweisen und die Paradoxie der Selbstbezüglichkeit durch ein Bilderverbot zu bändigen. Sein Argument: Wenn der Verblendungszusammenhang wirklich universal ist,[4] dann muss auch das Idealbild oder die Utopie oder der vorgestellte Zielzustand davon betroffen sein. Nicht umsonst gerät dieserart Kritik dann in den Zugzwang, sich entweder in die vorbegriffliche Sphäre der Mimesis oder der Kunst zu begeben oder aber geradezu religiöse Begriffe zu verwenden – vom Horizont der Erlösung her zu denken, kann letztlich nur in der Überwindung der sichtbaren Welt liegen.

Die Kritische Theorie in der Variante Adornos hat vor allem ästhetisch interessante Anschlüsse erfahren: Sie wurde einerseits zur Blaupause einer Ästhetik der Kritik, die den Begründungsüberschuss einer argumentativen Kritik in der kritischen Pose aufhebt. Eine ökonomisch weitgehend gesättigte kritische Nachkriegsgeneration konnte gerade in dieser Pose ihre bürgerliche Klassenlage mit dem Gestus marxistischer Kapitalismuskritik verbinden. Sie ließ sich von Adorno sagen, dass sie ins Privileg verstrickt sei, und weil es so schön gesagt werden kann, ist die Verstrickung fast ein Schicksal – eine stabilere Form der Affirmation im Gestus der Kritik ist kaum vorstellbar. Kritik wird dann zur Haltung, zur Pose, und die Bedingung ihrer Unmöglichkeit lässt sich im universalen Verblendungszusammenhang ganz kommod aushalten. Liest man – und noch mehr: hört man – heute Adorno, kann man sich der ästhetischen Stärke dieser Haltung kaum entziehen, gerade weil sie sich nicht damit zufriedengibt, konkrete Ziele und andere Zustände anzugeben. Es herrscht dann zwar »Der lange Sommer der Theorie«, wie es Philipp Felsch[5] nennt, der mit der Distanz des Nachgeborenen rekonstruiert, wie sehr man sich darin einrichten konnte, die Universalisierung der Kritik mit ihrer letztlichen Folgenlosigkeit zu versöhnen. Denn – und das ist der zweite Aspekt – diese Idee von Kritik, der das Kritische schon in den Namen eingraviert ist, kann man als fast ungewollt konsequentes Ausschlagen eines Pendels lesen, das in der Universalisierung des Kritischen den kritischen Maßstab verliert und sich nur noch vorbegrifflich dem *universalen Verblendungszusammenhang* entziehen kann – bei Adorno war es noch die Kunst und die Mimesis, generationstypisch eher der lange Marsch in die Institutionen der Konsum- und Popkultur.

Ich will das hier gar nicht weiterverfolgen, sondern vielmehr in dieser geradezu extremen Position, in der die Kritik sogar in einen kritisch überhaupt nicht mehr klar ausweisbaren Maßstab der Kritik mündet, ein Anzeichen dafür sehen, dass Kritik keineswegs nur so etwas wie ein charakteristisches Merkmal moderner Gesellschaftlichkeit ist. Das wäre viel zu einfach gedacht – denn Kritik gab es immer, wenn auch nicht in dem Maße wie in modernen Gesellschaften. Was die Moderne ausmacht, ist, dass Gesellschaft und ihre Kritik letztlich dasselbe sind. Insofern hat Adorno völlig recht damit, dass Kritik und Affirmation in der Gesellschaftlichkeit ihrer Genese zusammenfallen.

Kritik in der Arena-Gesellschaft

Dem Phänomen der Kritik auf die Spur zu kommen setzt also tatsächlich voraus, genauer über die moderne Gesellschaft nachzudenken. Als Gesellschaft erlebt sich die Gesellschaft nämlich erst, seitdem sie ein Bild von sich selbst hat, über das öffentlich verhandelt wird. Ein Bild von sich selbst zu haben beziehungsweise darüber zu verhandeln bedeutet aber, dass diese Bilder unterschiedlich ausfallen können. Exakt deshalb fällt die Gesellschaft in dieser klassischen Phase mit ihrer Kritik zusammen. Ich habe das einmal das »Arena-Modell« der Gesellschaft genannt.[6] Ein Blick in das 19. Jahrhundert zeigt deutlich, wie sich die Selbstthematisierung der Gesellschaft immer stärker darauf kapriziert, die Welt als Gesellschaft wahrzunehmen, das heißt als einen Ort, an dem sich unterschiedliche Beobachter wechselseitig wahrnehmen und gerade wegen der Unterschiedlichkeit und Differenz der Beobachterstandpunkte die Frage nach der richtigen Beschreibung und Gestaltung der Gesellschaft und nicht zuletzt der Ausgleich sich nun auf Augenhöhe treffender Interessen zum Grundthema wird. Um etwas *name-dropping* zu betreiben: So radikal unterschiedlich Texte von Hegel und Wilhelm Dilthey, von Auguste Comte und Wilhelm Heinrich Riehl oder Lorenz von Stein sind, so sehr registrieren diese Texte vor allem, dass Gesellschaften sich als Arenen der Auseinandersetzung, als Räume sozialer Ungleichheiten und Interessen, als Einheit unterschiedlicher Lebensformen, Schichten und Milieus, nicht zuletzt als politische Räume wahrnehmen. Vor allem wird registriert, wie sehr die Gleichheitsversprechen der Aufklärung und der Demokratie mit den Ungleichheitseffekten des modernen Kapitalismus und den Ungleichheitstraditionen der alten Welt kollidieren. Und es wird durch die Verbetrieblichung der Ökonomie, die Bürokratisierung der Verwaltung und die Demokratisierung der Politik immer deutlicher möglich, Entscheidungen zu treffen, das heißt sichtbare Zeitschnitte, die demonstrieren, dass man auch *anders* hätte entscheiden können, denn das ist der Funktionssinn des Entscheidens.

Die Moderne hat sich stets als Projekt begriffen, als Projekt der Gestaltbarkeit, als Reform – und Reform kann es nur in der Gesellschaft geben. Die alte Welt hatte sich einfach verändert, sie war deshalb Welt. Gesellschaft ist sie erst, seit der Blick nicht mehr nur auf die *Entdeckung* und *Entbergung* ihres So-Seins sich richtet, sondern auf die *Entscheidung* und die *Entschiedenheit* möglicher Novitäten. Deshalb waren die Selbstbeschreibungen der Gesellschaft auch in erster Linie politische Beschreibungen, denn es ging um die Legitimation von Entscheidungen, die für eine Kollektivität bindend oder wenigstens plausibel sein sollten, die vor einer Kollektivität skandalisierbar werden und zumindest so etwas wie eine Korrekturmöglichkeit implizieren. Das Gesellschaftliche der bürgerlichen Gesellschaft ist exakt dies: dass sich Lösungen vor einem Publikum bewähren müssen und dass das Publikum nicht einfach da ist, sondern sich gerade dadurch konstituiert, dass es als Bewährungsraum angesprochen wird. Das Publikum besteht selbst aus Individuen, aus *Bürgern*, die in die Lage versetzt werden, etwas zu tun, das einerseits ein kollektives, ein öffentliches, ein bürgerliches Programm entfaltet, das sie aber andererseits aus freien Stücken tun. *Zu wollen, was man soll,* das ist das Programm, das die Welt zur Gesellschaft werden lässt. Denn dass das Wollen auf das Medium des Sollens trifft, macht ja schon auf die Bandbreite von Möglichkeiten aufmerksam – und damit auf die funktionale Notwendigkeit von Kritik, Kritikfähigkeit und der Auseinandersetzung über Kriterien der Kritik.

Das Medium der Kritik war vor allem jener »Strukturwandel der Öffentlichkeit« (Habermas), der mit der Entstehung des Buchdrucks, der Einübung von ästhetischer und politischer Kritik in der bürgerlichen Kommunikation, mit Lesegesellschaften und Pressewesen eine gesellschaftliche Gleichzeitigkeit hervorgebracht hat, die tatsächlich bestätigt, dass *Gesellschaftlichkeit* und *Kritik* letztlich dasselbe sind – was man übrigens besonders deutlich an staatlichen Versuchen bestätigt findet, Meinungs- und Pressefreiheit einzuschränken, Abweichungen zu verfolgen, bestimmte Äußerungsformen zu diskreditieren und Öffentlichkeiten zu verhindern beziehungsweise selbst zu steuern. Luc Boltanski und Ève Chiapello bringen dies schön auf den Begriff: »Eine Gesellschaft ohne Kritik mag schwer vorstellbar sein, die Kritik als politische Forderung ist jedoch ein Projekt der Aufklärung. Das Recht, auf Missstände hinzuweisen, gehört in unseren Augen zu den Menschenrechten, so dass wir uns nur schwer ein akzeptables Leben vorstellen können, in dem es keinen Platz gäbe für die Möglichkeit, Kritik zu entwickeln und sie öffentlich zu äußern.«[7] In dieser Studie geht es übrigens um den »neuen Geist des Kapitalismus«. Boltanski und Chiapello zeigen darin, dass die Kritikkultur der Moderne sich inzwischen auch des Kapitalismus selbst bemächtigt habe – es ist nicht mehr der Kapitalismus selbst, der Gegenstand der Kritik wird, sondern Kritik verlagert sich auf die Praktiken des Kapitalismus selbst – auf Lebens- und Arbeitsformen, auf die Ästhetik der Erwirtschaftung von Mehrwert. Die Form wandle sich von *gewerkschaftlicher Sozialkritik* zu ästhetischer Künstlerkritik des Kapitalismus, was ja nur ein Hinweis darauf ist, dass moderne Gesellschaftlichkeit mit ihrer Kritik zusammenfällt.

Vielleicht ist es also nach diesen Überlegungen obsolet, über die Möglichkeit von Kritik nachzudenken, denn wir erleben ihre Wirklichkeit, permanent und ebenso wirksam wie unwirksam – wirksam deshalb, weil Kritik ja tatsächlich stattfindet und dazu nötigt, Dinge zu ändern, unwirksam deshalb, weil alle Änderungen wieder der Kritik ausgesetzt werden. Kritik erscheint dort, wo doppelte Beobachtung statthat – ergo: stets. Das, was man einmal die »Kritische Theorie« genannt hat und das aufgrund seiner internen Übertreibungen (universaler Verblendungszusammenhang) und ästhetischen Form (Theorie mit langen und unzugänglichen Texten) unplausibel geworden ist, wird inzwischen tatsächlich historisiert. Aber Kritik als solche ist nicht verschwunden. Sie hat sich letztlich normalisiert.

Die Mutter aller Kritik

Dennoch lohnt es sich, wenigstens kurz auf jene, wie schon oben formuliert, *Mutter aller Kritik* zu sprechen zu kommen, auf Kapitalismuskritik nämlich. Meine These lautet: Wo Kritik tatsächlich keinen unmittelbaren Anknüpfungspunkt findet, nimmt sie bis heute die Form der Kapitalismuskritik an. Klimawandel, soziale Ungerechtigkeit, geopolitische Konflikte und so weiter werden relativ einfach dem Kapitalismus zugerechnet. Ich bin Naomi Klein für die unfassbare Vereinfachung wirklich sehr dankbar, weil man es besser nicht auf den Begriff bringen kann: *Die Entscheidung: Kapitalismus vs. Klima* – so der Titel ihres aktuellen Buches, dessen Hauptthese lautet: Wer den Klimawandel stoppen will, muss den Kapitalismus bekämpfen, und das geht am besten mit Hilfe einer neuen zivilgesellschaftlichen Massenbewegung.[8] Dass es sich dabei um eine geradezu marktschreierische Naivität handelt, wird man schwerlich abstreiten können, denn die Technik des Buches ist gar nicht so naiv, wie es scheint. Klein arbeitet die Probleme des Klimawandels tatsächlich klein – und verbindet in ihrem Buch einerseits eine kritische Rhetorik mit appellativen Aufrufen und einem wertegesättigten Gestus, dem man kaum widersprechen kann, mit den am Ende üblichen verdächtigen politischen Vorschlägen, die seit langem diskutiert werden. Auch Klein kann nichts anderes anbieten als den Vorschlag einer stärkeren Regulierung von Klimazielen. Auch sie kommt darauf, dass das Problem der Regulierung darin besteht, dass die Wirkungsräume des Politischen nicht so transnational sind wie die der ökonomischen Akteure. Auch sie weiß etwas darüber, dass die Geschwindigkeiten des Politischen und des Ökonomischen unterschiedlich und schwer zu synchronisieren sind. Sie hat sogar einen Sinn dafür, dass Regulierungen wieder ökonomische Folgen haben können, die den Klimazielen widersprechen können.

Man könnte auch sagen: Sie stößt auf die Komplexität einer Gesellschaft, die eben kein Solidarraum ist, in dem man durch Appelle Interessen gleichrichten kann. Und sie sieht auch, wie komplex ein Wirtschaftssystem ist, dessen Steuerungsfähigkeit begrenzt ist oder das allenfalls auf indirekte Formen der Steuerung reagiert. Zusammengefasst: Klein sagt, was man zum Thema sagen kann. Seit ihrem Bestseller *Logo* ist sie eine Expertin für Markenkommunikation, und insofern weiß sie auch, wie man Logos baut: Man muss der Sache eine emotionalisierende Marke geben, und schon ist sie auf dem Markt erfolgreich. Es reicht dann, darauf zu setzen, dass die zivilgesellschaftliche Massenbewegung die Dynamik der Gesellschaft brechen werde – und die Appelle an die Moral der Einzelnen und an ihre Vergemeinschaftung steigern ihre Intensität mit den Einsichten, wie komplex und verwoben die Probleme sind.

Ich gebe zu, das ist sehr verkürzend dargestellt, aber es sollte deutlich werden, wie das Argument funktioniert. Was mich daran interessiert: wie einfach zwei Reflexe der Kritik nach wie vor angeboten werden können, die je für ein Strukturmerkmal der modernen Gesellschaft stehen, das zu selten in den Blick gerät – der Kapitalismus und die Mobilisierbarkeit der Gesellschaft.

Kapitalismuskritik ist deshalb die Mutter aller Kritik, weil der Kapitalismus letztlich die Chiffre für den Grundkonflikt der Moderne ist, einerseits mit den Gleichheitsversprechen der politischen Aufklärung umzugehen und andererseits mit den Ungleichheitseffekten des Ökonomischen. Wie sehr beide miteinander verwoben sind, will ich hier gar nicht diskutieren. Der Kapitalismus lebt geradezu von den Eigentumsrechten, die in der politischen Aufklärung von Locke bis Hegel mit Gleichheitsversprechen verkoppelt waren. Und dass der moderne Staat stets in die Dynamik der ökonomischen Entfesselung eingegriffen hat, ist ebenso eine Binsenweisheit wie die Tatsache, dass nur jener Reichtum verteilt werden kann, der in einer wettbewerbsorientierten Wirtschaft anfällt. Was sich freilich in dieser Gemengelage zeigt, ist die ungeheure Komplexität der modernen Gesellschaft, die Tatsache, dass sich gesellschaftliche Probleme aus unterschiedlichen Perspektiven ganz unterschiedlich darstellen. Den Kapitalismus kann man fast als eine Chiffre für diese Komplexität lesen, weswegen er als Zurechnungspunkt so lohnend ist. Man kann ihn adressieren, ohne von ihm zu erwarten, ein handlungsfähiger Akteur zu sein.

Kritik, so habe ich meine Überlegungen begonnen, funktioniert dann, wenn sie einen verantwortlichen, einen zurechnungsfähigen Akteur findet – wo dies nicht gelingt, läuft sie ins Leere. Ich habe manchmal den Eindruck, dass eine generelle Kritik am Kapitalismus fast so etwas Ähnliches ist wie eine Kritik an der Komplexität der Gesellschaft – man gerät hier wieder in die Paradoxien der Selbstanwendung, zumal die klassische Kapitalismuskritik davon ausgegangen ist, dass sich der Kapitalismus aufgrund seiner eigenen Widersprüche ohnehin erledigen werde – vor kurzem waren das noch die sozialen Folgen dieser Widersprüche. Heute kapriziert man sich eher auf die ökologischen Folgen. Man wird wohl auch hier mit einer Parusieverzögerung rechnen müssen.

Ein neuer Kritiktypus?

Dies ist *kein* Appell gegen Kritik – schon weil ein Appell gegen Kritik erstens selbst Kritik wäre und zweitens Kritik hervorrufen würde. *Es ist ein Appell für mehr Kritik.* Dies ist ein Appell dafür, das Verhältnis von Gesellschaft und Kritik zu überdenken. Die klassische Arena-Gesellschaft seit dem frühen 19. Jahrhundert, parallel entstanden mit den modernen Nationalstaaten mit ihren noch vergleichsweise übersichtlichen Öffentlichkeiten, hatte Kritik als politische Form etabliert. Es entstanden politische Öffentlichkeiten, das politische System ist geradezu eine Institutionalisierung kritischer Antipoden, und die Gesellschaft profitierte davon, sich mit unterschiedlichen Beobachtungsformen auszustatten. Dieser Form von Kritik ist es auch gelungen, Arrangements zwischen ökonomischen Dynamikbedürfnissen und politischen Langsamkeitsdynamiken zu finden. Wohlstand, Demokratie und kulturelle Pluralisierungen fielen nicht vom Himmel, sondern waren die fast logische Folge einer Einübung der Kritik als Etablierung des zweiten Blicks. Vielleicht ist die Kritikgeschichte der Moderne die Erfolgsgeschichte der Moderne schlechthin – bis hin zu Kritiküberschüssen, mit denen man umzugehen gelernt hat. Und vielleicht waren ausgerechnet diejenigen Kritiküberschüsse, die als Kritische Theorien aufgetreten sind, nur Ausdruck jenes Überschusses, der womöglich die Wirkmächtigkeit des Kritischen in der Gesellschaft verdeckt hat – eine durchaus paradoxe Folge. Womöglich braucht aber die nachklassische Moderne eine andere Kritikform, die ich hier nur andeuten möchte. Für die klassische Arena-Gesellschaft hatte sich die politische Öffentlichkeitsform angeboten. Ein neuer Kritiktypus müsste sich eher darauf einstellen, dass es nicht mehr nur darum geht, möglichst viele Sprecher zu etablieren. Das ist nämlich der Überschusseffekt der klassischen Arena-Kritik. Die Arena-Kritik war stets auch ein Streben darum, Beteiligte zu identifizieren und sie zu Sprechern zu machen. Man kann das am Beispiel von Beteiligungsdiskursen der Sozial- und Kulturwissenschaften gut nachverfolgen.

Den entscheidenden Unterschied macht dann die Frage, wer als Akteur zugelassen wird und wer nicht – und dies ist die alte Emanzipationsgeschichte des gesellschaftlichen Arena-Konzepts seit dem 19. Jahrhundert, das bis heute die Zahl und die Diversität der legitimen Sprecher erhöht oder erhöhen will. War es bei Hegel noch der Bürger, der die Gesellschaft bevölkerte, erweiterte Marx um den Proletarier, Weber um den kulturell Anderen, und Parsons feierte die Generalinklusion aller in die Gesellschaft. Die phänomenologische Soziologie legitimiert dann auch den naiv-natürlichen Alltagssprecher, Habermas will zwar die Argumente auf die besseren verknappen, dafür aber die Zahl der Sprecher erhöhen, die Rational-Choice-Theorie modelliert auch Unvernünftige als vernünftige Nutzenmaximierer, die *cultural studies* emanzipieren Subkulturen zu Vollmitgliedern, der neue Kosmopolitismus entdeckt überall legitime Sprecher, fast unabhängig davon, was sie sagen. Die Frauenforschung emanzipiert die Frauen zu Sprecherinnen, die *gender studies* übertragen das auf alle Geschlechter, und die *queer studies* emanzipieren dann alle Menschen vollständig vom Geschlecht. Auch die Erhebung der Tiere auf Augenhöhe in der Tierethik gehört dazu wie die Emanzipation der Dinge und Gegenstände zu Akteuren, wie sie derzeit vor allem von dem französischen Soziologen Bruno Latour betrieben wird, der aus einem handlungstheoretisch interessanten Argument inzwischen eine geradezu absurde romantische Einheitsvorstellung der Welt als eines vollkommen vernetzten Ökosystems gemacht hat, das er mit dem griechischen Gaia-Mythos verbindet.[9] Die Geschichte der Arena-Moderne ist geprägt davon, die Zahl der legitimen Sprecher zu erhöhen – Emanzipation wird dann stets an so etwas wie eine Vergemeinschaftung der Unterschiedlichen gebunden. Im 19. Jahrhundert war das noch die Nation als egalitäres Konzept gegen die ständische Gesellschaft, heute ist es – wenn nicht Tiere, Götter und die Objekte selbst emanzipiert werden – der Glaube an eine Zivilgesellgesellschaft, deren Interessen sich gegen die Zentralinstanzen der Moderne wenden sollen und so etwas wie eine Vernunft der Vielen gegen die Perspektive der Experten, der Entscheider und der Regierenden meinen.

Konzepte der Zivilgesellschaft sollten stets als eine kritische Instanz verstanden werden, gewissermaßen als Arena innerhalb der Gesellschaft – wie ja auch Naomi Klein auf eine zivilgesellschaftliche Bewegung hofft, um den Klimawandel abzuwehren. Dies ist ein geradezu typisches Argument. Es fällt letztlich automatisch, weil es einerseits auf die klassische Form der Kritik zurückgreift, auf das Arena-Modell also, andererseits aber auf ein Defizit dieses Modells aufmerksam macht – dass es nämlich die komplexe Dynamik der Gesellschaft offensichtlich nicht erreicht, ganz abgesehen davon, dass sich derzeit empirisch zeigt, dass zivilgesellschaftliche Vergemeinschaftungen nicht unbedingt dem Wahren, Schönen und Guten entsprechen müssen, das man ihnen zumeist zutraut. Die aktuellen zivilgesellschaftlichen Bewegungen hören auf den Namen Pegida, sie sind in verschiedenen europäischen Ländern derzeit im Namen der Re-Ethnisierung von Konflikten unterwegs, sie sind vor allem dort aktiv, wo man regionale *Not in mybackyard*-Strategien verfolgt, etwa in dem Stile: Energiewende gegen Klimawandel und Kapitalismus (sic!) ja, aber bitte keine Stromtrasse oder kein Windrad auf meiner Scholle! Zivilgesellschaftliches Engagement kann auch hässlich sein!

Ein neuer Kritiktypus müsste eher an der Struktur der Gesellschaft ansetzen. Ich habe jüngst vorgeschlagen, Kritik am Problem der Übersetzung der unterschiedlichen verteilten Intelligenzen der Gesellschaft anzusetzen, also Übersetzungsformen dafür zu finden, was eine funktional differenzierte Gesellschaft stets mit sich bringt: unterschiedliche Perspektiven, die Gleichzeitigkeit unterschiedlicher Erfolgsbedingungen in Politik, Wirtschaft, Wissenschaft, Medien und so weiter; nicht zuletzt die Synchronisationsprobleme unterschiedlicher Geschwindigkeiten und auch die Frage der kulturellen Übersetzbarkeit sind von Bedeutung.[10] Kritik kann nicht mehr auf Arenen hoffen, sondern muss mit der Komplexität unterschiedlicher Sprecher rechnen. Es reicht nicht, sie als Sprecher zu emanzipieren und sich dann davon zu emanzipieren, was sie sagen. Ein solcher Kritiktypus findet seinen Adressaten dort, wo man tatsächlich mit anderen Entscheidungen rechnen kann –

er findet seinen Fokus vor allem dort, wo man mit Rückkopplungen rechnet und die Kausalität zwischen guten Gründen und guten Wirkungen nicht mehr kennen kann.

Die Frage ist, ob sich eine Semantik finden lässt, die diese Art von Kritik mit einem ähnlichen Charisma ausstatten kann wie die Arena-Kritik, die es einfacher hat. Ach, wäre es doch der Kapitalismus, ach, wäre es doch eine Massenbewegung, die man herstellen könnte, und ach, könnte man doch wissen, wie eine Wirtschaft ohne Kapitalismus aussehen könnte, und ach, wüsste man doch, ob eine solche Wirtschaft wirklich weniger Fossiles verbrennt, und ach, wüsste man doch, dass so eine Massenbewegung wie ein Subjekt auftreten würde, und ach, hätte man doch die unterschiedlichen Wirkkräfte einer Gesellschaft im Griff, um all die Konsequenzen zu kontrollieren, und ach, könnte man doch in einer Gesellschaft beginnen, die noch nicht existiert, um sie sich zu entwerfen – könnte man all das entwerfen, dann hätte Kritik endlich die Kraft, die sie braucht. Das Problem ist nur, dass selbst Naomi Klein die Dinge kleinarbeiten muss und am Ende dann mit Akteuren rechnet, die schon da sind. Die Frage ist, ob man Kritik dann so wirkungslos lassen will und das Kleingearbeitete neben die großen Sätze stellt und *Kapitalismus vs. Klima* setzt. Diese Kritik ist wirklich affirmativ und letztlich die Probleme verniedlichend.

Kritik tut gerne so, als könne man vor einem weißen Blatt Papier sitzen und eine Welt entwerfen, wie man sie gerne hätte. Pierre Bourdieu hat den Intellektuellen dieses Typs gescholten, sein *scholastischer Epistemozentrismus*[11] rühre daher, dass er die Arbeit der Gesellschaft mit der Arbeit am Schreibtisch verwechselt: Autor vor einem weißen Blatt Papier zu sein. Insofern erweist sich Adornos Bilderverbot als intellektuelle Figur als durchaus kluger Gedanke.

Die Welt ist bereits eine – in jeder Hinsicht – beschriebene Welt. Damit muss Kritik rechnen, wenn sie das zu tun gedenkt, was die Bedingung ihrer eigenen Möglichkeit ist: *dafür zu sorgen, dass die Dinge auch anders sein können.* Also: *Mehr Kritik, bitte!*

Anmerkungen

1 Vgl. Marcuse, Herbert: »Die Ideologie des Todes«. In: Ebeling, Hans (Hg.): *Der Tod in der Moderne*, Königstein/Ts. 1979; Marcuse, Herbert: *Triebstruktur und Gesellschaft*. Frankfurt am Main 1969, S. 156 f.

2 Vgl. dazu Nassehi, Armin: »Geklonte Debatten. Über die Zeichenparadoxie der menschlichen (Körper-)Natur, die Theologie des Humangenoms und die Ästhetik seiner Erscheinung«. In: Jahraus, Oliver/Ort, Nina (Hg.): *Theorie – Prozess – Selbstreferenz. Systemtheorie und transdisziplinäre Theoriebildung*. Konstanz 2003, S. 219–238; Nassehi, Armin: »Die Paradoxie der Sichtbarkeit. Für eine epistemologische Verunsicherung der (Kultur-)Soziologie«. In: Beck, Ulrich/Kieserling, André (Hg.): *Ortsbestimmungen der Soziologie: Wie die kommende Generation Gesellschaftswissenschaften betreiben will*. Baden-Baden 2000, S. 17–30.

3 Horkheimer, Max: *Traditionelle und kritische Theorie*. Frankfurt am Main 1970, S. 56.

4 Adorno, Theodor W.: »Soziologische Schriften I«. In: *Gesammelte Schriften*. Band 8, Frankfurt am Main 1997, S. 369.

5 Felsch, Philipp: *Der lange Sommer der Theorie. Geschichte einer Revolte*. München 2015.

6 Vgl. dazu Nassehi, Armin: *Der soziologische Diskurs der Moderne*. Frankfurt am Main 2006, S. 33 ff. und S. 328 ff.

7 Boltanski, Luc/Chiapello, Ève: *Der neue Geist des Kapitalismus*. Konstanz 2003, S. 525.

8 Klein, Naomi: *Die Entscheidung: Kapitalismus vs. Klima*. Frankfurt am Main 2015.

9 Latour, Bruno: *Waiting for Gaia. Composing the common world through arts and politics. A lecture at the French Institute*. London, November 2011 (http://www.bruno-latour.fr/sites/default/files/124-GAIA-LONDON-SPEAP_0.pdf).

10 Nassehi, Armin: *Die letzte Stunde der Wahrheit. Warum rechts und links keine Alternativen mehr sind und Gesellschaft ganz anders beschrieben werden muss*. Hamburg 2015, v. a. S. 256 ff.

11 Bourdieu, Pierre: *Meditationen. Zur Kritik der scholastischen Vernunft*. Frankfurt am Main 2001, S. 68.

Hannelore Schlaffer

Maximal unverbindlich

Der neue Mitsprachebürger braucht keine intellektuelle Leitfigur. Er mischt selbst mit – wann und wo und wie er will.

Die Askese des Philosophen, die in der Körperverneinung die Möglichkeit sah, das Glück zu bannen, hat keinen Sinn mehr, wenn es praktische Mittel zur Pflege des Körpers, zur Beseitigung von Krankheit und Schmerz und zur Sicherung des Alters gibt. Noch John Stuart Mill mußte sich trotz seines utilitaristischen Programms für eine philosophische Askese entscheiden: »It is better to be Socrates dissatisfied than a fool satisfied.« Warum sollte man noch die Rolle des asketischen Sokrates wählen, statt des zufriedenen Narren, wenn es Auszeichnungen, und gar solche des Geistes, nicht mehr gibt? Nicht gegen den Kapitalismus, sondern mit ihm hat die Studentenbewegung, deren Mitglieder selbst zum Großteil aus dem Kleinbürgertum kamen und es kritisierten, den »wahren« Hedonismus Marcuses durchgesetzt und die egalitären Ideen der Aufklärung als privates Glück realisiert. Nicht das Proletariat, so weiß man heute, war zu befreien gewesen, sondern das Lustprinzip mußte als Idee populär gemacht werden. Der Erfolg dieser letzten Freiheitsbewegung liegt da, wo sie sich selbst schämt, ihn zu finden: im privaten Genuß für alle, in der happiness maximation.

Aus: Kursbuch 95, »Das Glück«, 1989, S. 102

Mein Aufsatz »Die Gegenwart des Glücks« wurde etwa ein Dreivierteljahr vor dem Fall der Mauer geschrieben – unwahrscheinlich, dass sich durch dieses welthistorische Ereignis nichts im Lebensstil der Bundesbürger, von dem vor allem der Aufsatz spricht, und auch nichts in meinen Ansichten geändert haben sollte! Was sich allerdings nicht geändert hat, das ist mein eigenes Interesse an dem, was ich »Ästhetik des

Alltags« nennen möchte, am Gebaren des Einzelnen sowie bestimmter Kollektive, sobald sie vor die Welt treten und beobachtbar sind, kurz: die Aufmerksamkeit auf den Stil von Privatheit in der Öffentlichkeit. Auch die Methode, aus alltäglichen Beobachtungen Schlüsse zu ziehen auf das Bewusstsein der Gesellschaft im Ganzen, habe ich beibehalten. Dennoch würde ich heute, so zumindest hoffe ich, nicht mehr so schreiben, wie ich es in der zitierten Passage tat. Als Schlusswort zu detaillierten Beobachtungen tendiert freilich jeder Text leicht zu resümierender Steifheit. Jedoch ist der Schmuck der Gedanken durch Zitate aus der antiken Literatur oder aus der Philosophie, wie er in der Passage angebracht wird, mit dem Bildungsbürger ausgestorben. Vor allem aber besteht die Verbindlichkeit linker Theorien, auf die ich im Aufsatz noch vertraue, nicht mehr. Heute trumpft man nicht mit Wissen und Namen auf, die angeblich unumstürzbare Wahrheiten verbürgen, heute würde man – oder würde ich – einen Essay lieber mit einem koketten Zweifel beenden.

Der Intellektuelle und die Menge

Mit dem Stil des Schreibens ist dann aber doch ein genereller Wandel erfasst, der sich, jenseits der bedeutenderen Folgen, die das Ereignis von 1989 in der Welt hatte, im kulturellen Leben der Bundesrepublik vollzog: Die Wende bewirkte den Abtritt der großen Namen, das heißt die Glaubwürdigkeit von Leitfiguren. Sie inthronisierte stattdessen das Kollektiv, das anonym ist, als politische Energie oder, um jene beiden Typen zu nennen, die den Wandel verkörpern: Die Wende beschleunigte den Abgang des Intellektuellen und den Aufstieg des Mitsprachebürgers. Der neue Bürger, der sich im öffentlichen Leben einrichtet und ein Mitspracherecht beansprucht, setzt jenen anderen ab, der bis dahin sein Sprachrohr war so gut wie sein Kritiker.

Der Grund für den Aufstieg des Mitsprachebürgers, der eine situationsgebundene Beteiligung an der Politik fordert, liegt auf der Hand.

Dieser Gelegenheitspolitiker entstand aus der Möglichkeit einer Kommunikation aller mit allen durch die digitalen Medien. Die Tragik jedoch des Intellektuellen und die Ursache dieser Tragik kommen in der gegenwärtigen Diskussion kaum je zur Sprache. Höchstens implizit ist von ihr die Rede, wenn über den Untergang der Printmedien, zumal der Zeitungen und Zeitschriften, geklagt wird.

Der Aufstieg des Intellektuellen begann im 18. Jahrhundert mit der Entstehung des Zeitungswesens: Es bedurfte eines *Journal des Débats*, einer *Moralischen Wochenschrift*, damit der Intellektuelle seine Meinung vor der neu sich bildenden bürgerlichen Gesellschaft äußern konnte, damit er sich auch selbst über wissenschaftliche und philosophische Richtungen in diesen Zeitschriften informierte, um sie dann in den aristokratischen wie bürgerlichen Salons zu referieren, zur Diskussion zu stellen und aus ihnen wiederum neue Standpunkte zu entwickeln. Ohne Zeitung und Zeitschrift keine »freischwebende Intelligenz«! Ursache und Wirkung des heutigen Niedergangs der Zeitung müssen daher mit der des Intellektuellen, ihrem schreibenden und lesenden Nutzer, zusammenhängen. Zwar ist der Schluss schnell zur Hand: Wenn es keine Zeitung gibt, verstummt auch der Intellektuelle. Ursache und Folge ließen sich aber umkehren – und diese Art von Begründung leuchtet mir eher ein: Weil die Position des Intellektuellen in der Gesellschaft unsicher geworden ist, kommen auch seine Publikationsorgane in die Krise.

Orientierung verloren

Beider Bedeutung, die des Mediums wie die seines Nutzers, erlischt gemeinsam, und dies geschieht, so scheint mir, nicht nur, weil Print durch Digital ersetzt wird, sondern vielmehr, weil es 1989, weil es die Wende gab. In den Jahren der Wende stellte sich die Bevölkerung Deutschlands erst ganz allmählich und sehr zögernd auf die Digitalisierung ein, konnte also, sofern sie sich nicht mit dem Fernsehen begnügte, der Zeitungslektüre noch gar nicht entkommen. Der Intellektuelle jedoch verlor durch das politische Ereignis mit einem Schlag die Orientierung und damit seine Sicherheit, Funktion, Geltung. Mit dem Fall der Mauer fiel die Opposition »Kapitalismus – Kommunismus«, in der sich alle Intellektuellen, ob linke Avantgarde oder Konservative, eingerichtet hatten. Der Intellektuelle genoss bis dahin das Recht einer Elite, die über die richtige Gesinnung seiner Mitbürger entscheiden durfte oder sollte, und er tat dies im Rahmen der politischen Opposition von West und Ost.

An dieser Entscheidung nahmen die Zeitungen teil. So oppositionell wie die Intellektuellen, links oder konservativ, waren auch sie. Unvorstellbar etwa, dass ein Leser der *Frankfurter Allgemeinen Zeitung* damals die Meinung der *Frankfurter Rundschau* hätte verteidigen wollen, dass ein Leser des *Merkur* Abonnent der *Frankfurter Hefte* gewesen wäre. Zeitungen und Zeitschriften wurden antagonistisch diskutiert, und zwar heftig. Selbst Professoren bezogen sich in Vorlesungen auf Artikel aus diesen Medien; in den Kneipen diskutierten Studenten die Positionen, die in Zeitungen geäußert worden waren, sie kannten die Namen der Journalisten und Autoren. Das Odeur der Kneipen trug die Meinungen weiter zu Kommilitonen und Mitbürgern. Alle waren überzeugt, dass sie lesen und kennen müssten, worüber die Zeitung sprach.

Heute erwähnt nur selten noch ein Leser, und mag er sich noch so pflichtgemäß durch die Zeitung informieren, einen Artikel aus seinem Blatt. Wenn die Printmedien um ihre Zukunft bangen, dann haben sie nicht nur den Angriff der digitalen Medien zu bedenken, sondern vor allem den Untergang ihres klassischen Ruhmredners, des Intellektuellen. Die durch die Wende bedingte Unsicherheit ihrer *freien* Mitarbeiter nutzten sie zu Sparmaßnahmen, haben deren Beiträge reduziert und damit einen wichtigen Verteiler verloren. Der Zeitung fehlt die Mundpropaganda. Kurz: Der Untergang des Intellektuellen ist es, der den Untergang der Printmedien bewirkt.

Man mag einwenden, dass selbst der Intellektuelle durch die neuen Medien von der alten Zeitung abgelenkt werde, denn Nachrichten findet auch er im Internet genug. Eine Zeitung aber wollte und sollte mehr sein als ein Nachrichtenorgan: Ihre Qualität liegt im Kommentar, im Standpunkt, und der gerade war es gewesen, der einstmals die Gesellschaft und ihre Vertreter beschäftigte. Der Kommentar formuliert eine Perspektive, und diese wiederum braucht, eigenwillig, wie sie ist, eine markante Erscheinungsform, eine wiedererkennbare Präsentation durch Bild, Buchstabe, Papier. Die Tendenz der Zeitungen, das Nulldesign der digitalen Medien nachzuahmen, nivelliert auch ihre Aussage und dämpft die Lust, diese zu diskutieren.

Die linke Avantgarde also scheiterte nicht allein an den neuen Medien. Sie hatte ihre Leitbilder für eine bessere Gesellschaft aus der Idee des Sozialismus bezogen, und diese gingen mit der Wende verloren. Die Kritiker des Kapitalismus glaubten an die Theorie und waren blind für die Praxis des Lebens oder gar des Alltags; sie übersahen daher die Fehler des realen Sozialismus und wollten sie übersehen. Der Aufsatz von 1989 über die »Gegenwart des Glücks« jedoch beschäftigt sich mit der *Lebenspraxis* in der Bundesrepublik. Allerdings schließt er sich doch dem aus der Theorie geborenen Misstrauen der linken Intelligenz den Glückversprechen des Kapitals gegenüber an und beargwöhnt, was sich Bürger damals schon leisten konnten, indem sie konsumierten, reisten, sich ins Eigenheim zurückzogen, Partys feierten. Dieses Glück, so schrieb ich, »hat keinen guten Ruf«. Die intellektuellen Kritiker erkannten es nicht an, es galt ihnen als Resultat der Verführung des Bürgers durch den Kapitalismus. Immerhin blieb ich kritisch gegen diese Kritik, da sie mir unzeitgemäß zu sein schien und unfreundlich den Wünschen der Bürger gegenüber: »Die moralischen Einwände, die von rechts, und die philosophischen, die von links kommen, fußen auf den atavistischen Grundsätzen überholter gesellschaftlicher Systeme. Wem zuliebe, so muß man fragen, sollte man verzichten [hinsichtlich der Glücksversprechungen], nachdem der liebe Gott und alle seine irdischen Vertreter abgesetzt worden sind?«

Verlorenes Privatleben

Das von den Intellektuellen als gedankenlos, banal und betrügerisch zurückgewiesene Glück für jedermann tritt inzwischen in den Städten immer sichtbarer zutage, kein Linker würde mehr durch eine Kritik, die er dagegen richtete, das Gewissen wachrütteln können. Norbert Bolz erfasst die Resignation, die auch dem Intellektuellen die Argumente entwendet hat, wenn er das Leitbild der sozialistischen Theorie, den Kommunismus, zum »Konsumismus« verballhornt, um das veröffentlichte Glück, das neuerdings durch die Straßen der Stadt zieht, als Menschheitsziel zu feiern.

Im Unterschied zur Situation vor 1989 und den im Aufsatz über die »Gegenwart des Glücks« beschriebenen Glückszuständen hat, so scheint mir, das Privatleben heute an Bedeutung verloren. Es wäre eines eigenen Nachdenkens wert, inwieweit durch den Eintritt der Frauen ins Berufsleben familiäre Ideale aufgegeben werden mussten und inwiefern sie gerade deshalb zum Leitgedanken der Sozialpolitik geworden sind: Wie viel Raum nimmt noch die Elternliebe ein, wenn statt der Eltern Vater Staat von früh bis spät die Kinder in Schulen und Heimen behütet; wozu die altdeutsche Gemütlichkeit des Familienlebens, wenn die Frau tagtäglich zur Arbeit geht und jedes Kind sein eigenes Zimmer und seinen eigenen Fernsehapparat und PC hat; wozu die Treue der Gatten, wenn die Ehepartner montags ins Flugzeug steigen, um ihren Jobs an verschiedenen Orten nachzugehen?

So ist etwa eine Eroberung der Innenstadt durch Jugendliche in der Mittagspause zu beobachten, einer Zeit, da sie sonst an den Mittagstisch nach Hause zurückkehrten. Nun schwärmen sie in Trupps vom Imbissstand zu den vielen neuen Cafés und ernähren sich ähnlich beiläufig wie die Angestellten, die zur gleichen Zeit aus ihren Büros kommen. Das private und intime Glück der Menschen, von dem im Aufsatz die Rede war, hat sich grundlegend geändert. Verbal bezieht sich die Politik auf dieses atavistische Glück, praktisch aber tritt es in den Hintergrund.

Stattdessen hat, vor allem in den Städten, das Glück der kollektiven Begegnung zugenommen. Die Stadt, die kulturellen Institutionen in ihr und neuerdings auch die Kirchen sind bestrebt, Menschen möglichst in Menge zu versammeln. Sie veranstalten Feste über Feste, bei denen das Ritual in nichts besteht als in der Nahrungskommunion. So gibt es einen Hamburger Fischmarkt in Stuttgart, ein schwäbisches Weindorf in Hamburg; neuerdings laden evangelische Gemeinden zum unheiligen und formlosen Essen in die Kirche ein, wo es nicht mehr nach Weihrauch riecht, sondern nach Suppe.

Die Innenstädte, mittlerweile Verwaltungszentren der Unternehmen und Banken, wurden schon seit Jahrzehnten zu Lustorten umgestaltet, indem man durch immer weiter in die Region ausgreifende Bahnen immer mehr Menschen hereinholt, sie dort verpflegt und unterhält. Diese Situation war schon vor 1989 zu beobachten. Inzwischen aber haben sich die so Herbeigelockten und Verführten, die den Intellektuellen mitsamt seiner Zeitung in die Flucht schlugen und in den Kiez verdrängten, selbst das Wort ergriffen: Die Innenstadt ist zum Sammelplatz der Menge geworden. Zunächst kamen die Menschenansammlungen durch die Fußballfans zustande, die das Public Viewing genossen; dann trafen sich dort Demonstranten gegen bestimmte Bauvorhaben, die man ironisch als »Wutbürger« degradierte; mittlerweile nimmt die Politik diese Bewegungen ernst und diskutiert über die Notwendigkeit einer Bürgerbeteiligung.

Verantwortung übernehmen – ohne Verpflichtung

Die weiträumige Erreichbarkeit des Einzelnen, die die digitalen Medien ermöglichen, hat diese Versammlungen herbeigeführt. Diese Menge aber spricht, anders als der sprachverliebte Intellektuelle, durch wenige Schlagworte. Menschen sehnen sich dennoch immer nach einer Präsenz im Raum, deshalb sucht sich die globale Vernetzung eine lokale Realisierung und findet diese in der Innenstadt. Der Konsum vereinzelt den Besucher der Stadt, die Medien aber, die er dort kauft, verbinden ihn wieder mit allen. Aus der Kauflust des Einzelnen geht die Versammlung aller hervor.

Diese Menge unterscheidet sich wesentlich von den Versammlungen, die die Intellektuellen vor der Wende initiierten. Die heutige Menge trifft sich spontan und von Fall zu Fall, sie ist keine Partei und wird nicht von Ideen geleitet, sondern von Organisatoren, die den Augenblick nutzen. Die Versammlungen haben einen Anlass, folgen aber keiner Theorie. Der Anlass geht immer von der Praxis aus. Der Verlauf der Veranstaltung entscheidet sich am Objekt; er kann friedlich sein oder ins Chaos münden. Im Unterschied zu den Intellektuellen, deren Theorien feindliche Gruppen – Kapitalisten und Proletarier – innerhalb einer Gesellschaft auszumachen versuchten, treten nun Bürger und Staat einander direkt gegenüber. Man plant keine Umstürze, man demonstriert für die Behebung aktueller moralischer und sozialer Probleme, die jeder begreift. Allgemeinverständlichkeit ist das Pendant zum Konsumgenuss, und beide suchen sich die Innenstadt aus als den Ort ihrer Erfüllung.

Wenn ich also einen Wandel vermerken sollte, der nach 1989 im *alltäglichen* Leben stattfand, so liegt er in der Marginalisierung des Intellektuellen, aber auch jedes Einzelnen, der sich vergnügt, wann, wo und wie er will, und in der Entstehung einer Menge, die eine moralische Verantwortung sucht. Der Einzelne wird für Augenblicke einer Menge zugeführt, der er schnell wieder entkommt, auf die er sich nicht, wie als Mitglied einer Partei oder als Bekenner einer Theorie, verpflichten muss. Das allerneuste Glück besteht darin, sogar Verantwortlichkeit zu konsumieren.

Stefan Welzk

Der Wald, die Angst und das Geld

Vertagte Katastrophen, bedrohte Symbiosen

Es ist das Wesen der romantischen Seele, ihren Gegenstand außerhalb der Wirklichkeit zu haben. Wo denn findet er sich, der deutsche Wald? Was da rumsteht von der Luhe bis zur Isar, Kiefern Stamm bei Stamm, in korrekten Gevierten und kerzengerader Monotonie, ganz oben, nur ahnbar noch, etwas Nadelgrün, das hat doch mit dem, was die Leute aus deutscher Oper und Heimatkundeunterricht als Wald im Kopf haben, überhaupt nichts zu tun. Nutzwald eben, ein Produkt des 19. Jahrhunderts wie die ganze Romantik, die das nicht wahrhaben will und eigens entstanden ist, um die Industrialisierung fortzulügen. (...)

Das Entscheidende in unserer Ordnung ist der Mensch, jeder einzelne, und nicht irgendeine Konifere. Seinem Votum haben wir uns zu beugen. Die Bevölkerungskonzentration in den am stärksten vergifteten, ökologisch am schwersten geschädigten Gebieten ist eine tägliche Volksabstimmung für industriellen Fortschritt, internationale Konkurrenzfähigkeit und Wohlstand. Warum ziehen die Leute nicht weg aus den Ballungsräumen, dorthin, wo die Gewässer klar und die Mieten niedrig sind? Zumindest die Arbeitslosen könnten das doch tun. (...) Eindeutig setzt das Volk seine Prioritäten anders, als der arrogante Umwelttotalitarismus es ihm in den Mund zu legen versucht. Wer das nicht akzeptiert, der verneint die Demokratie. Der verläßt den Boden unserer freiheitlichen Grundordnung und sollte deshalb auch die in ihr verbrieften Rechte nicht unbegrenzt ge- und mißbrauchen können. Die Gewaltsamkeit, mit der radikale ökologische Minderheiten wie Greenpeace ohne jede Rücksicht auf Arbeitsplätze die Hobbys und Präferenzen einer akademisierten sorg-

losen Oberschicht verfolgen, sollte uns zu denken geben. Umweltschutz ist Klassenpolitik.

Wenn wir alle den Gürtel enger schnallen müssen, warum dann nicht auch die Natur? Warum soll gerade sie allem heilsamen Leistungs- und Anpassungsdruck entzogen werden? Mit übereilten Regulierungen nehmen wir ihr gerade die Chance, von sich aus widerstandsfähige Arten, angepaßt an unsere heimatlichen Schadstoffe, zu entwickeln. (...) Das Opfer des Waldes ist angemessen, und sei es auch nur, um ein Symbol zu setzten, ein Zeichen unserer Entschlossenheit, uns um keinen Preis aus unserem Rang in der Hierarchie der internationalen Arbeitsteilung verdrängen zu lassen.

Aus: Kursbuch 74, »Zumutungen an die Grünen«, 1983, S. 29, 35, 38

Schockiert vom Beitrag »Fetisch Wald. Scherzo funebre« hatten damals, 1983, einige *Kursbuch*-Abonnenten der Redaktion ihre Kündigung mitgeteilt. Offenbar war der Sarkasmus des Textes – eine Persiflage auf die damals gängige lobbyistische Verharmlosung und Verantwortungslosigkeit, gespickt mit namentlichen Zitaten – nicht von allen durchschaut worden. Doch seinen Zweck hatte er erreicht: Betroffenheit und Entsetzen ob der verlogenen bis zynischen Reaktionen der Zitierten und ihrer Verbände auf dieses doch unübersehbare ökologische Desaster. Angeregt zu dieser Art von Brutalsatire hatte mich der irische Schriftsteller Jonathan Swift. Während einer Hungersnot in Irland empfahl er in seiner Broschüre *A Modest Proposal*, die Kinder von Armen einzupökeln, denn diese hätten ohnehin keine Überlebenschancen, und das Fleisch nach England zu verkaufen, damit das Land zu Wohlstand käme. Sarkasmus bleibt in seiner amüsanten Bitterkeit eines der erfolgreichsten Mittel, Unsensibilität vorzuführen. Die ihm eigene Übertreibung findet freilich dort ihre Grenzen, wo die Furchtbarkeit des Wirklichen nicht mehr übertreibbar ist. Paradigma dafür bietet heute der Quer-Kannibalismus von Organtransplantationen. An dieser Stelle nur ein Detail: In chinesischen Gefängnissen sitzen angeblich Tausende Falun-Gong-Anhänger, die bedarfsgerecht hingerichtet werden. Amerikaner sucht Niere, China liefert Niere. In Deutschland hat ein Herr vom Professoren-Panel der »Initiative Neue Soziale Marktwirtschaft« verlangt, Menschen, die nicht genug Geld für den Lebensunterhalt der Familie haben, »die Möglichkeit zu einem geregelten Verkauf ihrer Organe zu eröffnen«. Im *Kursbuch* 169 versuchte ich mit einem fiktiven Bericht aus einer ostasiatischen Triade dieses Geschehen zu fassen, doch keine schriftstellerische Verarbeitung, kein Sarkasmus kann einer solchen Realität angemessen sein.

Nun aber zurück zum Wald. Wann hat man das letzte Mal etwas vom dessen Ableben gehört? 2003 wurde das Waldsterben von Renate Künast, Ministerin für Ernährung, Landwirtschaft und Verbraucherschutz, für beendet erklärt. Der Trend sei gestoppt. Noch immer rauschen die deutschen Eichen, bedecken Buchenblätter im Herbst den Waldboden, und die Wirtschaft floriert wie kaum je zuvor. Der jährliche »Waldschadensbericht« der Bundesregierung wurde abmildernd in »Waldzustandsbericht« umbenannt. Manchen heute erscheint der »Hype« um den Wald rückblickend als Prototyp medialer Erregungszyklen. In der Tat hat sich der Verfalls- und Sterbeprozess entschleunigt. Waren 2003 schon 39 Prozent der Eichen schwer geschädigt, so war dieser Anteil bis 2012 nur noch bis auf 50 Prozent angewachsen. Noch immer gilt jede sechste Eiche als unversehrt und jede fünfte Buche desgleichen. Der gewöhnliche Wanderer wird die meisten Schäden nicht einmal bemerken, sofern er sich nicht in Höhenlagen von Harz oder Erzgebirge verirrt. Das Zeitalter heute hat andere Sorgen – den islamistischen Fanatismus, der mordend durch westliche Metropolen geistert, das wechselseitige Abschlachten der jeweils anderen islamischen Sekte, die Katastrophen einer entbändigten Finanzbranche samt fortwährender Bankenrettung zu unvorstellbaren sozialen Kosten, Putins Versuche, das Sowjetimperium in mühsamer Kleinarbeit wieder zusammenzurauben, springflutartige Flüchtlingsströme und so weiter und so weiter.

Ernst genommen wurden Berichte besorgter Forstleute aus dem Bayerischen und dem Schwarzwald vom Siechtum ganzer Waldgebiete außerhalb der betroffenen Regionen zunächst kaum. Dann entdeckten vormals Mollis schwingende Straßenkampf-Chaoten und Ultra-Maoisten ihr Herz für Weißtanne, Goldregenpfeifer und Feldhamster. Mag sein, man wollte mit dem Fokus auf eine sterbende Natur die freiheitlich-demokratische Marktordnung diskreditieren. Doch die Skandalisierungen ökologischen Siechtums stießen auf Resonanz, katapultierten zum ersten Mal in der bundesdeutschen Geschichte eine neue Partei in den Bundestag und kondensierten zu redlichem Engagement. Splittergruppen und Alternative unterschiedlichsten Ursprungs, von Wertekonservativen und Lodenmänteln bis hin zu Trotzkisten und Anarchisten, verschmolzen zu einem seltsamen politischen Amalgam, einem schillernden Farbfleck in der aschgrau gewordenen politischen Landschaft. Heimatvereine in Trachten demonstrierten gemeinsam mit langhaarigen Ökoaktivisten. »Saurer Regen über Deutschland. Der Wald stirbt«, titelte der *Spiegel* 1981, »Über allen Wipfeln ist Gift« der *Stern*. »Erst stirbt der Wald, dann stirbt der Mensch« – symbolhaft stand das Elend des Waldes für eine dahinsiechende Umwelt.

Doch die Grünen hatten mehr als *einen* Nerv getroffen. Angst grassierte, nicht nur vorm Ruin der Natur, sondern auch vorm nuklearen Inferno, ausgelöst durch Vor- und Nachrüstung, durch SS 20 und Pershing II – eine wohlbegründete und fast hilflose elementare Angst. Sie trieb Hunderttausende auf die Straßen und in den Bonner Hofgarten. 350 000 waren es dort am 10. Oktober 1981, eine halbe Million am 6. Juni 1982. Um die 300 000 schlossen im Oktober 1983 die Protestkette zwischen Stuttgart, dem Europe Headquarter der USA, und Neu-Ulm, Standort von Pershing II. Die SPD war zerrissen und gelähmt. Prominente Sozis wie Erhard Eppler wurden Wortführer des Protestes. Doch ihr Kanzler verkämpfte sich für ebendiese Nachrüstung und hatte selbst den NATO-Doppelbeschluss vorangetrieben, um Moskau zur Beseitigung seiner SS 20 zu zwingen. In Washington freilich wollten Topberater des Präsidenten die Pershing II in Europa stationieren, unabhängig davon, ob Moskau seine SS 20 zerstört oder nicht[1]. Mit einem atomaren Überraschungsschlag die UdSSR zu »enthaupten«, auch unter Inkaufnahme von Millionen Toten auf beiden Seiten, sei eine »notwendige Option«. Man nutzte eine veritable Dummheit der sowjetischen Strategen. Die SS 20 provozierten und legitimierten eine symmetrische Reaktion des Westens. Doch das Resultat war alles andere als symmetrisch. Die sowjetischen Zentren, Moskau und Leningrad, gerieten praktisch ohne Vorwarnzeit in die Reichweite von Raketen des Gegners, die amerikanischen Zentren hingegen nicht. Ein »nuclear theatre« konnte auf Europa fokussiert werden, mit nur milder Betroffenheit der USA, die zudem mit hohem Engagement am SDI bastelten, das halbwegs wirksam nur diese selbst würde schützen können. Nach Gallup waren 67 Prozent der westdeutschen Wähler im Jahr 1983 gegen die Pershing II. Die Grünen, 1980 gegründet, bildeten zunächst die einzige erkennbare verfasste politische Kraft, die sich klar und geschlossen dem entgegenstemmte. Auf einem Sonderparteitag der SPD im November 1983, nach dem Kanzlersturz, fanden sich freilich unter 400 Delegierten nur noch 14 Befürworter der Pershing II. 1988 urteilte Helmut Schmidt, dieser Doppelbeschluss habe ihn sein Amt gekostet. Paradox freilich, dass mit Helmut Kohl ein verlässlicher Befürworter der Nachrüstung an die Macht gespült wurde.

Angst vor etwas Hochbedrohlichem, das abzuwehren man kaum eine Chance sieht, wird vom Unterbewusstsein bisweilen transformiert in Angst vor etwas, das zu verhindern als nicht völlig aussichtslos erscheint, insofern in eine Entlastungsangst. Wurden mit der landesweiten Erregung über das Waldsterben rational unbewältigbare Ängste vorm atomaren Inferno unterbewusst kanalisiert? Beide Albträume waren alles andere als wirklichkeitsfern. Seit Gorbatschow und seit dem Zusammenbruch des Sowjetimperiums ist das Gespenst einer nuklearen Apokalypse etwas verblasst, zunächst zumindest.

Kurzum: Der Wald in seinem Siechtum musste für einiges herhalten. Paradoxerweise konnte man damit von der Atomkriegsangst ablenken und zugleich doch mit der Mobilisierung gegen ebendiese Gefahr einer Totalvernichtung politisches Profil gewinnen. Andere, Abkömmlinge konservativ-kommunistischer Sekten, hofften auf neuen Speed im abgeflauten Klassenkampf. War das Waldsterben nicht paradigmatische Evidenz, dass kapitalistische Produktionsweise die biologischen Lebensgrundlagen zerstört? Weniger visionär gestimmte Gemüter hofften darauf, mit technischen, vielleicht teuren, aber systemkonformen Maßnahmen eine Vereinbarkeit von moderner Zivilisation und der Bewahrung ökologischer Kreisläufe durchsetzen zu können. All das etwa war denn auch das mentale Gründungskapital der Grünen. Nur hier waren die zwei Grundängste jenes Jahrzehnts Kern der Agenda. Auch eine Grundstimmung, der Industrialisierung als solche schon immer auf die Nerven ging und die sich irgendwie in fast jeder Seele findet, konnte zunächst politisch andocken. Die Pragmatiker haben bekanntlich obsiegt. Ökosozialisten mutierten politisch oder flohen aus der Partei, nachdem diese durch ihr plakatiertes Desinteresse an der Wiedervereinigung – »Alle reden von Deutschland. Wir reden vom Wetter« – sich mit dem Wahldesaster 1990 fast um die Existenz gebracht hätte.

Doch unbestreitbar wurde ein politischer Volltreffer gelandet. Ohne ökologische Bekenntnisse zumindest zu deklamieren, kommt heute keine Partei und keine Supermarktkette mehr über die Runden. Die Politik hat Wirtschaft und Wahlvolk, getrieben von den pragmatisierten Grünen und auch von Einsicht, nicht wenig zugemutet. Kraftwerke bekamen Filter zur Rauchgasentschwefelung aufgezwungen. 400 000 Tonnen Kalk pro Jahr werden auf den Waldböden verstreut, teils von Hubschraubern. Schwefelhaltiges Benzin wurde EU-weit verboten. Die Kfz-Steuern wurden nach Schadstoffnormen gestaffelt, Katalysatoren durchgesetzt und Ökosteuern, freilich durchlöchert mit Ausnahmen und Freistellungen wie ein Schweizer Käse. Die Förderung von Wind- und Solarenergie und der Wärmedämmung von Häusern wurde auf den Weg gebracht – um nur einiges zu nennen. Die Emissionen von Schwefeldioxid sind seit den 80ern von 7,5 auf 0,4 Millionen Tonnen abgesunken. Glücksfall waren dabei nach 1989 die Verschrottungen in der ostdeutschen Industrie sowie die Stilllegung von Schwelereien in Espenhain und Böhlen südlich von Leipzig und von Giftschleudern im Chemiedreieck Bitterfeld-Wolfen-Leuna. Die Skandalisierung der Umweltprobleme im Westen war spätestens seit 1988 zum Vorbild und Brandbeschleuniger des ostdeutschen Aufbegehrens geworden. Die Belastung pro Einwohner mit Schwefeldioxid war in der DDR zwölfmal so hoch wie im Westen. Viele engagierten sich zunächst auch deshalb leidenschaftlich gegen die Vergiftung ihrer Lebensgrundlagen, weil das als Kritik gegen einen unübersehbaren Missstand in einem konkreten, scheinbar begrenzten Bereich risikoärmer zu sein schien als ein Aufbegehren gegen das Regime als solches. Kirchen, bislang ökologisch kaum engagiert, boten Raum, Info, Gespräche, Beratung. Umweltbibliotheken in Gemeinderäumen entstanden. Und Menschen, vordem kaum den Kirchen zugeneigt, fanden sich dort zusammen und konnten in Gemeinsamkeit Angst überwinden.

Wiedervereinigung dank Waldsterben?

Politische Kausalketten verlaufen oft seltsam. Hat der Ruin der Umwelt und die eskalierende Verstörung darüber den Regimesturz in Ostdeutschland nur beschleunigt oder ein in Moskau politisch nur für kurze Zeit offenes Fenster genutzt? Sarkastisch gefragt: Verdanken wir dem Waldsterben die Wiedervereinigung? Auch andernlands haben ökologische Schäden den Aufruhr gegen die kommunistischen Kakokratien forciert. In Bulgarien wurde der Regimesturz direkt von der Empörung über Umweltskandale wie den um Ruse ausgelöst. Vom anderen Donauufer aus Giurgiu ständig herüberwabernde grüngelbe

Chlorgaswolken ließen die zweitgrößte Stadt des Landes de facto unbewohnbar werden. Zigtausende flohen. Tausende wollten im Ausland »ökologisches Asyl« beantragen. Die Bewegung Ekoglasnost wurde im Verbund mit der neuen Gewerkschaft Podkrepa und der neuen Partei Union demokratischer Kräfte zum Hauptakteur des Systemwechsels in diesem Land.

Einen »Stamokap«, einen staatsmonopolistischen Kapitalismus, bei dem nicht der Staat die Wirtschaft reguliert, sondern selbst zum Monopolkapitalisten geworden ist, sozial brutal, ökologisch verantwortungslos und mit Totalkontrolle der Medien, den gab oder gibt es nur im Realsozialismus und in einigen postkolonialen Territorien. So brachte es in Ceauşescus Rumänien die Stadt Copşa Mică (Kleinkopisch) mit Buntmetallhütte und Rußfabrik zum makabren Ruhm der dreckigsten Stadt Europas – Luftbelastung mit Schwermetall 600-fach über dem gesetzlichen Grenzwert, Rentenalter 45 Jahre. Lenins planwirtschaftlicher Kommunismus samt Nachfolgern und Nachahmern war von Anbeginn eine Strategie zur brachialen Industrialisierung vormoderner Gesellschaften. Im Rückblick erweist er sich folgerichtig als Übergangsformation vom Feudalismus zum Kapitalismus, oft zunächst zu einem frühmodernen Kriminalkapitalismus, sofern er nicht wie in der DDR und der CSR einer bereits modernen Gesellschaft aufoktroyiert wurde.

Kapitalismus, Demokratie und Umweltschutz

In Deutschland halten sich die ökologischen Belastungen derzeit vermutlich im Zumutbaren. Zugleich boomt die Industrie, und der Exportüberschuss ist Weltrekord – ein modernes Mirakel? Umweltschutztechnologie wurde selbst zum Exportschlager, auch dank des deutschen Entwicklungsvorsprungs. Und man hat giftintensive Produktionen aufgegeben oder arbeitsteilig ausgelagert. Aufstrebende Nationen des Südens und Ostens bieten als »pollution haven« eine spezifische Attraktivität und Wachstumsdynamik. In Bangladesch, Indien und anderswo stehen Halbwüchsige knietief in Giftlaugen weltmarktintegrierter Textilfabriken, unübersehbar fast allwöchentlich im Fernsehen. Deutschland wird und bleibt sauber. Es macht schon einen Unterschied in der Lebensqualität, ob man Vergiftung hautnah rings ums Eigenheim erlebt oder am Bildschirm aus exotischen Regionen, erschauernd und beruhigt zugleich.

Weltweit erleben wir eine provokante Aufspreizung von Einkommen und Vermögen. Auch das mildert den ökologischen Stress. Denn Reichtum und Umweltschonung gehen Hand in Hand. Luxuskonsum ist arbeitsintensiv, Massenkonsum materialintensiv. Ein Rolls-Royce zum Beispiel kostet etwa 20-mal so viel wie ein VW Golf, verbraucht aber nur etwa dreimal so viel an Treibstoff. Ein günstigeres Verhältnis von Kapitaleinsatz zu Umweltbelastung lässt sich beim Auto derzeit kaum finden. Und für einen ausufernd barocken Lebensstil fehlt den heutigen Geldeliten schlicht die Fantasie. »Es gehört eben mehr Genie dazu, auszugeben als zu erwerben«, befand schon Friedrich Nietzsche. Deshalb mündet die Geldschwemme für die globale Oberschicht weithin in Spekulationsblasen für Aktien, Kunst und Krempel, Immobilieninflation und abstrusen Optionspapieren, statt Wachstum zu forcieren. Auch diese Art von Kapitalvernichtung schont die Biosphäre.

Markt und Kapitalismus sind per se weder moralisch noch unmoralisch, ebenso wenig wie Mechanik oder Mathematik. Sie sind Regelwerke, in denen Menschen zugunsten ihres persönlichen Vorteils entscheiden und dabei unbeabsichtigt als Resultante dieser Egoismen das wirtschaftliche Gemeinwohl optimieren. Moralische, soziale und ökologische Rücksichten sind Wettbewerbsnachteile. Sie mindern Profitabilität und Überlebenschancen der Firma – es sei denn, diese Rücksichten werden von Politik, Justiz und Öffentlichkeit als für alle geltend durchgesetzt und ihre Verletzungen hinreichend sanktioniert. Diese Interventionsfähigkeit in den Markt ist überlebensnotwendig. Paradigma ist die exzessive Ausbeutung auch von Kindern in der britischen Industrie im 19. Jahrhundert. Sie hatte zu einem solchen gesundheitlichen Verfall geführt, dass wegen Verfehlens der körperlichen Tauglichkeitsstandards die Armee nicht mehr gefüllt werden konnte. Staatliche Fabrikinspektoren mussten schließlich vor Ort Arbeitsbedingungen und -zeiten entbrutalisieren. Nicht Mitgefühl oder soziales Gewissen, sondern die militärischen Interessen des Empire gaben dabei offenbar den Ausschlag. Demokratie – der Verbund von Parlamentarismus, Rechtsstaat und unabhängigen Medien – hat sich als unverzichtbare Bedingung eines wohlstandsfähigen und unpervertierten Kapitalismus herauskristallisiert. Nur das Zusammenspiel von Markt und Demokratie schützt vor dem Missbrauch wirtschaftlicher Macht und vor der Zerstörung der Allmende. Eine Symbiose von wirtschaftlicher und politischer Macht dagegen ruiniert beide Systeme.

Zugleich folgt aus den Erfahrungen mit Umweltzerstörungen geradezu zwingend die Unverzichtbarkeit einer kapitalistischen Ordnung – verstanden eben als Trennung von wirtschaftlicher und politischer Macht. Mit dieser Epoche ist sie zur Überlebensbedingung geworden. Die noch ungeborenen Urenkel werden nur dann noch einen bewohnbaren Planeten vorfinden, wenn Entscheidungen zum Schutz der Umwelt nicht in den Händen derer liegen, die von ihrer Zerstörung profitieren können. In den westlichen Demokratien ist das zumindest im Ansatz erreicht. Gewiss werden Politiker und Beamte korrumpiert. Gewiss sind Versuche dazu politischer Alltag. Doch diese Korruption muss in jedem Einzelbereich und Einzelfall ausgedealt und abgesichert werden, stets unter dem Stress, ins Scheinwerferlicht skandalsüchtiger Medien gezerrt zu werden. Und Risiken sind Kosten. Gewiss kooperieren Konzerne an der kapitalistischen Peripherie mit widerwärtigen, auch ökologisch skrupellosen Regimen. Doch ihre wichtigsten Märkte liegen in den Nationen des Westens. Insofern sind deren Medien und Konsumenten keineswegs machtlos und insofern in Mitverantwortung. Das Waldsterben wurde zu einem Paradigma einer zumindest partiell geglückten politischen Problembewältigung. Und es hat einen ökologischen Sensibilisierungsschub vorangetrieben.

Voraussetzung dieser schönen Welt freilich ist es, dass ein Staat sich überhaupt gegen die Wirtschaft durchsetzen kann. Genau das ist fragwürdig geworden. Konzerne durchlaufen mit der Globalisierung einen evolutionären Schub. Ihr Handlungsspektrum hat sich enorm erweitert. Auf das Globalisierungsdefizit der politischen Strukturen gegenüber Niveau und Dynamik der wirtschaftlichen Globalisierung reagieren Staaten bisher weithin mit Selbstentmachtung und Regression – mit Deregulierung, mit Steuersenkungswettläufen, mit Ökodumping und Verschuldungsverbot, mit Subventionsspiralen, Sozial- und Arbeitsmarkt-»Reformen«, mit Regression vom wirtschaftspolitischen Akteur zum bloßen Sozialstaat, dann zum bloßen Rechtsstaat und schlimmstenfalls schließlich zum bloßen Gewaltmonopol. Überlebensbedingung der westlichen Wohlstandsdemokratie ist deshalb eine politische Globalisierung, die Schaffung weltweit gegenüber der Wirtschaft durchsetzungsfähiger politischer Strukturen. Ist das jüngste Vorgehen gegen Steueroasen ein vages Zeichen von Handlungsfähigkeit und Hoffnung?

Fazit: Kapitalismus braucht Demokratie und Demokratie Kapitalismus. Nur in der Demokratie ist Kapitalismus stabilisierbar, effektiv und nicht durchkorrumpierbar. Nur die Koexistenz beider sichert die Ökosphäre. Die blinde mechanische Brutalität des Kapitalismus kann nur und sie muss politisch eingegrenzt werden, ohne seine enorme Leistungsfähigkeit zu zerstören. Verschmelzung wirtschaftlicher und politischer Macht deformiert Demokratie, zersetzt den Wettbewerb, lähmt Innovation und ist ökologisch ruinös. Mit dem Globalisierungsrückstand der politischen Strukturen jedoch schwinden die Chancen der Einschränkung von Marktmacht, der Durchsetzung wirtschaftlich funktionaler und sozial zumutbarer Einkommensverteilungen und der Sicherung ökologischer Überlebensbedingungen.

Anmerkung

1 Vgl. Gray, Collin S./Payne, Keith: »Victory is possible«. In: *Foreign Policy*, No. 39 (Summer 1980), S. 14–27.

Rahel Jaeggi

Das Ende der Besserwisser

Eine Verteidigung der Kritik in elf Schritten

Die Kritik ist in der Krise. Das liegt nicht etwa nur daran, dass die Möglichkeiten von Kritik angesichts gesellschaftlicher Verhältnisse, die sich als alternativlos darstellen und in denen die Entscheidungsspielräume schwinden, beschränkt sind, oder daran, dass sich das Kritisierte als außerordentlich beständig erwiesen hätte. Vielmehr gerät die Kritik als solche ins Visier einer *Kritik der Kritik*[1]. Diesen Kritikern zufolge haben sich die kritisierten Verhältnisse gerade nicht als beständig, sondern als geradezu verblüffend wenig kritikresistent erwiesen. Sie haben sich, so eine mehrfach variierte Diagnose, die Kritik zu eigen gemacht, sie absorbiert und sich entsprechend dieser gewandelt[2]. Kritik ist dann nicht mehr kritisch, sondern affirmativ. Kritik ist zum Teil des Bestehenden, Kitt des Bestehenden, Schmiermittel seiner (neoliberalen) Transformation geworden. Und noch schlimmer: Gerade als solche sei die kritische Haltung hegemonial geworden. Keine Anpassung mehr ohne Kritik. Angesichts des ebenso besserwisserischen wie affirmativ-legitimierenden Charakters von Kritik sollten wir also vom klassischen Anspruch der Kritik – ein Anspruch, der sich etwas unoriginell als der einer begründeten Infragestellung und Distanzierung von bestehenden Praktiken und Institutionen mit dem Ziel ihrer Abschaffung, Veränderung oder Transformation erläutern lässt – Abstand nehmen.

Frühere Generationen haben das wohlbekannte Phänomen der Absorption kritischer Gehalte (man denke an Marcuses Motiv der »repressiven Toleranz«) zum Anlass genommen, die Dynamik dieser Vereinnahmung selbst zu untersuchen und die Verfälschung, Vereinseitigung oder gar Verkehrung, die der kritische Gehalt bei einer solchen Transformation erleidet, aufzuzeigen, um so den Abstand zwischen Affirmation und Negation immer wieder neu zu vermessen. Heute gerät so etwas als Immunisierungsstrategie unter Verdacht – und das »kritische Verhalten« als solches ins Visier der – nun ja, »Kritik« der Kritik. Nun könnte man solche Interventionen als Pirouetten eines stets auf Überbietung zielenden akademischen Betriebs oder als Dekadenzphänomen abtun, das mit der realen Praxis und den komplexen Schwierigkeiten kritischer Praxis wenig zu tun hat. Die mit einer solchen der Kritik der Kritik aufgeworfene Frage aber, wie sich Kritik als nichtaffirmative, nichtautoritäre transformative Praxis – eine Kritik, die nicht auf Besserwisserei zielt, sondern ein Katalysator zur Transformation bestehender Verhältnisse wäre – verstehen und initiieren lässt, ist wichtig. Die Vielfalt der Mittel und Möglichkeiten des »kritischen Verhaltens« sind zu Recht Gegenstand einer in den letzten Jahren äußerst lebendigen und kontroversen Diskussion gewesen[3], in der viele der traditionellen Überzeugungen und Grenzziehungen in Frage gestellt worden sind. Was Kritik ist und wie wir sie praktizieren sollten, ist umstritten und immer wieder neu zu justieren. Und obwohl manchmal durchaus treffend angemerkt wird, dass sich gerade kritische Theoretiker_innen der Kritik lieber inhaltlich widmen und sich um die Welt kümmern sollten, als sich in Metadiskussionen über mögliche Formen der Kritik zu ergehen, ist es doch manchmal – auch und gerade für die in die kritische Praxis Involvierten – sinnvoll, sich über die Implikationen des kritischen Tuns klar zu werden. Was also ist und wozu betreiben wir Kritik? Ich möchte zunächst an ein paar Binsenweisheiten erinnern und dann einen Vorschlag machen.

1. Alltägliche Praxis

Wenn »Kritik« nicht einfach nur »Vernunftgebrauch überhaupt«, sondern ein »Verhalten« mit dem Ziel der Transformation gegebener sozialer Praktiken und Institutionen bezeichnen soll, dann ist Kritik vornehmlich *ein praktisches Unterfangen* und aus unserem Alltag schwer wegzudenken. Wir kritisieren unzureichende Studienbedingungen, den Polizeieinsatz gegen Flüchtlinge, die mediale Stimmungsmache gegen die Dealer im Görlitzer Park; wir kritisieren den alltäglichen Rassismus und Sexismus, das Vorgehen der Bundeskanzlerin in der Euro-Krise oder das Vordringen ökonomischer Imperative in allen Institutionen des gesellschaftlichen Lebens. Wir kritisieren einen Film (weil er langweilig ist), das Essen (weil es versalzen ist) oder eine Theorie (weil sie auf falschen Annahmen beruht). Dabei gibt es jeweils unterschiedliche *Adressat_innen* – Universitätsleitungen, die Regierung, die Bezirksbürgermeisterin oder die Bundeskanzlerin, die Polizei, der *Tagesspiegel*, die Bevölkerung, der Kapitalismus, die »Verhältnisse« – mit unterschiedlicher Verantwortlichkeit und unterschiedlichen Kompetenzen zur Behebung des kritisierten Übels. Es gibt aber auch unterschiedliche *Autoren und Autorinnen* der Kritik: die Studierenden, die Anwohner_innen des Görlitzer Parks; Flüchtlingsinitiativen, Theoretiker_innen, aber auch Einzelne. Manche davon sind *direkt* von den kritisierten Verhältnissen, Praktiken und Institutionen betroffen, manche eher *indirekt*. Und schließlich gibt es auch unterschiedliche *Weisen und Mittel* des Kritisierens: Einen schlechten Text kritisiert man mit treffenderen Argumenten oder indem man ihn persiflierend bloßstellt. Die falsche Flüchtlingspolitik der Bundesregierung oder der EU kritisiert man, indem man eine Demonstration organisiert, ein Flugblatt schreibt, eine Straße blockiert oder eine Gesetzesvorlage lanciert. Manches – nehmen wir ein klassisches Beispiel: der organisierte Streik – äußert sich *explizit* als Kritik; manches – das Fernbleiben von der Arbeit, die Sabotage der Produktion – zunächst eher *implizit*.

Man kann behaupten: Wann immer wir uns zu den uns umgebenden Verhältnissen in ein Verhältnis setzen, diese befragen und hinterfragen, wann immer wir Gegebenheiten analysieren, beurteilen oder als falsch ablehnen, ist Kritik im Spiel. Sofern sie sich auf soziale Verhältnisse richtet, stellt Kritik gesellschaftliche Werte, Praktiken und Institutionen und die mit diesen verbundenen Welt- und Selbstdeutungen in Frage. Diese – so die Kritik – *müssen* und *sollen* nicht so sein, wie sie sind. Kritik ist, so verstanden, nicht nur eine alltägliche Praxis; sie ist konstitutiver Bestandteil des menschlichen Welt- und Selbstverhältnisses überhaupt. Immer dann nämlich (aber auch nur dann), wenn es Spielräume, Deutungs- und Entscheidungsmöglichkeiten gibt, setzt sich menschliches Handeln der Kritik aus. Wo so oder anders gehandelt werden kann, kann man auch falsch oder unangemessen handeln – und entsprechend dafür kritisiert werden.

2. *Kritik braucht einen Adressaten*

So umfassend aber das Feld der Kritik sein mag: *Alles* umfasst es nicht. Das schlechte Wetter zum Beispiel ist bekanntlich kein geeigneter Gegenstand der Kritik, egal wie sehr wir unter diesem leiden mögen. Und auch wenn uns die Schwerkraft manchmal lästig sein mag, sie zu *kritisieren* wäre ein seltsames Unterfangen.

Das liegt nicht nur daran, dass man nur dasjenige kritisieren kann, das sich *ändern* lässt. Schließlich lässt sich vielleicht bald auch das Wetter ändern; und wenn wir einen Kanal bauen, ändern wir den Lauf des Flusses, ohne dass wir diese Änderung durch Kritik motivieren würden. Es liegt daran, dass man nur etwas kritisieren kann in Bezug worauf *etwas falsch gemacht* worden ist. Oder besser: in Bezug worauf *jemand etwas falsch* gemacht hat. Kritik braucht einen Adressaten. Jedenfalls im Grundsatz richtet sich Kritik auf etwas, das (von Menschen) verantwortet und geändert werden kann. Das gilt selbst dann noch, wenn wir anonyme Herrschaftsverhältnisse, undurchschaubare Institutionen oder den Effekt einer unübersichtlichen Kette von Handlungsfolgen kritisieren. Wir mögen uns im Zweifelsfall manchmal mit Pappkameraden behelfen oder denjenigen, die zufällig »politisch verantwortlich« sind. Aber selbst wenn wir »die Verhältnisse«, »den Kapitalismus« oder die soziale Matrix der Heteronormativität kritisieren, tun wir das, sofern wir annehmen, dass diese von Menschen gemacht und von Menschen verändert werden können; dass hier also jemand etwas falsch macht, selbst dann noch, wenn das kollektiv und/oder auf entscheidende Weise »durch uns hindurch«, also ohne Willen und Bewusstsein der Akteure, wie Marx es ausdrückt, geschieht. In Bezug auf solche Verhältnisse wirkt Kritik deshalb immer auch de-fetischisierend und ent-naturalisierend. Oder genereller: Sie hebt das Selbstverständliche auf und rüttelt am scheinbar Unverständlichen.

3. Ablehnung versus Kritik

Nun kann nicht nur nicht alles, was uns stört, kritisiert werden: Umgekehrt ist auch *nicht jede ablehnende Haltung oder Geste* und auch nicht jede Lebensäußerung, die eine bestimmte soziale Praxis (faktisch) unterminiert, *bereits Kritik*. So sinnvoll es ist, den Kritikbegriff nicht auf die deutlich öffentlich artikulierten, argumentativ oder diskursiv verfassten und die institutionell vorgegebenen Bahnen (oder Gremien) nutzenden Interventionen zu beschränken, so wenig fruchtbar wäre umgekehrt seine Ausdehnung auf jede erdenkliche Lebensäußerung. Natürlich also ist Kritik nicht nur das, was sich als parlamentarische Protestnote oder als kritische Literaturrezension artikuliert; und Kritik ist noch nicht einmal nur das, was als Platzbesetzung oder politische Demonstration per Flugblatt kenntlich wird.

Kritik kann sich also auch in subtileren Mechanismen der Subversion oder der Destabilisierung des normativen Gefüges der herrschenden Ordnung ausdrücken – aber sie drückt sich dann eben darin *aus* und muss und kann in einem nächsten Schritt *als Kritik* artikuliert werden. Das Unterlaufen von sexistischen oder heteronormativen Zuordnungen beispielsweise kann qua Performanz destabilisierend wirken, ohne dass es dabei darauf ankäme, ob es von den Beteiligten kritisch »gemeint« ist. Zur Kritik wird es aber nur in einem Umfeld anderer kritischer Praktiken, in denen dies in seiner destabilisierenden Wirkung reflektiert oder thematisiert wird. Subversion und Kritik sind dabei sicherlich nahe Verwandte und die Übergänge fließend, zumal Subversion zu einem effektiven Mittel der praktischen Durchsetzung der Kritik werden kann.

4. Kritik und Artikulation

Den Unterschied allerdings zwischen artikuliertem und nichtartikuliertem Unwohlsein, ausdrücklicher oder unausdrücklicher Ablehnung der Verhältnisse gänzlich zu verschleifen scheint mir nicht sinnvoll – und entspricht auch nicht der praktischen Erfahrung von Akteuren in sozialen Konflikten. Stummer Unmut oder Rückzug, unwirsche Ablehnung oder passiv sich zeigendes Leid können zur Kritik werden, sind es aber selbst noch nicht. Um zu einem klassischen Beispiel (und Konfliktherd) zurückzukehren: Das sich summierende Fernbleiben von der Arbeit führt möglicherweise faktisch zu Krisen oder gar zur Destabilisierung eines Betriebs. Zur Kritik wird das aber erst als kollektive Bewegung des Absentismus, die, selbst wenn individuell betrieben, auf einer kollektiven Verabredung beruht. Um zu einer solchen zu werden, bedarf es aber der Artikulation: Akteure müssen sich über ihre Situation verständigen, was auch bedeutet, diffuses und individuelles Unbehagen kollektiv erfahrbar zu machen. Solches *consciousness raising* ist bekanntlich unter Bedingungen des neoliberalen Kapitalismus mit seinem Prinzip der individualisierenden Zuordnungen und seinen »Schein-Selbständigkeiten« im weitesten Sinne immer schwieriger, aber auch umso nötiger geworden. Kritik ist hier, ich komme darauf zurück, Ferment und Katalysator der auch kollektiven Artikulation von Erfahrungen.

Aber selbst wenn Kritik der Artikulation bedarf – bedarf sie auch der *Gründe*, das heißt der Begründung? Warum sollte es sich bei Kritik um eine *begründete* Infragestellung von bestehenden Praktiken und Institutionen mit dem Ziel ihrer Abschaffung, Veränderung oder Transformation handeln – kann man die Abweisung des Bestehenden nicht für sich sprechen lassen und den Konflikt provozieren, ohne dass man anzugeben hätte, warum man was schlecht findet, welches also die normative Basis oder der normative Maßstab der Kritik ist? Die Frage, *ob und wie Kritik normativ ist*, gehört zu den umstrittensten Fragen in der Auseinandersetzung mit Kritik. Gerade aber weil hier glücklicherweise längst nicht mehr alle Katzen grau sind, lässt sie sich mittlerweile nur noch sinnvoll stellen, wenn man danach fragt, *welche Art* von Normativität hier gemeint sein kann. Auch die für ihren Antinormativismus kritisierten Positionen lassen sich dann als eine Intervention verstehen, der es (um ein beliebtes Zitat abzuwandeln) darum geht, Kritik nicht *so* oder *nicht derart* normativ aufzufassen. (Auch das beliebte Foucault-*bashing* mit dem Argument, seine Position mache Kritik unmöglich, gehört inzwischen der Vergangenheit an; und das nicht nur, weil sich seit mittlerweile über 30 Jahren erwiesen hat, dass die Foucault-inspirierte Linke keineswegs zum antiemanzipatorischen Quietismus neigt.)

Bevor ich allerdings im Folgenden ein bestimmtes Verständnis der Normativität von Kritik skizzieren werde (nämlich dasjenige, das einer immanenten Fassung von Kritik entspricht, die sich als normativ, aber nicht normativistisch versteht), will ich das Feld zunächst sehr vage umreißen und weit fassen.

Wenn es stimmt, dass Kritik nur hinsichtlich des von Menschen Gemachten sinnvoll ist, sich also in einem Bereich abspielt, in dem etwas gemacht, aber auch anders gemacht werden könnte und in dem zudem etwas falsch oder unangemessen sein kann, dann liegt es nahe, diesen Raum des Normativen auch als einen »Raum der Gründe« aufzufassen. Wo etwas richtig oder falsch gemacht werden kann, wo Dinge angemessen oder unangemessen, einschränkend oder befreiend wirken können, da gibt es Gründe dafür, wie die Welt ist – und entsprechend Gründe dafür, sie so, wie sie ist, abzulehnen. Gegengründe also. Wir kritisieren eine soziale Praxis oder Institution, weil wir diese zum Beispiel falsch, beengend, ungerecht oder unangemessen finden. Das Eröffnen von Gegengründen ist dann Teil der Eröffnung des Konfliktfelds, das wir »Kritik« nennen. Wohlgemerkt (und um eine der beliebtesten Polemiken gleich vorweg zu entkräften): Das bedeutet natürlich weder, dass sich Kritik im Austauschen von Gründen erschöpft, noch dass diese Gründe immer schon ausgemacht *gute* Gründe sind. Es sind *Gründe* in dem noch nicht sehr vielsagenden Sinne, dass die kritisierten Institutionen von Gründen im Gegensatz zu Ursachen abhängen. Kritik zeigt also auf, wie es ist, und behauptet, dass es so, wie es ist, nicht sein muss und nicht sein sollte. Vielleicht macht die Kritikerin dabei ihre Gründe nicht immer explizit, zum Beispiel weil sie nicht glaubt, dem Gegenüber welche schuldig zu sein – aber sie *hat* sie.

6. Dissoziation, Assoziation, Affirmation

Damit sind wir bei einem Umstand angelangt, der die Kritiker der Kritik nervös macht: Kritik bedeutet nämlich immer *gleichzeitig Dissoziation wie Assoziation*. Sie unterscheidet, trennt und distanziert sich; und sie verbindet, setzt in Beziehung, stellt Zusammenhänge her. Sie ist, anders gesagt, eine Dissoziation aus der Assoziation und eine Assoziation in der Dissoziation. Noch die radikale Widerlegung ist in diesem Sinne eine Bezugnahme, noch eine Kritik, die auf den Bruch mit einer bestehenden Ordnung setzt, stellt eine Beziehung zu der Situation her, die überwunden werden soll. Im Gegensatz zur bloßen Geste der Ablehnung, der stummen Destruktion oder dem stillen sozialen Leid nimmt Kritik gewissermaßen »Kontakt auf« zum Bestehenden. Pure Dissoziation ist Konflikt; pure Assoziation ist Übereinstimmung. Kritik aber stiftet einen Zusammenhang, in dem der *Konflikt als Bezie-*

hung ausagiert wird. Das Geben und Nehmen von Gründen (egal wie militant diese vorgetragen werden) schafft dieses verbindend-dissoziierende Moment. Kritik geht also dem Konflikt nicht aus dem Weg, aber sie etabliert einen besonderen Modus des Konflikts.

Das macht die Kritik anfällig für den Vorwurf, sie sei affirmativ, eine Anpassung an das Geschehende. Man sollte hier aber nicht allzu undifferenziert werden. Sicher, wir kennen alle den Typus des Klassensprechers, der auf vernünftig-argumentativer Grundlage bei der Klassenlehrerin eine Ungerechtigkeit bei der Bewertungsgrundlage der Klassenarbeiten geltend macht und damit das generelle System der Notengebung umso gründlicher affirmiert. Aber selbst wenn uns die Verachtung für diese Form der »konstruktiven Kritik«, die überdies gegenüber denjenigen als glänzendes Vorbild gepriesen wird, die dieselbe Unregelmäßigkeit zum Anlass nehmen, die Arbeitshefte zu zerreißen, oder die sich den Leistungsanforderungen gegenüber schlicht indifferent-verweigernd verhalten, noch in den Knochen stecken mag: Die für die Kritik grundlegende Struktur der Dissoziation in der Assoziation ist für Anpassungsleistungen dieser Art nicht ursächlich verantwortlich. Ob Kritik radikal ist oder nicht, ob sie (um eine etwas altbacken gewordene Unterscheidung zu bemühen) »reformistisch« oder »revolutionär« ist, hat mit den hier behaupteten »assoziativen« Momenten der kritischen Dissoziation nicht unmittelbar etwas zu tun. Dass Kritik sich qua Kritik *ins Verhältnis* zum Kritisierten setzt, bedeutet nicht, dass sie dieses nicht radikal anzugreifen vermag. Zwar mag der unartikulierte und nichtargumentative »Bruch mit dem Bestehenden« auf den ersten Blick radikaler aussehen, weil er noch den Rahmen und die Grundregeln des Geschehens mitthematisiert und diese sprengt. Aber auch dieses Verlassen des Rahmens muss sich erst artikulieren, um zur Kritik zu werden. Radikal (im Gegensatz zu affirmativ) ist das dann, wenn – mit welchen Mitteln auch immer – Zusammenhänge von Prüfung, Disziplinierung und Herrschaft sichtbar werden, nicht durch das Heraustreten aus der normiert gebahnten »vernünftig-konstruktiven« Auseinandersetzung an sich.

Nebenbei: Zwar sind die Hüter der herrschenden Ordnung manchmal verzweifelter über nichtartikulierte soziale Anomien als über artikulierte soziale Kämpfe und Sozialkritik; das Schweigen der Masse ist (das hat Jean Baudrillard bereits in den späten 70er Jahren geltend gemacht) manchmal irritierender als ihr Kampf. Denen, die da schweigen, tut das aber nicht unbedingt gut. Auch hier muss man sich vor akademischen Radikalismen hüten: Der Akademiker träumt vom entschiedenen Bruch und dem nicht-mehr-intelligiblen Dissens und ergeht sich in Überbietungsstrategien. Nicht wenige soziale Akteure und Akteurinnen außerhalb dieses Milieus aber beschreiben den Übergang von diffusem Unwohlsein und Devianz zu kritischer Artikulation als Ermächtigung und Befreiung.

7. Kontinuität in der Diskontinuität

Ob Kritik radikal ist oder sich der Vereinnahmung zu entziehen vermag, zeigt sich aber auch nicht in ihrem Vermögen zu radikaler Innovation und der Anrufung des »ganz Anderen«. Marx' Kritik beispielsweise war sicherlich radikal im Sinne von grundsätzlich. Sie war dabei aber nicht nur entschieden antiutopisch, sondern nur auf sehr besondere Weise diskontinuierlich zum Bestehenden. Erneut in ein scheinbares Paradox gefasst: Sie ist als immanente Kritik an der *Diskontinuität in der Kontinuität* und der *Kontinuität in der Diskontinuität* orientiert. Was auch immer Marx sich unter der sozialen Revolution vorgestellt hat: ganz sicher nicht das »aus dem Nichts kommende« plötzliche Ereignis und der unverbundene Bruch, sondern eine Transformation, in der das »passive Element« einer kontinuierlichen Veränderung der Bedingungen (für die Revolution) mit dem »aktiven Element« von deren Herbeiführen durch die Akteure des Klassenkampfes einhergeht. Eine solche Transformation, selbst wenn sie umfassend und grundlegend sein soll, ist immer auch eine Einlösung einer von der »alten Realität« hervorgebrachten, aber verdeckten oder verschütteten oder verhinderten Möglichkeit und eben nicht eine *creatio ex nihilo*. Wenn im heutigen Diskurs um Kritik von manchen das »einfach anders leben« dem langwierigen Prozess der Kritik entgegengestellt wird oder wenn der Philosoph Richard Rorty behauptet, besser, als eine bestehende Praxis zu kritisieren, sei es, eine alternative Praxis vorzuschlagen[4], verabschiedet er nicht nur auf folgenreiche Weise eine bestimmte Idee von Kritik, wie sie lange unser theoretisches wie praktisches Selbstverständnis beherrscht hat. Die hier aufscheinende Idee von Transformation als unverbundenem Paradigmenwechsel bleibt chronisch die Frage schuldig, wo denn dieses »ganz Andere« eigentlich herkommen soll.

8. Formen der Kritik

Spätestens hier aber sind wir bei der Frage der unterschiedlichen *Formen von Kritik* angelangt und der Frage danach, welche Art von normativen Maßstäben eine Kritik eigentlich gegenüber den von ihr kritisierten Gegenständen geltend machen kann. Wenn Kritik sagt: dies oder jenes ist falsch, unangemessen, schlecht – welche Maßstäbe stehen ihr zur Verfügung, um das Falsche als solches zu erkennen?

In der theoretischen Metadiskussion über die Kritik haben sich – in einer Art von Kartografie ihrer Verfahrensmöglichkeiten – einige Unterscheidungen etabliert, die dabei helfen können, das Feld wenigstens vorläufig zu sortieren. Die naheliegendste dieser Unterscheidungen ist vielleicht die zwischen *interner* und *externer* Kritik. Im ersten Fall liegt der »Maßstab der Kritik« nicht *außerhalb* des kritisierten Sachverhalts oder Gegenstands, sondern *in ihm selbst*. Der christlichen Gemeinde, die gegen ein Flüchtlingsheim protestiert, kann man vorwerfen, ihr eigenes Ideal von Nächstenliebe zu verletzen. Auch den Personalchef, der öffentlich die Ansicht vertritt, Frauenförderung sei eine der wichtigsten Aufgaben moderner Unternehmensführung, faktisch aber Bewerbungen von Frauen gar nicht erst in Betracht zieht, kann man bei seinem eigenen Wort nehmen. Die so agierende *interne Kritik* ist eine unter anderem vom Philosophen Michael Walzer[5] prominent vertretene, aber auch im Alltagsverständnis sehr geläufige Form von Kritik, die davon ausgeht, dass bestimmte Ideale und Normen zwar zum Selbstverständnis einer bestimmten Gemeinschaft gehören, *de facto* in dieser aber nicht verwirklicht werden, und dass sich die existierende Praxis am Maßstab dieser »eigentlich existierenden« Ideale kritisieren lässt. »Ich erkenne unsere Gemeinde nicht wieder«, sagte ein evangelischer Pfarrer, in dessen Gemeinde es zu massiven fremdenfeindlichen Ausschreitungen gekommen war. »Amerika hat sich von den Werten entfernt, für die es einmal stand« ist die Botschaft vieler Filme Oliver Stones. Diese Art von Kritik zielt entsprechend nicht auf den Umsturz einer bestimmten Ordnung oder die Erschaffung einer neuen Ordnung, sondern auf die Wiedergewinnung oder Reetablierung der durch abweichende Praktiken teilweise außer Kraft gesetzten Normen. Die interne Kritik strebt also die Restitution der Prinzipien, die das Leben einer Gemeinschaft ausmachen, oder die Reaktivierung des »eigentlichen Sinns« ihrer Ideale an. Man bekämpft dann nicht nur die frauenfeindlichen Praktiken der katholischen Kirche, weil man diese für reaktionär und falsch hält, sondern man insistiert darauf, dass diese den eigentlichen Sinn der christlichen Lehre verfehlen.

Im Gegensatz dazu misst *externe Kritik* eine bestehende Praxis oder Institution an Ansprüchen, die über die in ihr angelegten oder geltenden Prinzipien hinausgehen und an die existierende soziale Formation von außen herangetragen werden. Sie legt also einen normativen Maßstab an eine bestehende Gesellschaft an, der diese zur Transformation, Überwindung oder Neuorientierung ihrer Praktiken nötigen soll, unabhängig davon, ob er im bestehenden sozialen Institutionsgefüge Anknüpfungspunkte findet. Wo also der interne Kritiker behauptet hatte, dass die frauenfeindliche institutionelle Praxis der katholischen Kirche die tiefere Bedeutung des christlichen Glaubens verfehle, kritisiert der externe Kritiker die katholische Kirche anhand der normativen Ideale von Gleichberechtigung und Emanzipation, egal ob sich eine Auslegung der Heiligen Schrift finden lässt, die diese stützt. Für den sozialen Ort der Kritik beziehungsweise der Kritikerin gilt entsprechend: Operiert der interne Kritiker »eingebettet«, so befindet sich der externe Kritiker auf dem Kirchturm kritischer Distanz[6].

9. Transformation und Wirksamkeit

Vor- und Nachteile beider Formen von Kritik liegen auf der Hand: Der interne Kritiker, sofern seine Kritik ihren »Sitz« in der bestehenden Praxis hat, darf auf Glaubwürdigkeit und Wirksamkeit in der von ihm kritisierten Gemeinschaft hoffen. Er verfügt über das (für Michael Walzers Kritikkonzeption) so wichtige Augenmaß für die Verhältnisse, und er muss sich mit dem Problem der Begründung seiner Maßstäbe nicht lange herumschlagen. Überdies: Wer widerspricht sich schon gerne und ließe sich deshalb nicht, von der Kritikerin auf die Lösung wichtiger Versprechen und Ideale angesprochen, gerne eines Besseren belehren? Allerdings steht die interne Kritikerin mit leeren Händen da, sollten der zu kritisierenden Praxis, Institution oder Gemeinschaft solche Ideale fehlen. Auch könnte sich herausstellen, dass für jede Interpretation auch eine Gegeninterpretation bereitsteht, so dass sich das Problem der Begründung des Maßstabs nur hin zu der Frage nach der Verteidigung und Begründung der einen bestimmten Interpretation verschiebt. Ist es zudem so klar, dass sich in Fällen eines Konflikts zwischen Ideal und Verwirklichung immer die Wirklichkeit an den Idealen zu orientieren hat und die Angleichung nicht auch umgekehrt geschehen kann? Es mag uns im Falle der christlichen Nächstenliebe unvorstellbar scheinen, diese aufgrund ihrer faktischen Nichtverwirklichung in der Praxis leichthin aufzugeben. Man muss aber nur an die Regeln der Keuschheit oder den in der Bundesrepublik erst 1969 modifizierten Kuppeleiparagrafen denken, um zu sehen, dass die Angleichung von Normen an Praktiken auch in umgekehrter Richtung denkbar ist. Interner Kritik, so verbreitet und wirksam sie in der alltäglichen Praxis sein mag, fehlt also die Kraft zur kritischen Transformation und zur wirksamen normativen Setzung. Umgekehrt mag die externe Kritik Transformationen anstreben, in ihrer Unabhängigkeit fehlt ihr aber nicht nur der Rückhalt in der bestehenden Praxis, sondern gegebenenfalls auch die Wirksamkeit. Sofern sie unverbunden Vorschriften macht, gerät sie in den Ruf der Besserwisserei und des Autoritären, während das Problem der Begründung ihrer Maßstäbe angesichts kontextualistischer Einwände zum Dauerbrenner wird.

10. Immanente Kritik

Beschränktheit der normativen Reichweite und Gebundenheit an das Bestehende also auf der einen Seite, Unwirksamkeit und Besserwisserei auf der anderen Seite. Mit einem dritten Modell, dem an internen Krisen orientierten Modell einer immanenten Kritik nun, so mein Vorschlag, lässt sich diese unbefriedigende Alternative umgehen und die spiegelbildlichen Defizite der beiden ersten Modelle überwinden. Marx hat das Leitmotiv dieser von Hegel stammenden Figur am prägnantesten formuliert, wenn er in einem Brief an Arnold Ruge das Vorgehen einer »nicht dogmatischen« (also: nicht vorschreibenden) Kritik skizziert, die »nicht der Welt doktrinär mit einem neuen Prinzip entgegen[tritt]«, sondern »erst aus der Kritik der alten Welt die neue finden« will[7]. Eine solche Kritik tritt, wie Marx sagt, »nicht mit einem vorgefertigten Ideal der Wirklichkeit entgegen« (wie die oben skizzierte externe Kritik), sie entnimmt es ihr aber auch nicht einfach (wie die interne Kritik), sondern entwickelt dieses Ideal aus dem widersprüchlichen »Bewegungsmuster der Wirklichkeit« selbst, oder anders: aus der in ihr angelegten Krisenhaftigkeit. Natürlich klingt das fast zu schön, um wahr zu sein, und ist als Theorem mit erheblichem theoretischen Ballast behaftet. Es lohnt sich aber dennoch, dieses Modell der Kritik genauer anzusehen und ins Verhältnis zu den beschriebenen Problemen der Kritik zu setzen – und es lohnt sich vor allem, sich davon anregen zu lassen und das Verhältnis zwischen den objektiven Krisenmomenten und (subjektiver) Kritik, also zwischen der Gestalt des Kritisierten und den Möglichkeiten des kritischen Einsatzes, neu auszuloten. Auf eine kurze Formel gebracht, setzt ein solches Modell bei den mit einer Lebensform oder sozialen Formation gesetzten Ansprüchen und Bedingungen an, reagiert auf die in dieser auftauchenden Probleme und Krisen und gewinnt gerade daraus das transformative Potenzial, das über die in Frage stehenden Praktiken hinausreicht und auf deren Veränderung zielt.

Die *Merkmale* einer solchen immanenten Kritik sind komplex, sie lassen sich aber in Abgrenzung zu den beiden anderen Formen erläutern.

Die wichtigste Weichenstellung der immanenten Kritik ist sicherlich, dass sie nicht, wie die interne Kritik, lediglich von Idealen, die wir oder »wir als Gemeinschaft« haben, ausgeht, sondern von den der sozialen Wirklichkeit inhärenten Normen, auch da, wo diese nicht artikuliert sind. Bezugspunkt immanenter Kritik ist mithin weniger ein von allen geteilter »Wertekanon« als vielmehr die *implizite Normativität sozialer Praktiken*. Es geht also nicht nur um etwas, das wir *glauben*, sondern um etwas, das wir – in gewisser Weise: ob wir wollen oder nicht – schon *tun*, wenn wir an bestimmten sozialen Praktiken teilnehmen beziehungsweise in soziale Institutionen involviert sind. Von diesen Normen behauptet sie außerdem, dass sie keine zufälligen Ideale darstellen, die eine Gemeinschaft haben oder auch aufgeben kann, sondern dass sie in bestimmter Weise *konstitutiv* für die Institutionen und Praktiken der entsprechenden sozialen Formation sind, also verantwortlich dafür, wie diese aussieht und funktioniert.

Es ist also nicht nur so, dass in einem gegebenen sozialen Kontext bestimmte normative Grundsätze (mehr oder weniger zufällig) vertreten werden, sondern die entsprechenden sozialen Praktiken und Institutionen sind selbst konstituiert durch diejenigen Normen, denen sie gleichzeitig nicht entsprechen. Meint die Rede von »Normen« nicht lediglich geteilte »Werte«, sondern normative Funktionsprinzipien, so ist soziale Ordnung ohne diese gar nicht denkbar[8]. Die feministischen

»Überzeugungen«, die der Personalchef vertritt und die im Widerspruch zu seiner Praxis stehen, machen die Praxis der Personalrekrutierung nicht aus. Die Normen bürgerlicher Freiheit und Gleichheit aber beispielsweise (um ein Beispiel aufzugreifen, das einem mit Marx vor Augen stehen mag) sind nicht nur konstitutiv für das Selbstverständnis, sondern auch für die Funktionsweise der bürgerlichen Gesellschaft. Der kapitalistische Arbeitsmarkt kommt zum Beispiel ohne den zwischen Freien und Gleichen geschlossenen Vertrag nicht aus. Ähnliches lässt sich auch für das den »neuen Kapitalismus« beherrschende Ideal von Selbstverwirklichung und Kreativität behaupten.

Dieser Fassung des Verhältnisses von Norm und Wirklichkeit nun entspricht, dass der immanente Kritiker den Zusammenhang zwischen Normen und Realität in der von ihm kritisierten Situation nicht etwa für aufgelöst oder geschwächt, sondern für invertiert oder *in sich verkehrt* hält. Die Normen und Ideale sind in einem solchen Fall nicht etwa nicht verwirklicht, sie sind verwirklicht, und sie *sind* in der sozialen Realität wirksam – aber sie sind gerade *als wirksame* widersprüchlich, verkehrt oder defizitär. Sie sind verwirklicht, so wie die Freiheit und Gleichheit im kapitalistischen Arbeitsvertrag es in einer nicht bestreitbaren Hinsicht sind: Schließlich ist Arbeit unter den Bedingungen eines kapitalistischen Arbeitsvertrags nicht dasselbe wie die unter den Bedingungen einer feudalen Leibeigenschaft. Aber sie erzeugen *als* verwirklichte Normen Effekte, die sich gegen den Gehalt der Normen selbst richten, weshalb Marx den Lohnarbeiter auch »doppelt frei« nennt, frei von Bindungen, aber auch frei zu verhungern. In diesem Sinne richtet sich immanente Kritik auf die *innere Widersprüchlichkeit* der Realität und der diese konstituierenden Normen selbst. Die institutionelle Realität einer Gesellschaft kann entsprechend »in sich widersprüchlich« sein, als sie konstitutiv einander widerstreitende Ansprüche und Normen verkörpert, die sich nicht widerspruchsfrei verwirklichen lassen oder sich in ihrer Verwirklichung gegen ihre ursprünglichen Intentionen kehren. Wenn Verantwortung gleichzeitig zugeschrieben und untergraben, Kreativität eingefordert und Konformität erzeugt wird, so lässt sich das als widersprüchliche Struktur auffassen. Die Aufgabe des immanenten Kritikers liegt dann unter anderem darin, durch seine Tätigkeit und seine Analysen plausibel zu machen, dass es sich hier nicht um eine bloße Unstimmigkeit und nicht nur um das Eintreten nichtabsehbarer Nebenfolgen, sondern um einen Widerspruch mit konstitutiver Ursache und Funktion handelt. Oder anders: Er ist an den systematischen Gründen für die Nichtübereinstimmung zwischen Norm und Wirklichkeit interessiert. Ist es bei den Problemstellungen, die die interne Kritik aufgreift, letztlich eine Frage des guten Willens, ob der aufgezeigte Widerspruch zu beheben ist – der Personalchef *könnte* sein Wort ebenso gut auch halten; die christlich orientierte Gemeinschaft könnte sich auf die Nächstenliebe gegenüber Asylbewerbern besinnen –, so behauptet die immanente Kritik, dass das entsprechende Ideal in einer gegebenen sozialen Situation nicht nur nicht verwirklicht ist, sondern dass es sich in ihr nicht verwirklichen *lässt*.

Die hiermit nötig werdende Transformation bezieht sich dann, das ist entscheidend, auf beides: auf die defiziente Realität und auf die Normen selbst. Sofern beispielsweise die Widersprüche zwischen den naturrechtlichen Normen der Gleichheit und Freiheit und der sozialen Realität nur durch ein neues Prinzip ökonomischer und sozialer Organisation gelöst werden können, verändern sich dabei die Konzepte von Freiheit und Gleichheit hin zu einem umfassenderen Verständnis von Freiheit als »positiver Freiheit« oder als »materialer Auffassung von Gleichheit«. Nicht nur also ist damit der restaurative Verweis auf das »nicht mehr« der Normgeltung versperrt. Auch die einfache Deutung, Kritik habe im Namen von Normen aufzutreten, die »noch nicht durchgesetzt« sind, als solche aber bereits den Vorschein einer besseren Realität enthalten, ist dann nicht ganz richtig. Normen sind dann nämlich kein durch ihre Realität unangetasteter »Vorschein« des Wahren, sondern Ferment und dynamisches Entwicklungsmoment von sozialen Gebilden, die das »Richtige« (die richtige Norm wie die richtige Realität) erst zu erlangen haben.

Immanente Kritik ist nicht *rekonstruktiv* wie die interne Kritik, sondern *transformativ.* Sie zielt weniger auf die Wiederherstellung einer bestehenden Ordnung und die Wiedereinsetzung geltender Normen und Ideale als auf deren *Transformation.* Sie will eine widersprüchliche und krisenhafte Situation in etwas Neues überführen und ist damit das Medium (oder besser: der Katalysator) eines sich durch die Kritik anreichernden und durch die Erfahrungen eines *Scheiterns* motivierten *Erfahrungs- und Lernprozesses.* Kritik ist damit tatsächlich in ihren unterschiedlichen – akademischen wie alltäglichen – Formen in die Entwicklungsdynamik der Gesellschaft einbezogen, ohne dass sie dieser gegenüber affirmativ wäre.

11. Krise und Kritik

Was folgt aber aus dem hier vorgeschlagenen Konzept immanenter Kritik für das Problem der Asymmetrie zwischen Kritikerin und Kritisiertem(n)[9], für das Problem der Besserwisserei und für das Verhältnis von Theorie und Praxis, also der praktischen Wirksamkeit von Kritik? Und was *tut* eigentlich Kritik, wenn eine immanente Krisenkritik der Gesellschaft es so aussehen lässt, also ob die Wirklichkeit sich selbst kritisiere?

Zum einen ist hier an den Zusammenhang von *Analyse und Kritik* zu erinnern. Statt die Aufgabe der Kritik vornehmlich in der Normbegründung zu sehen, wie es ein dominanter Strom der politischen Philosophie (die damit die Gegenbewegung der Leugnung der Normativen in der Kritik provoziert) voraussetzt, ist das Projekt einer immanenten Kritik auf die Analyse des Bestehenden in einem mehr als instrumentellen Sinne angewiesen. Geht es nämlich, wie oben skizziert, um das katalysatorische Produktivmachen von »Krise«, dann steckt in der Analyse der bestehenden Situation bereits Kritik und in der Kritik deren Analyse. Kritik wird dann nicht praktisch, weil sie sagt, was sie sagt, und dabei recht hat – eine solche Vorstellung gehört zu den dümmeren Varianten von Aufklärung. Sie wird praktisch, sofern sie analysiert, erschließt, demystifiziert, entnaturalisiert und Selbstverständlichkeiten auflöst. Das tut sie mit Mitteln, die die theoretische Artikulation beinhalten, aber auch über diese hinausgehen. Eine solche Kritik weiß nicht besser als die Teilnehmerinnen einer Praxis, was diese tun sollten; sie schreibt ihnen nichts vor, sondern transformiert mit den vielfältigen Mitteln der erschließenden Analyse das Selbst- und Weltverhältnis der Akteure. Als Katalysator für praktische Transformationen wirkt sie dabei, weil ihre Analysen und Begriffsbildungen dabei helfen, kollektive Erfahrungen zu artikulieren. Und diese Artikulation von Erfahrungen wiederum und die durch die mannigfachen (auch ästhetischen) Formen der Kritik ermöglichte Beseitigung von Erfahrungsblockaden sind eine Vorbedingung dafür, dass Krisen zum Konflikt werden können.

Anmerkungen

1 Vgl. u. a. Avanessian, Armen: *Überschrift*. Berlin 2015; Saar, Martin: »Gegen Kritik?« In: *Texte zur Kunst*, Nr. 98, 2015.

2 Vgl. Boltanski, Luc/Chiapello, Eve: *Der neue Geist des Kapitalismus*. Konstanz 2003.

3 Vgl. Jaeggi, Rahel/Wesche, Tilo: *Was ist Kritik?* Frankfurt a. M. 2009.

4 Rorty, Richard: »Feminism, Ideology, and Deconstruction: A Pragmatist View«. In: Žižek, Slavoj (Ed.): *Mapping Ideology*. London/New York, S. 227.

5 Vgl. u. a. Walzer, Michael: *Kritik und Gemeinsinn. Drei Wege der Gesellschaftskritik*. Frankfurt a. M. 1993; ders.: *Mut, Mitleid und ein gutes Auge*. Frankfurt a. M., 1993.

6 Vgl. Saar, Martin: »Die Kunst, Abstand zu nehmen. Überlegungen zur Logik der Sozialkritik«. In: *Texte zur Kunst*, Nr. 70, 2008, S. 40–50.

7 Marx, Karl: »Briefe aus den Deutsch-Französischen Jahrbüchern«. In: Marx, Karl/Engels, Friedrich: *Werke*. Bd. 1, Berlin 1976, S. 337–346, hier S. 345.

8 Das Problem, das ich mit Blick auf die interne Kritik diskutiert habe, stellt sich daher für die immanente Kritik nicht: Sie muss nicht fürchten, dass die Wirklichkeit – zynisch – ihre Ideale verlieren könnte. Eine »normfreie« (soziale) Wirklichkeit in dem hier gemeinten Sinn kann es aus der Perspektive immanenter Kritik gar nicht geben.

9 Celikates, Robin: *Kritik als soziale Praxis*. Frankfurt a. M. 2009.

Barbara Klemm

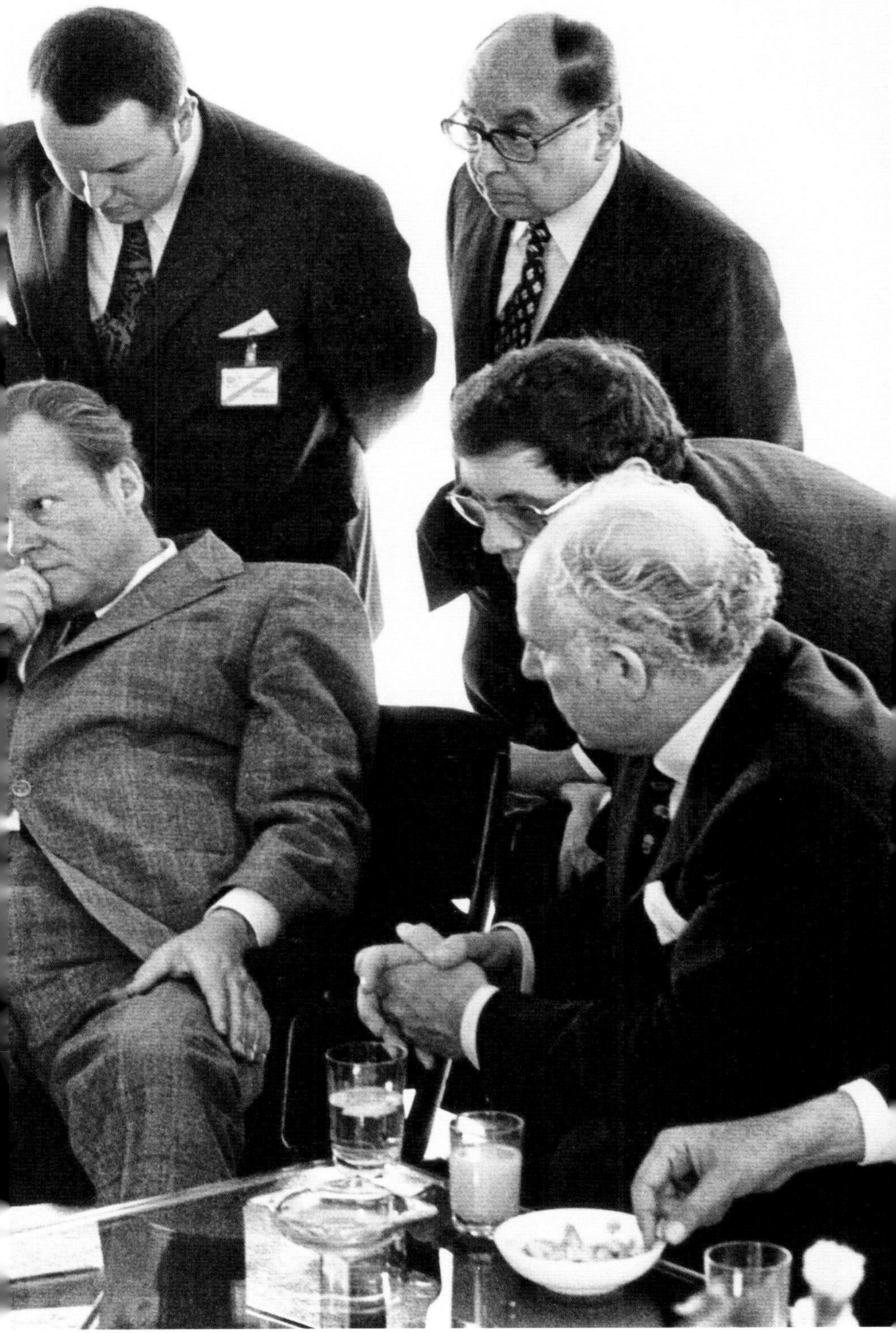

ON TU VOTO NARANJA
L PUEBLO SERA
OBIERNO
UDP
MIR
JAIME PAZ ZAMORA
vice presidente
UDP

Barbara Klemm

Seite 97: Rudi Dutschke und Daniel Cohn Bendit, Offenbach 1975
Seite 98/99: Heinrich Böll, Demonstration gegen Stationierung von Mittelstreckenraketen, Mutlangen 1983
Seite 100/101: Leonid Breschnew, Willy Brandt, Bonn 1973
Seite 102/103: Angela Davis, Hermann Axen, Weltjugendfestspiele, Berlin-Ost 1973
Seite 104: Wahlkampf, Songo-Tal, Bolivien 1980

Herlinde Koelbl

Herlinde Koelbl

Seite 106/107: aus *Feine Leute*, 1986
Seite 108: aus *Das deutsche Wohnzimmer*, 1980
Seite 109: 1989
Seite 110/111: 1991, 2008 (Spuren der Macht)
Seite 112/113: aus *Starke Frauen*, 1996
Seite 114/115: aus *Haare*, 2007

Regina Schmeken

des gens qui ont
par conviction, mais
ont voté 6 ont.
ignorance

RONALDO
7

Regina Schmeken

Seite 116/117: Benghazi, Libyen, Oktober 2011
Seite 118/119: Bani Walit, Libyen, Oktober 2011
Seite 120/121: Tunis, Tunesien, Oktober 2011
Seite 122/123: Istanbul, Türkei, Juni 2013
Seite 124: Istanbul, Türkei, Juni 2013

Krisztina Koenen

Die Freiheit, die sie meinten

Warum in Mitteleuropa
kaum noch ein Rechtsstaat existiert

Eine schnelle Wende zum Besseren im Verhältnis zwischen Ost und West erwarte ich persönlich nicht. Nichts wird leichter werden. Das Trennende ist geblieben, auch wenn die Mauern gefallen und die Armeen abgezogen sind. Es sind ja nicht erst die letzten 45 Jahre gewesen, die die schroffe Grenze zwischen Osten und Westen entstehen ließen. Probleme und Mentalitäten sind nicht erst seit 1945 verschieden. Schon gruselt es die friedliebenden Westler, was hier aus den Karpaten zu ihnen herüberströmt. Kaum sind die Russen abgezogen, brechen atavistisch anmutende Konflikte auf: Serben gegen Kroaten, Slowaken gegen Tschechen, Rumänen gegen Ungarn. Schon sind die ersten nostalgischen Töne nicht mehr zu überhören, wie schön es doch war, als man sich noch auf die Russen als Ordnungsmacht im Osten habe verlassen können. Und, ich will es nicht verhehlen, auch ich bin nicht nur glücklich über das jähe Ende des Imperiums. Die Welt war durch den Ost-West-Konflikt so überschaubar gewesen, sie hatte ein verhältnismäßig einfaches, wenn auch gefährliches Muster. Das ist nun endgültig vorbei, jeder ist, wer er ist, ob wir ihn mögen oder nicht. Und wir, die beleidigten Ostmenschen, verlieren Schritt für Schritt unsere identitätsstiftende Zugehörigkeit zum Block. Wir werden Bürger wie alle anderen Menschen auf dieser Welt. Nichts Besonderes an uns bleibt mehr übrig. Ungarsein ist heute schon wie Venezolaner- oder Algeriersein: die Zugehörigkeit zu einem schwierigen und oft unangenehmen, armen Land. Welch ein Ende.

Aus: Kursbuch 102, »Mehr Europa«, 1990, S. 21 f.

»Ungarsein ist heute schon wie Algeriersein« – welch prophetische Worte, die ich da 1990 für meinen *Kursbuch*-Beitrag wählte. Ich will nicht behaupten, den Aufstieg Viktor Orbáns zum Ministerpräsidenten auch nur im Geringsten vorhergeahnt zu haben – und damit einhergehend den Untergang der ungarischen Republik zu einem armen und unangenehmen Land. Niemand konnte das vorhersehen, und es gab keine Notwendigkeit dafür, dass es so kam. Aber die Möglichkeit, dass die frisch gewonnene Freiheit nicht unbedingt zu einem freiheitlichen Rechtsstaat westlichen Typs führen würde, war gegeben. Wer damals nicht erneut mit ideologisch verschleiertem Blick durch Ungarn lief, konnte registrieren, dass Strömungen da waren, die eine andere mögliche Entwicklungsrichtung andeuteten.

Ins Aus manövriert

Die Bilanz nach 25 Jahren könnte man mit den Worten von György Gémesi, dem Bürgermeister der Stadt Gödöllö am Rande von Budapest, ziehen. Gémesi steht außer Verdacht, ein Parteigänger von irgendwelchen linken Oppositionsgruppen zu sein. Er war einer der führenden Köpfe des konservativen Ungarischen Demokratischen Forums (MDF) des verstorbenen József Antall, des ersten frei gewählten ungarischen Ministerpräsidenten. Am 15. März sagte Gémesi in einer Rede anlässlich des Jahrestags der Revolution von 1848 gegen die österreichische Herrschaft: »Die moralische Krise vertieft sich, die Korruption hat unfassbare Ausmaße erreicht, eine seit dem Systemwechsel nie dagewesene Machtkonzentration findet statt, Fachleute sind durch Politsoldaten ersetzt worden, Kriminelle scharen sich um die Macht und das große Geld … Währenddessen ist das Gesundheitswesen praktisch nicht mehr funktionsfähig, das Bildungswesen rutscht seit der Wiederverstaatlichung unaufhaltsam ab, es gibt immer größere soziale Spannungen, die inzwischen die öffentliche Sicherheit gefährden … Unsere Außenpolitik befindet sich in einem nie dagewesenen Tiefflug. Kein europäisches Land redet mehr mit uns, wir haben sogar unseren wichtigsten historischen Verbündeten Polen verloren.« Und über die politische Atmosphäre im Land erklärte er: »Viele wagen es nicht, sich offen dagegen auszusprechen, weil sie etwas zu verlieren oder nur einfach Angst haben. Sie haben Angst vor der Rache, Angst um ihren Job, um die Jobs ihrer Familienmitglieder, um ihre Unternehmen, Kunden, um ihre Existenz. Die doppelzüngige Rede ist wieder gang und gäbe, dabei haben wir uns vor 25 Jahren gerade davon befreien wollen.«

Dabei konnte er die neuesten, schon ins Surreale abgleitenden Skandale der letzten Monate noch gar nicht ahnen: dass das zweitgrößte Brokerhaus des Landes zusammenbrechen würde, dass sich dabei herausstellen würde, dass seine Mitarbeiter zwar Zertifikate herausgegeben, aber niemals investiert hatten, dass sie nicht nur viele tausend kleine Sparer bestohlen haben, sondern auch einen hohen Anteil Regierungsgelder, unter anderem das Geld des Außenministeriums »verwalteten«, dass der Chef des Ganzen ein Verwandter des Generalstaatsanwalts war. Oder dass aus einer Laune heraus die bis dahin übliche sonntägliche Öffnung von Geschäften verboten wird, was Zehntausende Arbeitsplätze kostet und – da für die Entscheidung keinerlei Erklärung gegeben wurde – von der Bevölkerung als reine Schikane interpretiert wird: als ein Akt, der nur den einen Sinn hatte, allen zu zeigen, wer die Macht hat, alles, aber auch wirklich alles zu tun.

Wie konnte es in dem Land so weit kommen, das scheinbar am frühesten mit Reformen und der Vergrößerung der Freiräume für seine Bürger begann? Der Anfang der Zustände, die Gémesi beklagt, kann auf 2010 datiert werden, als die Partei Fidesz (Partei der jungen Demokraten) zum ersten Mal bei den Wahlen eine Zweidrittelmehrheit gewann. Der Wahlerfolg war ein persönlicher Sieg des Vorsitzenden Viktor Orbán, dem es offensichtlich gelungen war, die tiefe Enttäuschung seiner Landsleute nach 16 Jahren Demokratie, Rechtsstaatlichkeit und Marktwirtschaft in ein politisches Programm zu fassen. Nach einem ständigen Wechsel zwischen sozialen Geschenken und einschneidenden Sparprogrammen, ohne große sichtbare Fortschritte beim materiellen Wohlstand und inmitten von selbstzerstörerischen Parteienfehden fast schon am Rande eines Bürgerkriegs hatten die Wähler genug von alledem. Sie stimmten mehrheitlich für das Programm der Abkehr vom westlichen Wirtschafts- und Gesellschaftsmodell und von linken modernen Lebensentwürfen. Orbán selbst nannte das von ihm angestrebte autoritär-nationalistische System »illiberale Demokratie« und bezeichnete Russland, die Türkei und Singapur als seine Vorbilder.

Opfer äußerer Mächte

Welche Selbstbilder seiner Landsleute bediente er? Seit der Gründung des modernen ungarischen Staates – das Land hatte nach dem katastrophalen Frieden von Trianon 1920 zwei Drittel seines Territoriums verloren – ist es die fest verankerte Mehrheitsauffassung, dass man Opfer äußerer Mächte sei und eben diese trügen für alle Malaisen des Landes die Verantwortung. Viele der Ungarn sind davon überzeugt, dass sie mit besonderen Talenten gesegnet seien und deshalb etwas Besseres verdienten. Die meisten glauben aber nicht daran, dass man mit Innovationen, Fleiß, Ausdauer und Sparsamkeit den persönlichen Aufstieg erreichen kann. Ebenso wollen sie nicht akzeptieren, dass mangelnde Wettbewerbsfähigkeit, das niedrige Bildungsniveau, der fehlende Respekt vor Regeln und Gesetzen es sind, die das Land am Erfolg hindern. Der Glaube an die Allmacht des Staates und der Antikapitalismus haben tiefe Wurzeln im ungarischen Denken, Akzeptanz genießt nur der selbst betriebene kleine Laden, während Großunternehmen in die Kategorie der fremden Mächte fallen.

Auf dieser Grundlage lieferte Orbán eine absolut schlüssige Erklärung der Nachwende-Epoche und der Stagnation des Landes – hier nur zwei Zahlen zum Vergleich: Nach einer Statistik von 2013 entwickelte sich seit 1990 das polnische Bruttosozialprodukt um 35 Prozent, das slowakische sogar um 36,7 Prozent stärker als das ungarische. Nach eineinhalb Jahrzehnten der ununterbrochenen extremen Feindseligkeiten zwischen den beiden großen Parteien, der linken MSZP (die Nachfolgepartei der kommunistischen USAP) und der nationalkonservativen Fidesz, bediente er den intensiven Wunsch der Mehrheit nach einer einheitlichen, starken Führung. Orbán versprach, dass der Staat alle Probleme lösen, den Feinden des Volkes, ob im Aus- oder Inland, die Stirn bieten, ungarische Produzenten und Landwirte vor der internationalen Konkurrenz beschützen und die Anmaßungen der EU im Namen der nationalen Würde abwehren würde. Besondere Sympathien der im Privatleben konservativen Mehrheit erntete er mit seiner Kritik an der Obsession der westlichen Eliten mit Gender, sexuellen Vorlieben und Multikulti. Dafür wurde der Abbau der *checks and balances*, von denen man ohnehin nicht viel hielt, ohne nennenswerten Widerstand in Kauf genommen, ebenso die Zurückverstaatlichung des Bildungs- und Gesundheitswesens – wie wir inzwischen wissen, mit katastrophalen Folgen.

Nun kann man Wünsche dieser Art durchaus haben, und nicht wenige werden sie auch in Deutschland hegen. Aber verwirklicht und zur Politik werden sie nur dann, wenn sich Parteien und Personen finden, die sie auf die politische Ebene heben. Orbán hat mit sicherem Instinkt erkannt, dass er diese Wünsche nutzen kann, um die politische Macht langfristig für sich und seine Partei zu sichern. Ja, die Möglichkeit, dass sich jemand findet, der das tut, war in Ungarn von Anfang an, schon 1990, gegeben. Aber es gehört ein hohes Maß an hemmungsloser Machtgier und politischer Verantwortungslosigkeit dazu, diese Chance zu ergreifen. Und richtig kompliziert werden die Dinge dadurch, dass hier echte konservative Anliegen, die in einer Demokratie berechtigterweise vertreten werden können und müssen – zum Beispiel eine konservative Familienpolitik, die Betonung nationaler Werte, die Abwehr der Übergriffe der EU –, sich mit Chimären und an Rassismus grenzenden nationalistischen Phrasen mischen.

Inzwischen ist die Popularität Orbáns und seiner Fidesz-Partei wegen unerfüllter Versprechungen, der hemmungslosen Bereicherung seiner Parteifreunde, der immer neuen Skandale und der Verwahrlosung von Bildungs- und Gesundheitswesen im Abnehmen begriffen. Es sind zu viele Interessen verletzt worden, und deshalb denken viele wie der eingangs zitierte Bürgermeister von Gödöllö. Die Auswanderung junger qualifizierter Menschen hat dramatische Ausmaße angenommen. Vor allem welterfahrene städtische Wähler sind Träger der Rebellion. Die ist jedoch ohne Führung, sie kann nicht einmal über Tagesprobleme hinausgehende Forderungen formulieren. Die großen Demonstrationen der letzten Monate blieben deshalb nur kurze Episoden.

Die Partei, die anstelle von Fidesz immer stärker wurde, ist die neonationalsozialistische Jobbik (Die Rechten), die die gleichen autoritär-staatlichen Ziele wie Fidesz verfolgt, sich in der letzten Zeit jedoch von ihren extremistischen Wurzeln zu lösen versucht. Verstummt sind die offen rassistischen Töne. Ganz ähnlich wie die Hamas macht sie Sozialarbeit unter den Ärmsten und sammelt so viele Wähler an den sozialen Rändern – unter anderem auch unter den Zigeunern. Neuerdings will sie sogar – im Gegensatz zu Orbán, der sich nach Osten, in Richtung Russland und die Türkei, orientiert – die Westbindung Ungarns stärken. Das ändert aber nichts daran, dass Freiheit und Rechtsstaatlichkeit in Ungarn heute auf politischer Ebene keine Stimme haben.

Moralische Deformation

Obwohl der Machtwechsel zur Zweidrittelmehrheit Orbáns 2010 stattfand, reifte die Möglichkeit, dass es so kommen könnte, schon in der Reformzeit der späten Kádár-Ära heran. Vor 25 Jahren war Ungarn der große Hoffnungsträger der Transformation, von dem man annahm, dass es den Weg in die Freiheit und zur Marktwirtschaft am einfachsten bewältigen werde. Die Partei begann schon gegen Ende der 60er Jahre mit kleinen Reformen des rigiden Kommunismus, als János Kádár, der erste Sekretär der USAP (Ungarische Sozialistische Arbeiterpartei), eine Art Kompromiss der Gesellschaft vorschlug. Allerdings erst, nachdem er den Aufstand von 1956 blutig niederschlagen ließ. Der Deal, den er dem traumatisierten Volk anbot, beinhaltete ein wenig mehr persönliche politische und wirtschaftliche Freiheit. »Wer nicht gegen uns ist, ist für uns« lautete die Parole.

Keiner war mehr zu kommunistischen Bekenntnissen gezwungen, außer er wollte Karriere machen. Solange er es nicht laut und öffentlich verkündete, durfte jeder denken, was er wollte. Es wurde ein wenig Privatwirtschaft zugelassen, Schwarzarbeit galt als der akzeptierte Ersatz für nicht existierende staatliche Dienstleistungen. Man durfte ins westliche Ausland reisen, aber die Devisen musste man sich selber besorgen, woher sie kamen, interessierte nicht, solange der Handel nicht in großem Maßstab betrieben wurde.

In der Tat eröffnete sich so ein bescheidener Raum für die Freiheit der Lebensweisen. Doch der hatte einen hohen Preis, der für die Einzelnen zunächst nicht sichtbar und spürbar wurde: die moralische Deformation. Das Hintergehen des Staates und seiner Gesetze wurde zum ehrenwerten Volkssport, und diese Haltung lebt hartnäckig trotz Systemwechsel weiter. Gleichzeitig verschuldete sich der Staat immer mehr, da die Staatswirtschaft auf dem Weltmarkt nicht konkurrenzfähig war, aber um den sozialen Frieden zu wahren und die kleine Freiheit abzusichern, mussten immer mehr Güter importiert werden, was schließlich zum Zusammenbruch führte. Das ist das heute von vielen idealisierte Paradies der kleinen Freiheiten und garantierter bescheidener Sicherheiten, nach dem sich die Wähler von Fidesz und Jobbik zurücksehnen.

Ebendieser beengte Raum der Freiheit war es, der Ungarn zum Liebling der westlichen Beobachter machte. Sie sahen darin den Beweis dafür, dass der Sozialismus – werde er nur geschickt gehandhabt – doch noch eine zumindest erträgliche Alternative biete. Die durch die Reisefreiheit gut informierten Ungarn aber wollten damals mehr, mehr Wohlstand, mehr persönliche Freiheit – ob sie sich auch das damit einhergehende Mehr an Verantwortung wünschten, muss von heute aus gesehen eher verneint werden. Gemehrt wurde der westliche Ruhm der ungarischen Kommunisten durch die Öffnung der Grenze für ostdeutsche Flüchtlinge. Und so entstand die – wie wir inzwischen wissen, falsche – Annahme im In- und Ausland, dass es in Ungarn einen geraden Weg von den Kádár'schen Reformen in die Freiheit, von der USAP zu einem Mehrparteiensystem westlichen Typs geben könnte.

Der Kommunismus war eine Modernisierungsdiktatur, und die Nachfolger János Kádárs, allen voran Gyula Horn, der spätere Ministerpräsident, verstanden sich weiterhin als Modernisierer. Sie wollten das Land nach Westen führen, verstanden sich blendend mit der westeuropäischen Elite und wollten ihr in jeder Hinsicht gefallen, jedes Lob aus Brüssel oder Berlin erfüllte sie mit Stolz. Dabei genossen sie die Unterstützung der ehemaligen demokratischen Opposition, die auch linke, wenn auch liberale Modernisierer waren. Konservative hatten es schwer, denn eine konservative Opposition gab es (im Gegensatz zu Polen) in Ungarn unter dem Sozialismus nicht. Trotzdem gelang es ihnen, die erste freie Wahl zu gewinnen, weil sie damals schon an die nationalen Traditionen anknüpften, die Frage der ungarischen Minderheiten in den umliegenden Ländern ansprachen und, vor allem, weil die Nachfolgepartei der Kommunisten, die neu gegründete Sozialistische Partei MSZP, noch schwach und zerrüttet war. Schon damals, als mein erster Artikel im *Kursbuch* erschien, konnte man Gefahren erkennen: Die Konservativen sprachen der MSZP als Nachfolgepartei der USAP die Legitimität grundsätzlich ab. Sie bekämpften sie nicht als Opposition, sondern als feindlichen Usurpator der Macht und sahen in der Öffnung des Landes und der Annäherung an die EU den Beweis dafür, dass es sich bei Mitgliedern und Unterstützern wie schon immer um vaterlandslose Gesellen handelte. Währenddessen durfte die nationalsozialistische Partei MIÉP des István Csurka unwidersprochen von den Konservativen gegen Juden und Zigeuner hetzen. Damit kam MIÉP auf Anhieb ins Parlament, was sie sofort zur Säuberung der staatlichen Medien von Linken und Juden nutzte.

Trotzdem waren an diesem Punkt die Weichen zur Entgleisung der ungarischen Politik noch nicht gestellt. Dass die Konkurrenz der Linken und der Konservativen zu einem selbstzerstörerischen Kampf werden konnte, dazu bedurfte es eines besonderen Personals: des charismatischen Modernisierers Gyula Horn und seines späteren Nachfolgers Ferenc Gyurcsány an der Spitze der MSZP und natürlich Viktor Orbán mit seiner stramm zentralistisch, als Kampforganisation aufgebauten Fidesz-Partei. Auch wenn alle zur Abkehr von der Rechtsstaatlichkeit beitrugen, ist die Verantwortung Orbáns ohne Zweifel am größten. Der MSZP ist der Vorwurf zu machen, dass sie niemals bereit war, sich von ihrer kommunistischen Vergangenheit explizit zu lösen, eifrig den elitistischen Moden des Westens folgte, ohne sie zu hinterfragen, und wie diese versuchte sie, die Wähler durch unbezahlbare Geschenke für sich zu gewinnen. Der Korruption und Bereicherung ihrer gut vernetzten Mitglieder und Anhänger setzte sie keine Grenzen. Dies war der Anfang der unseligen Tradition, dass der Staat die Beute des jeweiligen Wahlsiegers wurde. Die Sozialisten tragen die Verantwortung dafür, dass es heute keine linke oder liberale Opposition gibt, die ein glaubhaftes Programm der autoritären Regierung entgegensetzen könnte.

Der Westen – sprachlos

Mit der Integration in EU und NATO haben die westlichen Länder ihre Handlungsmöglichkeiten dem Osten gegenüber eingeschränkt und keineswegs erweitert, wie viele dachten. Die Probleme von Ungarn, Tschechen, Slowaken und den anderen sind nun innere Probleme von EU und NATO geworden. Während man vorher frei war, diese beim Namen zu nennen, geht das heute kaum noch, ohne schon bestehende Gräben zu vertiefen. Würde man das tun, liefe man Gefahr, den Zusammenhalt der Bündnisse zu schwächen, im Konflikt mit Russland die nötige Einstimmigkeit zu verlieren. Kaum einer traut sich heute zu sagen (was aber alle wissen), dass die »Neuen« in vielerlei Hinsicht so ganz anders sind als die »Alten«, auch wenn sich inzwischen in den neuen Mitgliedsländern auch eine EU-affine technokratische Elite herausgebildet hat. Die ist aber in den jeweiligen Heimatländern, die sehr auf ihre nationale Souveränität bedacht sind, umstritten und verliert immer mehr an Unterstützung.

Es ist nicht der Graben der Systeme, der die Neuen vom Westen trennt, sondern der der Lebensweisen, der Werte und der Vorstellungen vom guten Leben. Zwar sehen die Neuen die NATO als den Garanten ihrer Sicherheit an – hoffen wir, dass diese Hoffnung berechtigt ist und die NATO-Mitglieder im Notfall wirklich bereit sein werden, sie zu verteidigen. Zweifel sind angebracht. Aber viel weiter gehen die Sympathien nicht. 25 Jahre nach dem Zusammenbruch des Kommunismus kann außer Polen kein mitteleuropäisches Land mehr ohne Einschränkungen als Rechtsstaat bezeichnet werden, Wahlen gewinnen charismatische Führer oder Oligarchen, deren Unberechenbarkeit im Westen gefürchtet wird. Das ist die Wiederkehr von Zwischeneuropa aus der Zeit zwischen den beiden Weltkriegen, wie Klaus-Peter Schwarz so treffend in der *FAZ*[1] schrieb, kleine, unruhige, zwischen atavistischen Zielen des 19. Jahrhunderts und der Moderne hin und her schwankende Staaten – trotz der zumindest formellen Einbindung in westliche Bündnissysteme.

Ungarn ist dabei zugegebenermaßen ein Extremfall. So spektakulär hat sich kein anderes Land von der liberalen Demokratie verabschiedet. Vom Ablauf der Geschichte in den letzten 25 Jahren kann man lernen, dass Demokratie und Rechtsstaatlichkeit nicht alternativlos sind. Sie zu erreichen und zu erhalten kostet große Anstrengungen, zu der viele nicht bereit sind. Der Zusammenbruch einer Diktatur führt nicht automatisch in die Freiheit. Denn es gibt schließlich andere, verlockende und einfacher erreichbare Formen gesellschaftlichen Lebens. Auch inmitten von Europa.

Anmerkung

1 Schwarz, Karl-Peter: »In Zwischeneuropa«. In: *Frankfurter Allgemeine Zeitung*, 23.12.2014.

Bahman Nirumand

Zufallstreffer

Die *Kursbuch*-Autoren haben Deutschland verändert – aber anders als gedacht

»Mit dem Schritt von der Ablehnung der autoritären Struktur der Universität und einer wertlosen, da prinzipienlosen Wissenschaftlichkeit des Lehrbetriebs zum Kampf gegen die formal-demokratische Ordnung der spät-kapitalistischen Gesellschaft ist die Bewegung der deutschen Studenten in den weltweiten Kampf der Avantgarde aller Länder um die Befreiung von Herrschaft und Unterdrückung eingetreten. Studentenunruhen – in den Ländern der dritten Welt schon längst ein politischer Faktor – sind in den Hochburgen des Spätkapitalismus ein unvorhergesehenes Phänomen, dem die etablierten Mächte mit hilflosen Integrationsversuchen oder aber mit provozierender Gewalt begegnen. Ganz allgemein läßt sich sagen, daß politische Aktionen von Studenten in größerem Ausmaß überall dort stattfinden, wo der Fortschritt einer Gesellschaft willkürlich gehemmt wird, sei es von Oligarchien in der dritten Welt, die ihre schmale soziale Basis nur reproduzieren können mit Hilfe von Ausbeutung und Unterprivilegierung der Massen, sei es durch eine verselbständigte Bürokratie in den osteuropäischen sozialistischen Staaten, die die Entfremdung des Volkes betreibt und nicht seine Emanzipation, oder schließlich durch die Repräsentanten des Monopolkapitalismus, dem die Menschen nichts sind als Konsumenten von Waren und Ideologie, Objekte einer umfassenden Manipulation ihres Bewußtseins und ihrer Bedürfnisse zum Zweck der Anpassung an die Erfordernisse von Herrschaft und Produktion. Ob in Deutschland des Vormärz oder auf Cuba zur Zeit Batistas – studentische Revolten brechen in allen Ländern der Erde aus, die historisch-objektiv an der Schwelle einer Revolution stehen.«

Aus: Kursbuch 13, »Die Studenten und die Macht«, 1968, S. 2–3

Den Text habe ich vor beinahe 50 Jahren geschrieben. Das war eine ganz andere Zeit. Es scheint auch ein ganz anderes Leben gewesen zu sei, eine andere Welt, eine andere Art zu schreiben, zu sprechen und zu denken. Der Artikel stellt die Frage, wieso ausgerechnet die Studenten, die ja damals noch stärker als heute meist bürgerlicher Abstammung waren, zur Avantgarde im internationalen Klassenkampf werden konnten. Und dass das so war, daran hatten wir damals keinen Zweifel. 1968 revoltierten ja nicht nur die Studenten in Berlin, Paris oder Berkeley. Auch in der iranischen Opposition spielten Studenten eine wichtige Rolle. Die Conföderation Iranischer Studenten / National-Union, kurz CISNU, hatte weltweit 100 000 Mitglieder, davon über 60 000 in Deutschland, wobei nicht alle Studenten waren. Auch in der kubanischen Revolution und in der chinesischen Kulturrevolution wirkten Studenten an entscheidender Stelle mit. In dem Artikel vertrat ich die These, dass die Studenten in den westlichen Ländern ein revolutionäres Bewusstsein entwickeln, weil sie den autoritären Geist an den Universitäten zu spüren bekommen, gleichzeitig aber noch keinen Rollenzwängen unterliegen und es sich schlicht leisten können, radikale politische Positionen zu beziehen. Sie riskieren ja damit nicht ihre Anstellung, weil sie noch gar keine Anstellung haben. In den unterentwickelten Ländern wiederum bekommen die Studenten noch weitaus stärker die gesellschaftliche Repression zu spüren, die Zensur und oft auch die rohe Gewalt. Weil sie gleichzeitig auch keine Karriereaussichten haben, es fehlt schlicht an Krankenhäusern oder Schulen, in denen man heilen oder lehren könnte, werden die Studenten fast zwangsläufig rebellisch und müssen sich dann nur noch mit den revolutionären Arbeitern und Bauern vereinen.

Wie wir heute wissen, haben die Studenten nicht die Weltrevolution ausgelöst. Immerhin kann ich aber für mich sagen, dass mir mein Studentenstatus das Leben gerettet hat.

Im Jahr 1967 drohte mir die Abschiebung aus Deutschland in den Iran, was Gefängnis, Folter und vermutlich auch meinen Tod bedeutet hätte. Weil mein Stipendium bei der Alexander-Humboldt-Stiftung ausgelaufen war, verfügte ich über keinen Aufenthaltstitel mehr. Ich war damals sicherlich der bekannteste iranische Oppositionelle in Deutschland. Aus einem Antwortschreiben des Auswärtigen Amtes an die deutsche Botschaft in Teheran ist zu entnehmen, dass das iranische Regime die deutschen Behörden ersucht hatte, mich auszuweisen. Tatsächlich teilte mir die Berliner Polizei mit, dass ich innerhalb von zwei Wochen die Bundesrepublik zu verlassen habe. Es kam daraufhin in vielen deutschen Städten zu Protestdemonstrationen. Auch die Presse berichtete, in München wurde sogar ein Institut der Universität besetzt und in Bahman-Nirumand-Institut umgetauft. Wenige Tage später lud mich der Präsident der Berliner Polizei zu einem Gespräch. Ich fürchtete meine Verhaftung, ging dann aber in Begleitung meines damaligen Anwalts Horst Mahler doch ins Präsidium. Auf dem Schreibtisch des Präsidenten lagen zwei hohe Aktenstapel. Das seien zum einen die Berichte über meine politischen Aktivitäten in der Bundesrepublik, zum anderen die Protestschreiben von Bürgern, die sich gegen meine Abschiebung aussprachen, erklärte der Präsident. Er strebe eine Lösung an, die der Bundesregierung die Möglichkeit gäbe, das Ausweisungsbegehren Teherans mit juristischen Argumenten abzulehnen. Dafür müsste ich einen Asylantrag stellen. Ich lehnte ab. Ich wollte kein politischer Flüchtling sein, ich wäre mir wie ausgestoßen vorgekommen. Schließlich hätte mir ein Flüchtlingspass eine spätere Rückkehr nach Iran erheblich erschwert. Der Polizeipräsident sagte: »Dann gibt es nur noch eine Möglichkeit: Sie schreiben sich an der Uni ein, und wir erteilen Ihnen die Erlaubnis zu einem Studienaufenthalt.« Genauso kam es. Für mehrere Jahre lebte ich als Student in Deutschland, ohne je ein Seminar oder eine Universität zu besuchen. Ich weiß übrigens nicht einmal mehr, in welchem Fach ich eingeschrieben war, ich vermute, dass ich damals offiziell Volkswirtschaftslehre studierte.

Enges, spießiges Land

Tatsächlich hatte ich ja bereits 1960 an der Universität Tübingen promoviert. Bereits mit 14 Jahren hatten mich meine Eltern nach Deutschland geschickt, was keine politischen Gründe hatte. Ich war nur einfach in der Schule nicht besonders gut, und meine Eltern dachten, dass ich in Deutschland eine bessere Bildung erhalten würde. Ich weiß noch, wie geschockt ich war, als ich zum ersten Mal die Innenstadt von Stuttgart sah. Im Iran hatten wir nur die glänzenden Bilder von Europa im Kopf: Prachtstraßen, wunderschöne Parks, herrschaftliche Häuser, Stadtpaläste. Aber in Stuttgart standen überall Ruinen. Es gab kaum ein Haus, das nicht von Kriegsschäden gezeichnet war. Es war November, es regnete. Die Menschen liefen gebückt auf den Straßen umher. Die Schaufenster waren leer. Teheran war damals viel schöner, wohlhabender, moderner als Stuttgart. Teheran war viel europäischer als Stuttgart. Aber selbst als wieder der Wohlstand in Deutschland einzog, blieb die Bundesrepublik doch ein enges, spießiges Land. An der Universität fürchteten wir uns regelrecht vor den Professoren und wagten kaum, zu widersprechen oder zu diskutieren. Als einmal eine Studentin wenige Minuten zu spät in die Vorlesung von Otto Friedrich Bollnow kam, war der Professor so schockiert, dass er die Vorlesung abbrach und den Saal verließ. Als er wieder zurückkam, erklärte er mit Tränen in den Augen, dass er ein Disziplinarverfahren gegen sich selbst eingeleitet habe, weil nicht nur die Studentin falsch gehandelt habe, auch er habe gegen die Pflicht, die Vorlesung zu halten, verstoßen. Bollnow war im Krieg übrigens Mitglied der NSDAP gewesen, wie übrigens fast alle meiner damaligen Professoren. Ich denke, eine Figur wie Bollnow erklärt ganz gut den Geist, der damals an den deutschen Universitäten herrschte.

Enzensberger: Weltbürger und Kosmopolit

In den 60er Jahren kehrte ich nach Teheran zurück, wo ich unter anderem am Goethe-Institut arbeitete. Irgendwann einmal fragte mich der Leiter des Instituts, ob mir der Name Enzensberger etwas sagen würde. Der Dichter hielte demnächst eine Lesung bei uns. Natürlich kannte ich Enzensberger und durfte ihn dann sogar bei seiner Lesung vorstellen. Nach der Lesung war Enzensberger lange von den Gästen umringt, irgendwann aber ging er auch auf mich zu, zog mich in eine Ecke und sagte: »Lassen Sie uns abhauen. Ich würde mich gerne mit Ihnen unterhalten.« Wir redeten die ganze Nacht durch. Einige Tage später führte ich ihn durch Isfahan. Das heißt, in Wahrheit führte er, ein Deutscher, mich, einen Iraner, durch diese berühmte iranische Stadt. Er schien einfach alles über Isfahan zu wissen, die Geschichte der Moscheen, wann die berühmten Mosaike gelegt wurden und wie genau das geschehen war. Enzensberger war ein Weltbürger und Kosmopolit, der maximale Gegensatz zu vielen sonstigen Persönlichkeiten im Nachkriegsdeutschland.

Enzensberger ermunterte mich, ein Buch über den Iran und das Schah-Regime zu schreiben, was ich schließlich auch tat. Ich weiß noch genau, wie ich Enzensberger das Manuskript vorbeibrachte und dann in seiner Wohnung blieb, während er las. Ich habe nie wieder einen Menschen kennengelernt, der so schnell lesen konnte wie Enzensberger. Die vielleicht 250 Seiten des Buchs hatte er in etwa einer Stunde verschlungen, und seine Fragen zeigten, dass ihm keine einzige wichtige und interessante Stelle in meinem Buch entgangen war. Und dieses Lesevermögen erklärt natürlich auch seine ungeheure Bildung und seinen Wissenshunger, der vor nichts haltmacht: Politik, Wissenschaft,

Literatur, Wirtschaft, Technik. Es ist ein großes Verdienst von Enzensberger, dass er, unter anderem im *Kursbuch*, Debatten führen ließ, die nirgends anders geführt wurden, Denkverbote galten für ihn nicht, das hat das Land wirklich freier gemacht.

Mein Buch *Persien, Modell eines Entwicklungslandes oder Die Diktatur der Freien Welt* erschien dann 1967. Es war in der damaligen Lage ein ungewöhnliches Buch: Nicht nur, dass ein Angehöriger der sogenannten Dritten Welt einen authentischen Bericht über das eigene Land lieferte, es war meines Wissens auch die erste gründliche Auseinandersetzung mit der Politik des Westens gegenüber jenen Ländern, die als unterentwickelt bezeichnet wurden. Einer Politik, die allen Bekenntnissen zu Menschenrechten und Demokratie zum Trotz Despoten wie den Schah unterstützte, um eigene Interessen leichter durchsetzen zu können.

Nur wenige Wochen nach dem Verkaufsstart des Buchs besuchte der Schah die Bundesrepublik. Der Kaiser einer brutalen Diktatur wurde hier mit allen Ehren empfangen. Wir von dem CISNU versuchten, die öffentliche Meinung in Deutschland zu mobilisieren, doch wir hatten zunächst wenig Glück. Als ich unser Anliegen beim Sozialistischen Deutschen Studentenbund, dem SDS, vorbrachte, stieß ich auf wenig Begeisterung. Die führenden Köpfe wie Christian Semmler und Rudi Dutschke vertraten die Ansicht, dass man sich auf den Vietnamkrieg konzentrieren müsse. Ich hingegen argumentierte, dass der Staatsbesuch eine günstige Gelegenheit biete, die Öffentlichkeit über das Verhältnis westlicher Metropolen zu den Ländern der Dritten Welt insgesamt aufzuklären. So begab ich mich zu der mehr antiautoritären und anarchistischen Kommune 1, die meinen Vorschlag gleich mit Begeisterung aufnahm. Fritz Teufel, Dieter Kunzelmann, Rainer Langhans und Ulrich Enzensberger machten sich sofort ans Werk, diskutierten über mögliche Aktionen, mit denen wir auch schnell großen Erfolg hatten. Schließlich schloss sich doch der SDS an. Am Vorabend des Schah-Besuchs in Berlin sollte ich an der Freien Universität reden. Die iranische Botschaft versuchte mit allen Mitteln, meinen Auftritt zu verhindern. Schließlich beugte sich der Berliner Senat dem Willen des Diktators und versuchte, heute kaum mehr vorstellbar, den Rektor der Freien Universität dazu zu bewegen, die Veranstaltung abzusagen. Doch der Rektor blieb standhaft, die Studenten drohten mit Protesten, sollte die Veranstaltung abgesetzt werden, die Auseinandersetzung machte über Wochen Schlagzeilen und lenkte – wie auch die Proteste um den Besuch des Schahs selbst – viel Aufmerksamkeit auf mein Buch. Innerhalb weniger Wochen wurde das Buch fast 200 000-mal verkauft, für ein Sachbuch über ein fernes Land eine wirklich erstaunliche Zahl, wie ich finde. Ich treffe heute noch viele Menschen, die mir sagen, dass sie erst die Lektüre meines Buchs wirklich politisiert habe.

Hauptsache, raus aus dem Muff

Die unterentwickelten oder »unterentwickelt gehaltenen« Länder haben damals auf die Menschen in Deutschland eine große Faszination ausgeübt. Das muss auch mit der Sehnsucht nach der großen weiten Welt zu tun gehabt haben, mit der Sehnsucht nach Befreiung, die Studenten wollten einfach raus aus dem Muff und aus der Enge, die damals herrschten. Wir waren so begeistert von unserer eigenen Begeisterung, dass wir uns für die Realität und die nüchterne Analyse im Grunde nur wenig interessierten. Auf den Demonstrationen riefen wir voller Überzeugung »Ein, zwei, drei Vietnams« und ließen Marx, Lenin und Mao hochleben. Übrigens hätte niemand so genau sagen können, wie wir uns die Zukunft nach der Revolution denn überhaupt vorstellen könnten. Außer ein paar Slogans wie »Klassenlose Gesellschaft« und »Sozialismus« gab es da keine Idee. Man hätte wohl schon damals genug über die chinesische Kulturrevolution wissen können, aber wir wollten das vermutlich nicht wissen. Ich ging des Öfteren zur chinesischen Botschaft in Ostberlin, wo ich auch sehr freundlich empfangen wurde. Der Presseattaché berichtete von der Kulturrevolution. Ich hörte ihm voller Sehnsucht zu, ohne zu wissen, dass diesem Irrsinn bereits Hunderttausende oder gar Millionen Unschuldige zum Opfer gefallen waren. Wir alle waren erfüllt von der Idee einer neuen Welt, die nur durch eine gründliche Umwälzung der Verhältnisse, durch eine Revolution zu erreichen war. In gewisser Weise verriet unser Engagement mehr über die Verhältnisse in Deutschland als über die Verhältnisse in Vietnam oder Iran.

Mein eingangs zitierter Aufsatz endet übrigens mit dem Satz: »Studenten, der Ideologie einer falschen Gesellschaft gemäß auf die Suche nach Wahrheit geschickt, entdecken heute auf allen Kontinenten, daß ›die Wahrheit revolutionär ist‹ (Gramsci), daß das Studium wieder einen gesellschaftlichen Sinn hat, wenn nur erst erkannt ist, daß die Wahrheit zu studieren nichts anderes mehr bedeuten kann, als die Revolution zu studieren.« Heutige Studenten würden sich vermutlich sehr wundern über so eine Studiumsbeschreibung. Für die Revolution interessieren sich vermutlich wenige; ich denke auch, dass das politische Engagement doch deutlich zurückgegangen ist. Man muss dafür aber nicht die heutige Jugend beschimpfen. Die Studenten haben keine autoritären Professoren mehr, sie sind aber trotzdem weniger frei, weil sie schon an der Universität an ihren Karrieren arbeiten und sich in Konkurrenzverhältnissen befinden. Und natürlich ist auch ganz einfach die Welt eine andere geworden. Für uns schien damals noch alles ganz einfach zu sein. Es gab Weiß und Schwarz, Gut und Böse, die Ausbeuter und die Ausgebeuteten, die Unterdrücker und die Unterdrückten, die Imperialisten und die Kolonialisierten. Aber mit diesen Begriffen kann man doch heute, um nur ein Beispiel zu geben, kaum mehr die Probleme im Nahen Osten erklären, ein Klassenkampf zumindest herrscht dort ganz bestimmt nicht.

Obwohl Rassismus und Fremdenfeindlichkeit in letzter Zeit gewachsen sind, ist Deutschland inzwischen ein offenes und vielfältiges Land geworden. In den 50er und 60er Jahren waren wir Ausländer in Deutschland noch absolute Exoten. Heute ist die Welt zu Hause in Deutschland, die meisten Menschen sind auch über entlegene Gebiete der Welt gut informiert, sie nehmen mehr teil am Weltgeschehen. Ich denke, auch diese Entwicklung, diese Offenheit gehört zu den Ergebnissen der Bewegung der 60er Jahre. Uns ist es zwar nicht gelungen, die Politik und schon gar nicht die Wirtschaft zu revolutionieren, aber kulturell haben wir viel bewirkt. Ich denke, die Bewegung der 60er Jahre war weit mehr eine kulturelle als eine politische Revolte. Das war uns, als wir damals im *Kursbuch* über internationale Klassenkämpfe schrieben, vielleicht nicht bewusst. Sie hat das Zusammenleben der Menschen verändert, gesellschaftliche Autoritäten abgebaut, Ideologien entlarvt und die Geschichte, vor allem die deutsche, aufgearbeitet.

Mark Greif

Eine andere Welt

Wer verändern will, muss überraschen

Kritik verstehe ich als einen Prozess. Kritik besteht nicht aus einem festen Gebäude von Meinungen. Kritik beginnt mit einer Haltung und vielleicht mit einer erlernten Methode. Aber Kritik beginnt nicht mit einem bestimmten Inhalt. Dennoch werden manche Ideen oder Haltungen zu bestimmten Zeiten und an bestimmten Orten unvermeidbar; sie tauchen immer wieder auf, weil Kritik nun einmal darin besteht, das existierende Gewebe des Menschlichen zu entwirren und neu zu knüpfen. Wo Welten sich ähneln, wird auch die Kritik ähnlich ausfallen.

Ich wurde in einem gesichtslosen Vorort geboren und wuchs dann in einem anderen Vorort auf, der genau gleich aussah. Beide befanden sich in unmittelbarer Nachbarschaft derselben grauen, matten, trägen Stadt. Noch etwas weiter entfernt von der Stadt gab es eine grüne Raute, die mit den beiden Vororten ein Dreieck bildete: eine Alternative. Das Gebiet hatte den optimistischen Namen »Concorde« – ein Wort, das im Englischen die Vereinbarkeit von Unterschieden ausdrückt, ein harmonischer Akkord. Neben der Route 2, dem hässlichen und unschuldigen Highway meiner Jugend, versteckten sich alte Wege, einige Wiesen, Sumpfwiesen, Wälder und sogar ein paar Bauernhöfe. Natürlich wurden auch hier die immer gleichen großen Vorstadthäuser gebaut, und die Unterschiede zwischen Vorstadt und Land wurden immer geringer und werden vielleicht einmal ganz verschwinden. Allerdings war da immer noch dieser kleine, milchig grüne See. Um ihn herum führte ein versteckter Pfad, und man konnte sich in den Schatten einiger Büsche setzen, auf den See blicken und glauben, dass es da Land und Wasser gab, das niemand gehörte, das allen gehörte.

Tatsächlich gehörte das Gebiet der Stadt, deswegen war es bisher von den üblichen Bulldozern und Millionären verschont geblieben. Der See bot eine der wenigen Gelegenheiten in der gesamten Umgebung, um im Freien zu schwimmen.

Grübeln über die Welt

Der See war an unzähligen Nachmittagen ein Ausflugsziel für meine Mutter und für mich auf dem Beifahrersitz. Dabei konnte Mutter nicht gut schwimmen, und ich konnte es gar nicht. Wir kamen, um die Bäume zu beobachten, die Blätter, den Wechsel der Farben. Wir gingen um den See herum, auf dem Pfad, der einmal von der Gemeinde angelegt worden war, und grübelten über die Welt. Es gab einen weiteren Grund, warum das Gebiet bisher unangetastet war. In den 1840er Jahren hatte ein seltsamer junger Mann, geboren und aufgewachsen in der nahen Stadt, vom berühmten Philosophen und lokalen Landbesitzer Ralph Waldo Emerson die Erlaubnis erhalten, hier eine Hütte zu errichten. Der junge Mann kaufte das dafür nötige Holz von einer Arbeiterfamilie, die die Stadt verließ, als es keine Arbeit bei der Eisenbahn mehr gab. Das Buch, das der Mann einige Jahre später schrieb, ein Buch der Kritik, interessierte zunächst niemanden. Dann aber erregte es, in den folgenden Jahrzehnten und den nun anderthalb Jahrhunderten, immer mehr Bewunderung. Dieses Buch aber hatte der Mann nach jenem kleinen See benannt: Walden.

Oft fragte ich meine Mutter: »Willst du zum Walden gehen?« Oft spürte ich auch, dass meine Mutter traurig und verzweifelt war, dass sie den Wunsch hatte, ihrem Leben zu entkommen, das nicht das war, was sie gewollt hatte (obwohl sie auch gar nicht wusste, was sie wollte, denn sonst hätte sie ja weniger Fehler gemacht oder andere), und sie fragte selbst: »Können wir zum Walden gehen?« Aber immer wenn wir von Walden sprachen, meinten wir zuerst den kleinen See, die gute Luft, die wir dort atmen konnten, den Urlaub von dem Gefühl, dass die Welt schon fertig gebaut war, mit allen Regeln und Erwartungen, die man nicht mehr ändern konnte. Wenn wir von Walden sprachen, sprachen wir, in unserer eigenen Art, aber auch immer von Philosophie, von Kritik, obwohl wir gar nicht so genau wussten, was in dem berühmten und berüchtigten Buch denn überhaupt stand.

Meine Mutter hatte das Buch nie gelesen, ich war damals noch zu jung, um das Buch zu lesen. Wir wussten, dass es da einen Mann namens Henry David Thoreau gegeben hatte und dass er in seinem Buch allem und jedem widersprochen hatte. Was die Leute als gut empfinden, war schlecht. Was Leute als schlecht empfinden, war gut. Der Abfall konnte ein Schatz sein. Bestimmte Dinge verlieren ihren Wert, wenn sie jemand besitzt. Die besten Dinge sollte niemand besitzen. Man kann sie ohnehin nicht mit Geld bekommen, man kann sie aber anderen verwehren. Gehen war besser als rennen. Reden war wichtiger als arbeiten. Ohnehin war die Arbeit überschätzt, weil die meisten Leute die falschen Sachen aus den falschen Gründen taten: »Hütet euch vor allen Unternehmungen, die den Kauf neuer Kleider nötig machen.« Unser Wissen über Thoreau war eher dünn, es beschränkte sich auf ein paar Zitate, die auf Kaffeetassen, Kalender, Autoaufkleber und T-Shirts gedruckt waren. Interessanterweise führte dieses Unwissen aber gar nicht dazu, dass wir uns darüber irrten, was Thoreau meinte. Seine Lebensgeste, an diesen See zu ziehen und ein Haus zu beziehen, das nicht größer war als ein Schuppen, in dem andere Leute ihren Rasenmäher und andere Gartengeräte verstauen, sprach auf indirekte Weise zu uns.

Nachdenken, umdenken, gegendenken

Tatsächlich war Ignoranz die beste Inspiration. »Ich frage mich, was Thoreau darüber gedacht haben würde«, sagte meine Mutter, als wir an einem BMW oder Mercedes auf dem Parkplatz vorbeigingen. Unsere geheime Überzeugung war, dass Thoreau alles kritisieren und lächerlich machen würde, was auch uns missfiel, an was wir nicht glaubten, was wir in Frage stellten. Wir sprachen über Entscheidungen, die meine Mutter getroffen hatte, wir sprachen über Verwandte, wir sprachen über Gespräche, die wir gehört hatten (oder die wir selbst geführt hatten), während wir den See umkreisten wie der Minutenzeiger einer Uhr. »Fragst du dich, was Thoreau darüber gedacht hätte.« Ich fragte mich viel. Ich machte es zu meiner Aufgabe, mir immer eine Alternative vorzustellen, ganz egal, wie die Dinge standen. Ich wollte mir immer vorstellen, wie die Welt ganz anders sein könnte. Ich wollte zeigen, dass die Normalmeinungen falsch waren. Dass die allgemein akzeptierten Standards nicht für alle richtig waren. Ich schwätzte vor mich hin – vielleicht kindisch, vielleicht von irgendwas hinweggerissen –, während ich mit meinen Turnschuhen Steine kickte und Staub aufwirbelte, um den See herum. Ich wollte die Dinge herumdrehen, umkehren, anders machen, verfälschen, rückwärts lesen, nachdenken, umdenken, wegdenken, gegendenken. »Glaubst du wirklich, dass das möglich ist?«, fragte meine Mutter, die immer noch nicht überzeugt war. Aber ich war überzeugt. »Ich wette, dass Thoreau glauben würde, dass es möglich ist.«

Der für mich wichtigste Philosoph aller Zeiten war also Henry David Thoreau, und am wichtigsten war er für mich, als ich ihn noch gar nicht gelesen hatte. Ich habe *Walden* dann erst mit siebzehn gelesen, kurz bevor ich das College verließ. Ich hatte mich lange davor gedrückt. Und dann fühlte es sich an wie Dynamit. Nicht nur, dass ich nicht enttäuscht war: Thoreau, dieser Philosoph des Neins, war tatsächlich ein Zerstörer von Kitsch und trübem Glas. Und noch viel mehr. Er verstörte mich, er kehrte alles um, und so begann ich, sogar an Dingen zu zweifeln, die ich vorher für unbezweifelbar gehalten hatte, an Dingen, von deren natürlicher Existenz und natürlicher Überlegenheit ich in meiner Selbstzufriedenheit immer ausgegangen war: die Vorstadt, die Stadt überhaupt, jedes Streben nach Ruhm und Karriere, sogar das Streben, ein Künstler zu werden, mein Gefühl von dem, was zeitgemäß war und was nicht, Zeitungen, Nachrichten, Papier, das im Feuer der Ewigkeit verbrennt, sogar Freundschaft, mein Talent zum Reden und zum Denken, meine Welt und wie ich sie sah. Das Buch war nicht unterhaltsam oder angenehm. Es bot keinen Trost. Es tat weh, obwohl ich dachte, ich denke es immer noch, dass ich es liebe. Es ist natürlich ein Buch der Kritik. Vorher hatte ich kein Buch gekannt, das ich nicht zu Ende lesen konnte, das ich nicht zu Ende lesen durfte, weil ich dieses Recht erst bekommen würde, wenn ich mein Leben und mich selbst vollständig geändert hätte, so dass ich, beim Lesen der Zeilen, nicht mehr beschämt die Augen niederschlagen müsste.

Diese beiden Dinge versinnbildlichen Kritik für mich. Zum einen die unaufhörliche Bewegung der Gedanken, die Frage, wie die Dinge anders sein könnten, als sie sind, der Versuch, ohne ein etabliertes Gedankenmodell auszukommen, ohne Vorannahmen und Lehrmeinungen. Zum anderen stellt aber Kritik nicht nur die Welt in Frage. Kritik stellt mehr als alles andere dich selbst in Frage, dich, den kritischen Infragesteller.

Wenn deine Gedanken in einen anderen Gedanken einrasten, wenn du zustimmst, wenn es deiner Eitelkeit schmeichelt, wenn du einfach Freundschaft schließt – dann ist es, so glaube ich, keine Kritik. Wenn du die Kritik schon kennst, dann hat die Kritik schon aufgehört, Kritik zu sein. Wenn sie aus »deinem Lager« kommt, von deinen Freunden und so weiter, dann ist es keine echte Kritik mehr, sondern Geklüngel und Vereinsmeierei. Wenn du zu mir »Links oder rechts?« sagst, dann sage ich natürlich: »Links.« Aber wenn du sagst – und ich kann hören, dass du das sogar gerade jetzt sagst – »linker Schriftsteller«, »ein Mann der Linken«, »eine Frau der Linken«, oder: »Die Linke sollte« oder »Die Linke sollte nicht«, dann bin ich angeekelt oder empört. Vor allem, wenn das in Leitartikeln und Kommentaren geschieht, diesen Bausteinen des Klischees, diesen »Schon gehört«-Vereinsausweisen, den Mitgliedskarten zu etwas, zu dem du niemals hättest gehören sollen. Ich hoffe, dieses Vereinsheim ist längst verlassen und brennt ab – und ein paar andere Schlösser gleich mit.

Das Leben – ein Sollen, ein Müssen, ein Warum

Ich beginne in diesem Text mit der ersten Person, ich erzähle von meiner Jugend, weil ich mir den ersten Anstoß zur Kritik nur auf diese Weise vorstellen kann: Im Leben eines jeden entsteht eine Kluft, einfach deswegen, weil man geboren wird, weil man ohne jede Macht und Kraft geboren wird, weil man dann, nach einiger Zeit, reif und mündig wird, weil man in die Gesellschaft eintritt mit der Kraft eines Menschen, der die Dinge verändern und beeinflussen kann.

Wir werden ohne jedes Wissen geboren und müssen uns dieses Wissen erst aneignen. Wir werden mit unserer Vorstellungskraft geboren. Wir werden ohne jede Erkenntnis geboren. Wir lernen, und gerade im Prozess des Lernens erscheinen uns die Wahrheiten als willkürlich und die Fakten kontrafaktisch. Jeder von uns lernt also auch, dass die Welt anders sein könnte. Wir werden im Kummer geboren, und der Kummer ist genauso ursprünglich wie die Freude: wenn wir nicht die Brust der Mutter bekommen, wenn sich die Welt nicht um unsere Wünsche schert. Wir werden ein Mitglied der Gesellschaft, ihrer Normen und moralischer Gesetze, ihrem »Sollte« und »Müsste«. Jeder von uns bekommt also auch das Gefühl, dass die Welt anders sein müsste und anders sein könnte, und so kommt ein Wunsch zum Kummer hinzu. Aber was machen wir mit diesem Wunsch, für den uns kein Erwachsener den Kopf tätschelt? Einige unterdrücken ihn. Andere unterdrücken ihn nicht. Er kommt zurück, als Kritik.

Mir erscheint die Idee »Kant« immer etwas kindisch, dass Aufklärung der Weg aus der Unmündigkeit in die Mündigkeit ist, dass man also einfach nur erwachsen zu werden braucht, wonach sich ja vor allem Kinder sehnen. Die berühmte Definition hat Kant ja als Antwort auf eine Frage in einer Zeitschrift verfasst. In der *Berlinischen Monatsschrift* hatte ein Pfarrer gefragt, was denn Aufklärung eigentlich sei. Ich hoffe, dass Kant wusste, dass Aufklärung immer und immer wieder stattfinden muss und man immer wieder neu den Mut finden muss, sich seines eigenen Verstandes zu bedienen, und man so gesehen immer wieder neu vom Kind zum Erwachsenen werden muss. Die Unendlichkeit der Kritik kommt daher, dass immer wieder ein Mensch geboren wird und sich fragt, ob die Dinge nicht anders sein könnten. Wenn du heranwächst, wenn du kritisierst, prägst du eine Welt, die von anderen dann wieder bezweifelt, geändert und geprägt wird.

Die Vorlesungen Michel Foucaults aus den 1970er Jahren kamen erst mit 40 Jahren Verspätung als Buch heraus. Das Großartige ist, dass man Foucault beim Denken beobachten kann. Man beobachtet die Ideen, die er nicht weiter verwendete. Man beobachtet Ideen, die ins Nirgendwo abdriften. Und man beginnt, eine Vorstellung davon zu bekommen, wie er Ideen entwickelte, wie er sie fast schon automatisch hervorbrachte, wie er sie verfeinerte und in diesem Prozess entdeckte, ob sie eine Bedeutung haben, ob sie ihn zum Ziel bringen, ob sie sich in der Wirklichkeit bewähren. Der Sinn seiner Übung im Denken und in der Kritik liegt für mich darin, die Beziehung von Ursache und Wirkung neu zu denken und sich zu fragen, ob es nicht auch genau andersherum sein könnte. Bringt die Unterdrückung der Sexualität überhaupt erst die Sexualität hervor?

Ticks und Tricks

Mir geht es darum zu zeigen, wie für den größten aller Kritiker die Kritik als Handlung und als Praxis immer der präzisen, gewissermaßen offiziellen Kritik vorangeht. Von jeder großen Kritikerpersönlichkeit kann man solche Ticks und Tricks lernen. Marx versucht, die ganze Welt unter dem Begriff der Produktion zu erklären. Nietzsche entlarvt, indem er alles historisiert. Freud verfolgt die Vorstellung, dass sich unterdrückte Energie an einem anderen Ort entlädt. Diese verschiedenen Formen der Kritik scheinen ein Gemeinsames zu haben, das man sieht, wenn man nicht mehr auf die konkreten Inhalte achtet. Es handelt sich um ein abstraktes und formales Merkmal, Geometrie ist vielleicht das Wort, das ich dafür gesucht habe. Wir entwickeln ein Argument so lange, bis man plötzlich aufhorchen muss, weil jetzt wirklich eine Alternative besteht. Ich glaube, das hat etwas mit der Art zu tun, mit der Komponisten Musik hören, mit der sie Akkorde variieren, bis tatsächlich etwas Neues in die Welt kommt, was uns nicht mehr aus dem Ohr geht. Lange Zeit konnte ich nicht verstehen, warum Henry David Thoreau so viele schlechte Wortspiele macht. Er greift Sprichwörter und Redensarten auf, tauscht aber dabei einzelne Wörter aus, um so auch eine Wertordnung umzukehren. Man kann diese Angewohnheit in seinen Notizbüchern sehen, wo sie manchmal fast bedeutungslos, mechanisch und zwanghaft wird. Ich denke, er macht das, um uns auf die zweite oder dritte Bedeutung von Wörtern hinzuweisen. Er spielt mit den Wörtern, damit sie nicht mit uns spielen und über uns bestimmen.

Am Ursprung der kritischen Tradition steht Sokrates mit seiner reinen, noch nicht von der normativen Geisteshaltung Platons beeinflussten Methode des Elenchos, der Widerlegung einzelner Aussagen. Diese Dialektik zwischen Form und Inhalt lebt weiter in der Bewegung, die zur modernen Geometrie der Kritik geführt hat. Ich glaube, dass auch die Frage »Was ist Kritik?« ihre ganz eigene Geometrie hat: Die üblichen Antworten werden hin und her gewendet, man stellt die Frage in einem anderen Kontext noch einmal neu, sieht, ob es nicht doch eine alternative Antwortmöglichkeit gibt, auf die noch niemand gekommen ist. Oft erscheint es mir rätselhaft, warum diese Frage gleichsam obsessiv immer wieder gestellt wird, wie ein Mantra. Warum lädt man Menschen ein, darüber nachzudenken und ihre Antwort zu präsentieren? Ein Grund könnte darin liegen, dass die Frage einen Moment der Erholung verschafft und dass der Kritiker sich ausnahmsweise einer Frömmigkeit und sentimentalen Verwunderung hingeben kann, die er sich sonst stets streng untersagt. Vielleicht gehört die Frage in dieselbe Kategorie wie »Was ist Philosophie?«, »Was heißt lesen?«, »Was ist Liebe?«. Sie fordert einen auf, näher an ein vertrautes Rätsel heranzutreten, ein Impuls, den sowohl der Fragende als auch der Antwortende wertschätzt, allerdings ohne die heiklere Frage zu stellen, was in ihrer jeweiligen Vergangenheit diese Wertschätzung hervorgebracht hat. Eigentlich setzt man sich mit Mysterien nur aus Gefühlen heraus so direkt auseinander, die mit Kritik selbst nichts zu tun haben. Gefühlen wie Verehrung oder Dankbarkeit.

Aus dem Amerikanischen übersetzt von Jakob Schrenk.

Cora Stephan

Schule des Schreibens

Was ich dem *Kursbuch* alles verdanke

Die These, daß das »Ganze« in der organisierten deutschen Arbeiterbewegung häufig das Halbe-Halbe mit dem Gegner war, kann ohne Zweifel auf viele historische Beispiele zurückgreifen. Aber diese Formel verwischt einen Widerspruch: »Das Ganze« – das »Gesamtinteresse« oder auch »die« Gesellschaft und »der« Staat – hat sowohl das radikale, revolutionäre Moment verbürgt (in der sozialen »Volks«bewegung ebenso wie in der politischen Arbeiterbewegung) wie auch das Motiv verkörpert, auf dessen Grundlage die organisierte deutsche Arbeiterbewegung sich an dem beteiligte, was sie eigentlich bekämpfen wollte. Revolution war nicht vorstellbar ohne Einheit, und so war in der Vorstellungswelt der Sozialdemokratie das Einzelinteresse der Arbeiter deshalb unmittelbar mit dem Gesamtinteresse verbunden, weil das Proletariat der Fokus dieser Einheit sein sollte. Die Marxsche Trendvorhersage über den Entwicklungsgang des Kapitalismus machte diese Utopie von einer proletarischen »Einheit« zur »Wissenschaft«, die da lehrte: Alles, was der Kapitalismus tut, befördert den Fortschritt und arbeitet dem Proletariat in die Hände, heimlich schmiedet der Kapitalismus an der Herstellung des Sozialismus. Diese Utopiekritik wurde immer mehr zum Utopieverbot, je länger der Sozialismus dann doch auf sich warten ließ.

In Deutschland haben die Mahner und Warner vor ungezügelter Fortschrittseuphorie immer eher »rechts« gestanden und sind auf die erbittertste Kritik von »links« gestoßen. Der Bezug der antiautoritären Linken auf die Arbeiterbewegung Ende der 60er Jahre, das Bedürfnis, sich einer historischen Kontinuität einzuordnen, entsprang auch dem Wunsch, wissenschaftlich garantiert zu haben, daß der Sozialismus auch vor Deutschland nicht halt machen würde. Weltuntergangsstimmung angesichts des kapitalistischen Zerstörungsaufbaus paßte nicht zum neuen Heimatgefühl der Linken im Schatzkästlein des Marxismus-Leninismus.

Die Suche nach der »wirklichen«, anderen Arbeiterbewegung hingegen signalisiert einen Standortwechsel des Beobachters. Es mag einen neuen »Mythos« begründen, und es mag auch ein utopisches Vorhaben sein, mehr als nur ein paar archäologisch wertvolle Scherben finden zu wollen, die Zeugnis von den Lebensverhältnissen der »Masse« der Arbeiter früherer Zeiten abgeben könnten, oder unter den Schutthaufen parteipolitischer Haupt- und Staatsaktionen nach den Perlen der »wirklichen« Arbeiter zu stöbern. Wichtig ist vor allem, was ein solches Interesse an der »Vielfalt« sozialer Bewegungen (wo man früher das Bedürfnis nach systematischer Einordnung und Ableitung verspürte), an den »Brüchen« und »Nischen« der Geschichte (wo man vordem »Stränge«, »Linien« und »lange Wellen« verfolgte), an den »Lebenszusammenhängen« für die politischen Hoffnungen heutiger Linker aussagt.

Historische Utopien – wie etwa die Genossenschaftsidee – sind keine Bezugspunkte für heute, keine »konkrete« Utopie, kein Modell für alternatives Leben. Aber schön sind sie doch.

Aus: Kursbuch 52, »Utopien«, 1978, S. 169 f.

Erst rief Ingrid Karsunke an, mit ihrer wunderbar rauchigen Stimme, und verkündete nichts Geringeres als: Auserwähltsein. Ich sollte die Ehre haben, für die neue Nummer des *Kursbuches* zu schreiben, über ein Thema, für das ich genau die Richtige sei. Über welches? Das sagte sie nicht, das geschah höheren Orts: Wann Carlos mich denn anrufen dürfe?

Mir schien das immer der reine Luxus zu sein anstelle der sonst üblichen interesselosen Faulheit: Man hatte sich Gedanken gemacht. Auch deshalb kann ich das heute noch nicht leiden, dieses »Das Thema dürfen Sie sich selbst aussuchen« – wie? Das auch noch? Es reicht doch, dass ich schreibe, was und wie ich will!

Der Ritus wurde eingehalten. Zur vereinbarten Zeit hatte ich Karl Markus Michel am Ohr. Ich höre sie noch heute, 14 Jahre nach seinem Tod, die leicht heisere Stimme mit dem spöttischen Unterton und dem kleinen, zögernden »Hm« vor dem nächsten Gedanken. Nie zuvor und selten danach habe ich erlebt, dass sich jemand so intensiv darum bemüht hat, eine Autorin und ein Thema zusammenzubringen. Carlos kannte mich genau. Woher eigentlich?

An die erste Begegnung erinnere ich mich nicht, wohl aber an eine andere, die mich mit einer südlichen Sitte vertraut machte, die mir, antiautoritär und schüchtern zugleich und darin ziemlich norddeutsch, unbekannt und unbehaglich war. Auf der Treppe zu seinem Haus irgendwo im Frankfurter Westend küsste er mich auf die Wange, erst rechts, dann links.

Ich fühlte mich geadelt. Diesem eleganten Bildungsbürger mit dem Adlergesicht, den man im wehenden Mantel und mit Hut durch Frankfurt gehen sah, gelang etwas, was nur wenige vermochten, die in den 70er und 80er Jahren im Frankfurter Akademikermilieu glaubten, etwas darzustellen: Er flößte mir tiefen und heiteren Respekt ein. Michel war intellektuell und in seinem Habitus ein ästhetisches Vergnügen.

Ich weiß nicht mehr, wie viele Essays ich fürs *Kursbuch* verfasst habe seit dem ersten Mal. Ich weiß aber, dass ich dem *Kursbuch* eine Schule des Schreibens verdanke: Ingrid und Carlos stellten Ansprüche, forderten heraus, luden ein, sie zu überraschen. Was nicht heißt, dass das ein Eiapopeia war, das Schreiben fürs *Kursbuch*, ganz im Gegenteil: »Liebe Cora, also Carlos und ich finden, dass dieser Text deiner unwürdig ist.« So erhielt man das Geschriebene schon mal zurück, selten allerdings ohne die Chance, es aufs Neue zu versuchen: komplizierte Dinge anschaulich zu machen, indem man sie – das Wesen des Essays – umkreist, bis man sie gebannt und hoffentlich auch den Leser gefesselt hat.

Darf ich ausholen? Da wir doch hier über vergangene 50 Jahre sprechen? Und da das mir hier zugewiesene Textstückchen wohl kaum noch zu verstehen ist ohne ein bisschen Hintergrund? Danke.

Nach meinem ersten Staatsexamen wurde ich 1973 Lektoratsassistentin beim hochverehrten Günter Busch, dem guten und manchmal viel zu geduldigen Geist der edition suhrkamp. Mit jugendlicher Arroganz redigierte ich misslungene Übersetzungen oder versuchte, Unlesbares in eine satzreife Form zu bringen. Besonders zugeneigt erinnere ich mich an ein Manuskript auf Durchschlagpapier, ohne Rand, einzeilig getippt. Hier wusste jemand, was er tat: Niemand sollte die Chance haben, an diesem Geisteswerk auch nur ein Jota zu verändern. Ich tat es dennoch. Zur Not wurde geklebt oder angehängt. Besonders leidenschaftlich zerpflückte ich Papiernes aus dem Fachbereich Gesellschaftswissenschaften der Goethe-Universität: öde Schreibübungen, allesamt irgendwie staatskapitalistisch marxogen und gleichermaßen uninteressant. Sie wurden trotzdem gedruckt, ohne meine Eingriffe, sehr zu ihrem Nachteil, wovon ich noch heute überzeugt bin.

Auch meine Dissertation, die ich 1976 abschloss, wurde 1978 veröffentlicht – allerdings nicht in der edition suhrkamp, sondern zu meiner Verblüffung vom Syndikat, einem 1976 von Karl Markus Michel und Axel Rütters gegründeten Autorenverlag. Michel und Rütters hatten sich von Suhrkamp im Dissens verabschiedet und wollten in eigener Regie alles anders und besser machen. Das Programm wartete mit edlen Titeln aus Ethnologie und Psychologie auf, darunter Bücher von Hans Peter Duerr und Carlo Ginzburg. Und jetzt auch meins: *»Genossen, wir dürfen uns nicht von der Geduld hinreißen lassen«. Aus der Urgeschichte der Sozialdemokratie 1862–1878.*

Passte das? Nein. Ja. Auch. Die Dissertation beschäftigte sich mit der Rezeptionsgeschichte des Marxismus in der deutschen Arbeiterbewegung, und wie das so geht, wenn man sich mit Geschichte befasst, siegte nicht die Theorie, sondern das Leben, ganz wie in der Arbeiterbewegung selbst auch. Mal abgesehen von einigen anderen gewagten Thesen kam ich in der ziemlich dicken Arbeit zum heute niemanden mehr überraschenden Schluss, dass die Sozialdemokratie des 19. Jahrhunderts weniger unter ihren historischen Figuren und deren theoretischen Fehlern litt als unter der Geschichtsschreibung über sie. Kurz: Sowohl die Historiografie der SED als auch die der SPD befleißigte sich mehr oder weniger der Legendenbildung im Sinne der jeweils eigenen »Linie«.

»Der Wahrheit eine Gasse«? Ich hätte mir womöglich denken können, dass das Werk keiner vorstellbaren akademischen Laufbahn würde dienen können. In der DDR erhielt ich Archivverbot, in der BRD zog man Bewerber mit dem richtigen Parteibuch vor (ich hatte keins und war auch sonst nicht Mitglied). Außerhalb der SPD interessierte man sich wenig für die sozialdemokratische Arbeiterbewegung – und ein Buch mit einem solchen Titel, erschienen in einem eher obskuren Verlag, verschaffte ihm erst recht keinen Platz in den Regalmetern mit der anerkannten Fachliteratur.

Die marxistisch-leninistische »neue« Linke interessierte das Thema naturgemäß noch weniger: Hier glaubte man nach wie vor an die bekannten Floskeln über Reform (nix gut!) und Revolution (als druff!). Dass die historische Arbeiterbewegung die Theorie so rezipierte, wie sie sie brauchen konnte, galt als ihr Fehler – und nicht als ihr begrüßenswerter Realitätssinn.

So also, mit der politikwissenschaftlichen Dissertation einer Außenseiterin, begann die Freundschaft mit Karl Markus Michel und Ingrid Karsunke (später kam Tilman Spengler dazu) und die innige Beziehung zum *Kursbuch*. Das Stück aus dem Jahr 1978, das ich nun, aus Anlass des 50-jährigen Jubiläums, wiedergelesen habe, ist gottlob ganz und gar nicht repräsentativ für alles, was aus meiner Hand noch folgen sollte: Es ist noch einigermaßen nah am akademischen Duktus und politischen Diskurs Ende der 70er Jahre.

Die wirkliche Arbeiterbewegung

Noch immer waren damals einige aus der Studentenbewegung und der »neuen Linken« auf der Suche nach dem revolutionären Subjekt, als das Karl Marx einst die Arbeiterklasse ausersehen hatte, ein merkwürdiges Ding indes, das sich bei näherer Betrachtung immer weiter entfernte. »Die« Arbeiterklasse war einfach nicht zu fassen, besser, man wich gleich auf ihre Stellvertreter auf Erden aus – die Partei, die Partei (hat immer recht).

Oder man begab sich in die Wirklichkeit. Tatsächlich tat sich damals etwas in der Geschichtsschreibung, das in die von SED und SPD vorgestanzten Bahnen nicht passte. »Geschichte von unten« hieß das Schlagwort, es begann die Suche nach der »anderen Arbeiterbewegung«, nach der wirklichen, nicht nach der von Theoretikern und Ideologen ausgepinselten Schablone. Auch diese Geschichtsschreibung war nicht frei von Wünschen, die Gegenwärtige an die Vergangenheit herantragen: Man wollte unter den theoretischen Turmbauten etwas entdecken, was einer »konkreten Utopie« wenigstens nahekam. Die »Genossenschaftsidee«, Selbstorganisation ohne Partei und Theorie, war so ein Fundstück, ein Schritt hin zum guten Leben jetzt, gleich und sofort, ohne auf die Revolution warten zu müssen (oder die endgültige Theorie und die ihr entsprechende Partei).

Natürlich schliff sich der Anspruch unter der Macht des Faktischen ab. Aber auch diese Neujustierung des nicht nur akademischen Interesses hat, noch vor dem Ende der DDR und des Kampfs zwischen SED und SPD um die Deutungshoheit, dafür gesorgt, dass die alte Sozialdemokratie aus dem Korsett der Legenden mehr oder weniger entlassen wurde, auch wenn die Traditionslinke bei Feierlichkeiten noch heute immer mal einen alten Spruch von Bebel bis Bernstein hervorkramt. Dabei wäre es durchaus wünschenswert, wenn man sich wieder an diesen Teil der deutschen Geschichte erinnerte: Trotz Verboten und Verfolgungen wurde die Sozialdemokratie eine immer stärkere Kraft im Deutschen Reichstag. Gewiss war das wilhelminische Reich keine Demokratie, es gab jedoch einen lebhaften Parlamentarismus und eine äußerst wache Öffentlichkeit, nicht zuletzt dank der sozialdemokratischen Publizistik. Ich erinnere mich insbesondere an die vielen Berichte im *Sozialdemokrat* über die deutschen Kolonien. Während die Briten in ihren Kolonien wenig zimperlich waren und die Belgier im Kongo Grauenhaftes anrichteten, wurde im Deutschen Reich jedes Vergehen in den fernen Ländern angeprangert und verfolgt, wie nicht zuletzt die Fälle von Carl Peters (1897 unehrenhaft entlassen) und Jesko von Puttkamer (nach Druck von Zentrum und Sozialdemokratie 1907 entlassen) bezeugen. (Auch die deutsche Kolonialpolitik wurde Gegenstand eines Essays fürs *Kursbuch*, übrigens.)

Lebendig war die Sozialdemokratie immer dann, wenn sich kein Deuter über sie beugte.

Der Betroffenheitskult

Später, wie schon gesagt, erweiterte sich mein Themenspektrum erheblich, und auch da verdanke ich vieles dem *Kursbuch*: die Herausforderung, sich immer wieder aufs Neue ein Thema zu erschließen – besser noch, etwas, was man zu kennen glaubt, von anderer Warte aus erneut in den Blick zu nehmen.

Und manchmal hieß die Herausforderung, auch das Banale noch zu adeln. Dadurch kam es zu einem Essay, den man beim Googeln immer noch mit Leichtigkeit findet, warum, weiß ich nicht genau. Vielleicht, weil er mir besonders viel Haue eingetragen hat von den Frankfurter Genossen aus der Spontiszene, die ziemlich streng werden konnten, wenn man Kategorien wie »Bedürfnis« nicht mit dem gesellschaftspolitisch gebotenen Ernst behandelte.

Doch vielleicht beruht die relative Prominenz dieses Essays lediglich auf seinem Titel. Und der stammt, wie viele dieser Art, von Carlos. Einen Essay über einen Ausflug in die seltsame Welt der eleganten Damenunterbekleidung betitelte er mit »Dessouveränität«.

Ja, die Titel mussten sitzen, das gehörte zum Gesamtkunstwerk *Kursbuch* – und Carlos verdanke ich viele der schönsten. »Im Drüben fischen« nannte er einen Text im *Kursbuch* 104 aus dem Jahr 1991 über den trostlosen Umgang gerade vieler Wessis mit den Optionen, die sich aus dem Untergang der DDR ergaben. Auch der Titel meines Buchs *Der Betroffenheitskult* stammt von ihm. Ich denke, er mochte ebenso wenig wie ich die Moralisierung aller Fragen des Lebens, dieses missverstandene »das Politische ist privat«, zu dem »das Private ist politisch« mutiert war; weinende Politiker, überhaupt Gefühlsbekundungen, wo ein paar Fakten nötig gewesen wären, das ganze Gesumse und Geseiche, was heute zum guten Ton gehört. Auch da war Carlos Ästhet: Im politischen Raum den Privatmann zu geben gehörte sich nicht.

Und nun also *50 Jahre Kursbuch*. Das ist insofern kein schönes Thema, als es einen daran erinnert, wie alt man selbst schon ist. Ich war zwar erst in der Pubertät, als das erste Heft erschien, aber es hat mich begleitet: Es war immer ein besonderer Moment, das neue Heft in Händen zu halten, es verlockte, es enttäuschte auch schon mal, aber es gab immer »Stoff« – und wurde übrigens besonders in Journalistenkreisen mit Neugier gelesen.

Vielleicht, weil es damals noch etwas gab, dessen Ableben ich nicht groß betraure: den »Intellektuellenstreit«. So nannte sich eine im Feuilleton beliebte Inszenierung, wenn jemand glaubte, dass ein Thema der Erregung bedurfte, und sich gerade kein Großdenker fand, der es ähnlich empörend fand. In diesem Fall konnte man immer noch ein erbostes »Warum schweigen die Intellektuellen?« in den Raum rufen. Die Antwort kam meist prompt. Irgendjemand fühlte sich jedenfalls immer angesprochen, auch jene, die nichts zu sagen hatten.

Es ist gut, dass es das *Kursbuch* noch gibt. Aber ich gebe zu, dass ich nach dem Tod von Karl Markus Michel zu denen gehörte, die meinten, es sei angemessen, mit ihm eine große Tradition zu begraben.

Barbara Sichtermann

Trash, Pornos und chinesische Kleinbauern

Die Niveau-Apostel des Fernsehens sind weg, lasst uns über Niveau sprechen

Die Primitivität dessen, was seit einiger Zeit auf dem Fernsehschirm zu sehen ist – wobei die öffentlich-rechtlichen Kanäle den kommerziellen kaum nachstehen –, lässt sich nicht mehr unterbieten. So der Stoßseufzer des wohlerzogenen Feuilletons mit seinen gepflegten Alt-Eliten. Da werden schlichte Jungs und Mädels von der Straße beim bodenlos trivialen Geschwätz und beim Duschen gezeigt, da begibt sich ein Entertainer mit einem Nachrichtenmann ins Abführtee-Wetttrinken, da wirft ein Spaßmacher mit Four-Letter-Words, die im Deutschen sechs Buchstaben haben, nur so um sich – es ist nicht mehr zum Aushalten. Das Fernsehprogramm kann man vergessen. Das Niveau sinkt nicht, es stürzt ab. Schade, dass das nicht, wie beim Computer, sein technisches Aus bedeutet. All diese Klagen sind berechtigt. Und sind es auch nicht.

Aus: Kursbuch 145, »Der laufende Schwachsinn«, 2001, S. 117

Nur noch ältere Leute sagen heute »das Fernsehen«. Und wenn jüngere »das Fernsehen« sagen, meinen sie das Gerät und nicht das Programm. Früher sagten nur ältere, oft mürrische Menschen: »Ich schaue überhaupt nicht mehr fern.« Heute äußern denselben Satz junge, frohgemute Zeitgenossen, die damit aber nicht sagen wollen, dass das Programm sie nicht interessiert, sondern dass sie andere Endgeräte nutzen, um es abzurufen. Es hat sich viel getan, seit ich vor zirka 14 Jahren das erste Mal für das *Kursbuch* auf die Frage antworten konnte: Rutscht das Fernsehprogramm nach dem Start der kommerziellen Sender unter Niveau? Andere Fragen stehen heute im Vordergrund.

Sie sind technischer und sozialer Natur. Sie betreffen das Nutzungsverhalten der Verbraucher und den Wettbewerb der Anbieter auf den Märkten. Sie betreffen die Digitalisierung, will sagen: die multiplen Möglichkeiten der Verschränkung von Fernsehen und Internet, der Spielarten von Interaktivität und der Rezeption der Programme auf mobilen Endgeräten. Das lineare Fernsehen werde dahinsterben, heißt es heute, weil die Nutzer sich zu Zeitpunkten ihrer Wahl die Contents ihrer Wahl aus dem Netz fischen. Ästhetische und Niveaufragen werden eher nebenbei diskutiert. Aber völlig still ist es nicht um sie geworden.

Letztlich zählt nur die Quote

Die Ausdifferenzierung des ehemals »großen Publikums« in eine schwer überschaubare Menge verschiedener Zielgruppen und Milieus ist eine Tatsache, deren Erscheinen am Horizont der Medienrepublik heute nicht mehr wie vor 14 Jahren voll Furcht und Hoffnung vorausgesagt wird, sondern mit deren Existenz als Grundvoraussetzung inzwischen bei jeder Medienanalyse gearbeitet wird. Die Deutungshoheit der öffentlich-rechtlichen TV-Sender, die nur noch als eine Art Abglanz ihrer einstigen Würde fortlebt, spielt keine entscheidende Rolle mehr. Insofern hat sich die Multiperspektivität, was die Beurteilung der Leistung von Fernsehmachern betrifft, durchgesetzt, das heißt die sehr unterschiedlichen Blicke – interessiert, bewundernd, distanziert, ablehnend –, die auf ein Programm geworfen werden können, sind als eine Art Chor akzeptiert, in dem keine Melodie mehr den Rest zur Begleitung degradiert, sondern jede Stimme ihr Recht hat. Was letztlich zählt, ist die Einschaltquote, also der Markt. Das gilt auch für die öffentlich-rechtlichen Sender, die durch Gebühren von der Gesamtheit der Nutzer finanziert werden. Deren unwiderlegliches Argument gegen die tapferen Nörgler, die von den alimentierten Anstalten mehr Niveau und weniger Quotenfixiertheit einfordern, lautet: Wie können wir Gebühren verlangen, wenn niemand uns einschaltet? Das heißt, auch sie müssen nach der Quote gehen. Es ist klar, dass unter diesen Umständen die Diskussion um Qualität beiseitegedrängt wird.

Dort, in der Ecke, überlebt sie – und hat dabei, so darf man hoffen, die Chance, wieder breitere Relevanz zu erwirken, nachdem sie ihre Kriterien entstaubt und den neuen Gegebenheiten angepasst hat. Fernsehen, ob nun auf dem iPod, dem Computermonitor, dem Smartphone oder dem guten alten Fernsehapparat – der inzwischen mit einem schönen neuen Flachbildschirm ausgestattet ist – empfangen, kommuniziert mittlerweile im Raum einer Resonanz, die manchmal als Gegenwind, bald aber wohl auch als Chance intensiveren Austausches wahrgenommen wird. Nachrichten werden über soziale Medien kommentiert, Shows werden, kaum dass der erste Star die Treppe heruntergeschwebt ist, dort beurteilt und der »Tatort« durch ein Stimmengewirr auf diesen Medien begleitet. All das irritiert derzeit oft noch, wird aber zugleich hie und da schon als Beitrag zur Qualitätsdebatte verstanden. Es ist klar, dass sich diese Debatte durch die Teilnahme so vieler Nichtexperten entfachlicht. Aber ist das bloß ein Nachteil? Es muss hier hinzugefügt werden, dass es sich bei der Einmischungskultur der sozialen Medien nur um einen Teil der Debatte handelt, denn die Analysen der Experten in medienwissenschaftlichen Instituten beispielsweise gibt es natürlich weiterhin, nur jetzt auf neue Weise ergänzt und herausgefordert durch Volkes Stimme.

Was erwartet die Zielgruppe?

In meinem 14 Jahre alten Essay zur Niveaufrage im Fernsehen führte ich den Frust des Feuilletons und die Angst um Niveauverlust, die dort umging, auf das Bedürfnis der gebildeten Alt-Eliten zurück, die Kontrolle über die Kriterien, was gutes und schlechtes Programm sei, zu behalten und sie nicht an den Markt, also die Quote und den Massengeschmack, abgeben zu müssen. Das war eine richtige Diagnose, und inzwischen haben sich jene besorgten Alt-Eliten weitgehend zurückgezogen, sie geben den Ton nicht mehr an, sind in Rente oder haben das Interesse verloren. Es ist ja so eine Sache mit dem Massengeschmack. Wer den Leuten ihre Game-, Talk- und Casting-Shows, ihre Dschungel-Camps, ihre Koch-, Klatsch- und Promi-Sendungen und ihre *skripted reality* vermiesen will, muss sich fragen lassen, ob er bei einem Massenmedium wie dem Fernsehen, sei es als Macher oder Kritiker, am richtigen Ort sei. Und ob er sich nicht bald auf dem verlorenen Posten eines Rufers in der Wüste wiederfinde. Denn beim Fernsehen gilt: Jedem Tierchen sein Pläsierchen. Das galt immer schon, auch als wir noch kein Privatfernsehen hatten. Und es ist viel fruchtbarer zu gucken, ob die neueste Casting-Show nach ihren eigenen Maßstäben funktioniert oder nicht, als ihr unter Verweis auf Niveau das Existenzrecht zu bestreiten.

Nun hat sich eine neue Generation von pragmatischen Machern und Kritikern angefunden, viele von ihnen Digital Natives, die volkserzieherische Gesichtspunkte zurücktreten lassen, großzügiger und relativischer denken und bei jeder Sendung, die sie machen oder rezensieren, die Zielgruppe und deren Erwartungen im Hinterkopf haben. Das ist insofern von Vorteil, als es zu der realen Situation mit ihrer Vielzahl von Publika passt. Es ist aber auch von Nachteil, weil Aspekte, die das Große und Ganze berühren, weil die Möglichkeiten, just durch Nichterfüllung von Erwartungen zu überzeugen, seltener vorkommen. Allerdings gibt es immer noch Filmemacher und Reporter, Dokumentaristen und Kritiker, die sich für mehr interessieren als für wohlfeile Unterhaltung zum Tagesausklang, der Kampf ums Niveau wird ja auch praktisch geführt. Dass es stiller um ihn geworden ist, liegt wie gesagt vor allem daran, dass die Medienrepublik sich über andere Fragen – Digitalisierung, Interaktivität – mehr aufregt. Aber wo er geführt wird, der Kampf ums Niveau, zum Beispiel im Grimme-Institut in Marl, da geht es hoch her.

Dürfen Nachrichtensprecher auch unterhaltsam sein?

Vielleicht sollte man den Begriff »Niveau« aufgeben. Er suggeriert eine durchschnittliche Höhe von Qualität, die erhalten werden sollte, die aber real – der Durchschnitt ist immer nur eine Rechengröße – nicht existiert. Außerdem blendet er das, was er verteidigen will, nämlich Qualität, gerade aus, weil er nichts als eine vertikale Bewegung impliziert. Die Frage, die sich immer stellt, wenn das »Niveau« ins Spiel kommt, ist: Wer legt fest, was das »Niveau« hält, was darüber ist, was darunter fällt, und diese Niveaufrage wird heute in einer unerfreulichen Konkurrenz zur Quotenfrage angegangen. So als könnten Produktionen, die über »Niveau« liegen und womöglich noch sogenannte Orchideen-Themen behandeln, niemals gute Quoten einfahren, obwohl jeder weiß, dass das nicht stimmt. Beziehungsweise: als müsse, wer auf die Quote schielt, sich von vornherein vom »Niveau« verabschieden. So einfach ist es eben nicht. Zumal die Frage, wer das berüchtigte Niveau festlegt, niemals gültig und unzweideutig beantwortet werden kann.

Trash zum Beispiel ist inzwischen eine regelrechte Sparte geworden, und wenn trashige Inhalte mit der passenden Ironie und Konsequenz wie bei »Jackass« und Stefan Raab präsentiert werden, dann ist das durchaus okay, ist es aussagekräftig bezüglich der Verfasstheit unserer Spezies. Die Frage nach dem Niveau erübrigt sich hier. Oder nehmen Sie Pornos, im Fernsehen als mitternächtliche Werbung für Telefonsex verbreitet. Es gibt inzwischen auf diesem Feld eine wachsende Vielfalt, und manches davon ist filmisch interessant und sogar poetisch – man kommt da mit »Niveau« nicht weit. Der journalistische Bereich im Fernsehen, die Nachrichten, Reportagen und Berichte aus aller Welt – haben die, wie einst die Alt-Eliten sich angewöhnt hatten zu fordern, nur dann »Niveau«, wenn boulevardeske Einsprengsel fehlen, wenn sie so trocken und seriös daherkommen wie der Börsenbericht? Deren Presenter sich ja inzwischen auch gern mal ein Witzchen erlauben. Inzwischen hat sich der Boulevard sozusagen über das gesamte Programm fein verteilt, und das ist im Prinzip erträglich. Es gibt aber, wenn wir nun schon mal die Vielfalt loben, Programmsparten, die sich gegen den Boulevard sperren. Nicht alles im Leben und im Fernsehen kann mit einer Prise Klatsch oder *happy go lucky* versetzt werden. Eine Dokumentation über die gewaltsame Vertreibung chinesischer Kleinbauern von ihren Parzellen, die als Bauerwartungsland ausgewiesen werden sollen, oder über einen depressiven deutschen Jungen, der darüber spricht, dass er sein Leben als Last empfindet, vertragen keine auf die Verbreiterung des Publikums zielenden Effekte. Sie brauchen die Freiheit, ernst und seriös und womöglich spröde eine Form zu entwickeln, die ihrem Inhalt entspricht. Und an dieser Stelle kommt das Gewissen des öffentlich-rechtlichen Sektors im »dualen System« ins Spiel. Das muss, Quotendruck hin oder her, solche Freiheit ermöglichen.

Der junge Dokumentarfilmer, der die Idee mit dem depressiven Jungen hat, fragt beim WDR oder beim ZDF nach den Möglichkeiten einer filmischen Realisierung und erfährt: Das will keiner sehen. Vor 1984 hätte der Mann vom ZDF vielleicht gesagt: Das sollten wir machen. Heute muss der Debütant lange suchen, bevor er einen Redakteur findet, der mit ihm das Wagnis eingeht. Aber es gibt sie noch, die Mutigen. Und sie sind nicht einfach bloß Verschwender von Geld und anderen Ressourcen. Denn manchmal geschieht ja das Wunder, und ein Film über ein so wenig attraktives Thema wie – beispielsweise – die Depression oder die Vertreibung chinesischer Kleinbauern von ihren Parzellen trifft einen Nerv und wird nicht nur ein Nischen-, sondern ein Quotenerfolg. Woraufhin die gesamte Sparte der Problemdokumentation in den Aufwind gerät und Filme solcher Art häufiger im Programm erscheinen. Das ist nicht wahrscheinlich, aber möglich. Ein Beispiel aus einer ganz anderen Programmgegend ist die amerikanische TV-Serie »Breaking Bad«. Die Geschichte eines anfangs eher kleinmütigen krebskranken Chemielehrers, der zum Drogenbaron aufsteigt, wollte niemand machen – zu abgedreht, zu unmoralisch, zu realitätsfern. Der Typ mit der Idee, Vince Gilligan, lief von Tür zu Tür, bis schließlich ein eher unscheinbarer Sender sich seiner erbarmte. Die Sache wurde ein Welthit. Aber solche Wunder sind natürlich selten. Doch ohne sie ist alles nichts.

Highlights – alle zehn Jahre vielleicht

Zur Seltenheit: Dieser Begriff ist für die Niveaudebatte, so man sie doch noch um diesen Begriff herum führen will, entscheidend. Meist verbirgt sich in der Sehnsucht nach Niveau das sehr berechtigte Verlangen nach Fernsehkunst, nach einem Werk, das Standards setzt, nicht vergessen und schließlich klassisch wird – so wie »Wetten, dass ..?« mit Thomas Gottschalk vor zirka 14 Jahren für die gelungene Show, »Heimat« von Edgar Reitz für den gelungenen TV-Mehrteiler und wie heute »Breaking Bad« für die fesselnde Langzeitserie steht. Fernsehkritiker und Zuschauer fordern dieses Niveau, aber sie könnten doch wissen, dass Highlights immer selten sind. Es gibt vielleicht alle zehn Jahre einen TV-Film, der so in Erinnerung bleibt wie die Folgen von »Heimat«, und man kann diese Art künstlerischer Überraschung nicht erzwingen, man kann nur die Bedingungen dafür verbessern, dass sie entstehen.

Genau das ist es, was von den öffentlich-rechtlichen Anstalten zu Recht gefordert wird. Stattdessen ziehen sich diese Sender strategisch gerne auf das Kopieren und Fortsetzen von Erfolgsformaten zurück – das ZDF ist mit »Wetten, dass ..?« so verfahren. Es hat mit dieser Show kein Ende finden wollen, obschon nach diversen Krisen große Teile des Publikums und der Kritik gespürt und gesagt hatten: »Es ist vorbei.« Auch die Sucht, andernorts Erfolgreiches einzudeutschen, ist wie das Immer-weiter-Machen ein Zeichen für Fantasielosigkeit und Konservatismus in den Anstalten. Dabei verfügen wir hier in Deutschland durch unser »duales System« über eine gute Voraussetzung dafür, dass Wunder geschehen. Jedoch: Innerhalb des öffentlich-rechtlichen Sektors wird zu wenig Risikokapital für Newcomer und Abseitiges lockergemacht, darüber klagen alle Nachwuchsfilmemacher, und sie haben recht.

Aber lassen wir die Wunder beiseite. Bleiben wir auf dem Teppich und fragen nach der Qualität beim *business as usual*. Da steht das deutsche Fernsehen, vor allem was Spielfilme und Mehrteiler, aber auch die journalistische Arbeit betrifft, nicht schlechter da als 2001. Irgendwie merkt man es doch, dass die Lehrjahre dieses Mediums unter der Ägide des öffentlich-rechtlichen Systems stattgefunden haben und dass die Effekthascherei, Kurzatmigkeit und Oberflächlichkeit, welche die durch die Quotenjagd ermüdeten Privatsender so problematisch machen, später hinzugekommen sind und nicht imstande waren, den ganzen Laden umzukrempeln. Wenn es auch Grund zum Meckern gibt, weil es nicht zu übersehen ist, dass die Gebührensender mit den Kommerziellen um die Befriedigung des Massengeschmacks auch mal ohne Not konkurrieren und mehr Blödsinn zulassen, so ist doch auch anzuerkennen, dass es glänzende Leistungen gibt – in der Unterhaltung, in der Dokumentation, im journalistischen Feld und vor allem in der Fiktion – hier vor allem bei den Altsendern. Der Mehrteiler »Unsere Mütter, unsere Väter« (ZDF, 2013) über die Kriegsgeneration in Deutschland, der nicht allen Kritikern gefiel, aber zum Erstaunen auch der Macher ein Millionenpublikum faszinierte, ist so ein Beispiel. Das, was man in allen Künsten Handwerk nennt und was die Mindestvoraussetzung für so etwas wie »Niveau« bezeichnet, ist bei deutschen Fernsehmachern ausgezeichnet entwickelt, da brauchen wir keinen Vergleich zu scheuen. Woran es mangelt, sind Fantasie und Mut. Zu letzterem kann man sich durchringen. Erstere ist ein Geschenk – im Sinne von Zufall und Gnade. Dafür kann man sich nur bereithalten.

Alles in allem: Mein Resümee von damals, eine gedämpft positive Einschätzung, die dem Wachstum von Quatsch und Müll im Fernsehprogramm das gleichzeitige Wachstum von Special-Interest-Formaten und Hochleistungen gegenübergestellt hat, kann aufrechterhalten werden. Mit zwei wichtigen Differenzierungen: Der Boulevard ist professioneller geworden und insofern weniger ärgerlich. Und die Bereitschaft, mögliche Glanzleistungen durch Risikokapital zu fördern, ist – gefühlt – gesunken. Die gefürchtete Angleichung der beiden Sektoren des »dualen Systems« hat bereichsweise stattgefunden, die Schnittmenge ist größer geworden, aber die Ränder mit ihren Kennzeichen: die Privaten stehen für U, die Gebührensender für E, sind noch vorhanden und bewahren einstweilen ihre jeweilige Besonderheit.

Karen van den Berg

Kritik, Protest, Poiesis

Künstler mischen sich ein – von 1970 bis heute

I. Kritik

Als der Konzeptkünstler Hans Haacke 1971 eine von ihm erstellte Foto- und Textdokumentation über die finanziellen Transaktionen eines Immobilienkonsortiums im New Yorker Guggenheim Museum ausstellen wollte, kam es zum Skandal. Die Ausstellung wurde nur 30 Tage vor der Eröffnung abgesagt, und der damalige Direktor des Guggenheim Museums, Thomas Messer, entließ den verantwortlichen Kurator Edward F. Fry, nachdem dieser öffentlich für Haacke Partei ergriffen hatte.

Haackes Arbeit *Shapolsky et al. Manhattan Real Estate Holdings, a Real-Time Social System, as of May 1, 1971*, die später vielfach international gezeigt wurde, dokumentierte, wie ein Immobilienkonsortium Kapital aus der Verslumung Manhattans schlug. Das Werk besteht aus 146 Fotografien von New Yorker Gebäuden, wobei jeder Fotografie ein maschinengeschriebener Text zugeordnet ist, der die geografische Lage des Gebäudes aufzeigt und die zugehörigen finanziellen Transaktionen verzeichnet. Ergänzt wird diese Serie durch eine Reihe von Übersichtstafeln und Stadtpläne von Harlem und der Lower East Side.

Der Museumsdirektor hatte in einem Schreiben an Haacke erklärt, dass Kunst soziale und politische Konsequenzen nur »auf Umwegen und durch die verallgemeinerte exemplarische Kraft« haben könne.[1] Der konkreten Dokumentation realer Immobilienbesitzverhältnisse, die der Künstler aus öffentlich zugänglichen Datenbanken zusammengetragen hatte, und der impliziten Kritik, die sich daraus ergab, wollte er in seinem Museum keinen Raum geben. Auch Haackes Angebot, die Daten zu anonymisieren, und seine rechtlich geprüfte Versicherung, dass im Falle der Ausstellung des Materials nicht mit einer Klage zu rechnen sei, änderte nichts an der Überzeugung des Direktors, dass hier die Grenzen der Kunst überschritten seien. Die Satzung des Museums, so ließ er den Künstler in einem Schreiben wissen, schließe »soziale und politische Ziele« aus.[2]

Haacke dokumentierte diese Korrespondenz im Anschluss in einer eigenen Buchpublikation.[3] Der Skandal provozierte zudem eine Protestaktion von solidarischen Künstlern, die sich gegen diese Form der Zensur richteten und die Ausstellungsräume des Guggenheim Museum eine Zeitlang besetzten. So wurde die Arbeit *Shapolsky et al.* eines der meistdiskutierten Kunstwerke der frühen 1970er Jahre. Heute gilt sie längst als eines der Schlüsselwerke einer Kunstbewegung, die unter den Begriff »Institutional Critique« gefasst wurde – und seither für Kunstpraktiken steht, die ihre eigene institutionelle Rahmung und die sie bedingenden kunstpolitischen Machtverhältnisse zum zentralen Thema künstlerischer Werke erheben.

Haacke selbst arbeitete in einem solchen Sinne bereits seit Ende der 1960er Jahre. Seine Instrumente waren einfache statistische Erhebungsmethoden und Fragebögen. Seine Werke bestanden so zuweilen allein aus den von den Besuchern selbst erstellten Besucherprofilen. 1969 und 1971 hängte der Künstler beispielsweise in einer New Yorker und einer Kölner Galerie unter dem Titel »Galeriebesucher Wohnprofil« großformatige Karten in den Ausstellungsräumen auf, in welche die Besucher mit Stecknadeln ihren Geburts- und Wohnort eintragen sollten. Viele Ausstellungsprojekte, die Haacke in den 1970er Jahren realisierte, dienten so der Sichtbarmachung der sozialen Situierung des Ausstellungspublikums und waren somit gewissermaßen soziologische Untersuchungen mit künstlerischen Mitteln. Nicht immer wurden diese Beiträge deshalb als legitime Kunstpraxis anerkannt. Vor allem dann, wenn sich durch Haackes Dokumentationen Förderer der Institutionen angegriffen sahen, wurde der Künstler mit dem Vorwurf konfrontiert, ihm ginge es vor allem um skandalisierende Enthüllungen und weniger um Kunst.

1974 wurde der Künstler erneut aus einer Ausstellung ausgeschlossen. Seinerzeit war Haacke zur Jubiläumsausstellung des 150-jährigen Bestehens des Wallraf-Richartz-Museums eingeladen. Der Beitrag, den er eingereicht hatte, listete in zehn Schrifttafeln die Provenienz eines berühmten Bildes von Manet, dem *Spargelbündel* von 1880, auf, welches das Museum 1967 erworben hatte. Den Ankauf dieses Bildes hatte der Vorsitzende des Museumsvereins, Hermann Josef Abs, verantwortet. Eine von Haackes Schrifttafeln legte in der Folge auch seine Biografie und damit seine NS-Vergangenheit offen und machte sichtbar, dass dieser im Zweiten Weltkrieg als Banker zum Beraterteam von Adolf Hitler gehört hatte.

Blickt man auf die genannten Beispiele, so illustrieren sie allesamt, dass Haacke zu dieser Zeit mit der Technik kühler und akribischer Dokumentation und Datenerhebung operierte. Seine Arbeitsstrategie bestand in der unnachgiebigen Dokumentation von unliebsamen Fakten. Damit folgte der Künstler einer ganz bestimmten Spielart kritischer Praxis, die zeitgleich auch außerhalb des Kunstfeldes verbreitet war. Bei dieser Spielart meinte Kritik nicht das Ausloten von optionalen Bewertungen, das Interpretationsspielräume voraussetzt. Angesprochen war also nicht jenes Urteilsvermögen, das Immanuel Kant für das aufgeklärte Subjekt reklamierte und bei dem Kritik stets auch vernunftbegabtes Urteilen und das Abwägen von Alternativen bedeutete. Haacks Kritikansatz verdankte sich einer ganz anderen Haltung und folgte einem ganz anderen Verständnis. Seine datengestützten Listen und Karten atmen einen Geist, der sich auf das Aufdecken von unbequemen Wahrheiten verlegt und dem eigenen Selbstverständnis nach auf wissenschaftliche Verfahren der empirischen Sozialforschung und ihre Objektivierungskonzepte setzt. Haacke konfrontiert sein Publikum in den besagten Arbeiten mit Fakten und stützt sein Mandat als Kritiker auf Wissen. Er präsentiert sich mithin als sachlicher, analytischer Aufklärer, der über ein detektivisch aufgespürtes Sonderwissen verfügt. Was bei diesem Typus der Kritik oft vermisst wurde, war freilich eine Reflexion dieser Position selbst. Haacke galt – wie viele Politkünstler der 1970er Jahre – manchen als belehrend. Dass die Souveränität der faktenbasierten Kritik ihrerseits ein Phantasma ist, sollte sich als die Hauptangriffsfläche dieses Arbeitsansatzes erweisen. Retrospektiv betrachtet war dieser Kritikmodus in den 1960er und 1970er Jahren gleichwohl sehr wirksam und im Falle der genannten Werke von Haacke wohl auch mehr als berechtigt – wenn nicht gar historisch notwendig.

In der sinnlichen und malereibegeisterten Kunstwelt der 1980er Jahre verschwand er jedoch zunächst beinahe in der Versenkung. Allerdings wurden Haackes Arbeiten Anfang der 1990er Jahre wieder aufgegriffen. Die kritische Auseinandersetzung mit den künstlerischen Produktionsumgebungen und Ökonomien erschien in Zeiten eines boomenden Kunstmarktes wieder relevant. So knüpfte die US-amerikanische Künstlerin Andrea Fraser explizit an seine Arbeiten an. Ähnlich wie der Deutsch-Amerikaner zeigte sich auch Fraser inspiriert von dem französischen Soziologen Pierre Bourdieu und seinen Untersuchungen des Kunstfeldes. In einer Reihe denkwürdiger Performances setzte sich Fraser mit den Ritualen, Rollenverteilungen und Machtverhältnissen innerhalb des Kunstfeldes auseinander und läutete damit erklärtermaßen eine zweite Phase der *Institutional Critique* ein. In ihren Performances in Museen und Galerien schlüpfte Fraser in unterschiedlichste Rollen, führte die verwirrten Museumsbesucher als »Museumsführerin« im eng taillierten Kostüm vor die Feuerlöscher und Luftbefeuchter, die sie durch Textfragmente aus Kants *Kritik der Urteilskraft* erörterte, oder hielt Eröffnungsreden, die sich als *re-enactment* männlicher Kollegen entpuppten. Immer wieder betrieb Fraser dabei zwischen Schmerz und Ironie changierende Selbstentblößungen. Eines der eindringlichsten Beispiele hierfür ist ihre Videoarbeit *Untitled* (2003), die sie beim realen Sex mit einem anonymen Kunstsammler zeigt, der dafür 20 000 US-Dollar zahlte und dadurch die im Zuge dessen entstandene Videoarbeit erwarb.

Dass Fraser dabei stets ihre eigene Souveränität zur Disposition stellte und sich betont selbst angreifbar machte, unterscheidet sie ganz wesentlich von Haackes distanzierten Analysetechniken. Fraser verkörpert insofern einen neuen Künstlertypus, der vor allem mit der eigenen Position in der Gesellschaft offen ins Gericht geht und nicht bevorzugt die politischen Vergehen und Verbrechen anderer aufdeckt.

Dass diese Auseinandersetzung auch um sich selbst kreiste und im Kunstfeld gefangen blieb, in dem ein gewisser kritischer, wenn nicht gar rebellischer Habitus längst zum *radical chic* geworden war, wurde vor allem Andrea Fraser selbst bald schmerzlich bewusst. Entsprechend war sie eine der Ersten, die von einer Fetischisierung eines marxistischen Jargons in der Kunstwelt sprachen und feststellten, dass sich die Kunst entfremdet habe von den realen politischen Fragen.[4]

II. Protest

»Dass Kunstwerke politisch eingreifen, ist zu bezweifeln; geschieht es einmal, so ist es ihnen meist peripher; streben sie danach, so pflegen sie unter ihren Begriff zu gehen«[5], schrieb Theodor W. Adorno und formulierte mit diesem Statement in den 1960er Jahren ein über viele Dekaden vorherrschendes Diktum der Kunstwelt: das der künstlerischen Autonomie. Dieses tief im deutschen Idealismus verankerte Konzept wurde zwar immer wieder scharf kritisiert und in Zweifel gezogen. Doch erst im 21. Jahrhundert wird es wirklich brüchig, und der Widerspruch wird massiver. Zu tun hat das mit einer ungeahnten Konjunktur von Protestbewegungen und neuen Formen des politischen Widerstands, die unmittelbar mit der Kunstpraxis verwoben sind. »Art and politics are more and more often associated with protest movements«, schreibt der französische Soziologe Laurent Thévenot.[6] Vor dem Hintergrund dieser neuen Bewegungen erklärte der Kulturwissenschaftler Oliver Marchart Adornos dialektische Figur einer Kunst, die nur durch ihre Distanz zur Politik politisch würde, auf einer Marathonkonferenz aktivistischer Künstler, die im Rahmen des Steirischen Herbsts 2012 stattfand, kurzerhand für »nonsense«, der aus einer antipolitischen Ideologie von Kunstfunktionären erwachse.[7] Im Rücken wusste er dabei über 200 Aktivisten aus aller Welt, von denen ein Großteil Künstler, Architekten und Performer waren.

Im Dezember 2011 hatte das *Time Magazine* den »Protester« zur Person des Jahres gewählt. Aktivistinnen wie »Femen« und »Pussy Riot« hatten Protest als Kunstform international bekannt gemacht. Mit ihnen trat ein neuer Typus von Künstlerkollektiven auf den Plan; Künstler, die bewundert wurden, weil sie offenbar im wahrsten Sinne des Wortes ihre eigene Haut riskierten und dabei bislang unübliche und illegitime künstlerische Handlungsräume eroberten: die Straße, Blogs und soziale Medien. Sie setzten auf Schwarmintelligenz und forderten zum kollektiven Handeln heraus. Es reichte, sich drei Löcher in die Pudelmütze zu schneiden, und schon war man Pussy Riot – so schien es.

Einige Monate nachdem die Wall-Street-Proteste ihren Höhepunkt erreicht hatten, lud der polnische Kurator Artur Żmijewski die Occupy-Bewegung zur 7. Berlin Biennale ein. Mehr noch: Er stellte sie ins Zentrum seiner Ausstellungskonzeption, ließ die Aktivisten im Museumsraum campen und ihr eigenes Veranstaltungsprogramm gestalten. Diese erklärten die Biennale zum »kollektiven Experiment«. »Wir haben uns entschieden, an der Berlin Biennale teilzunehmen – nicht um Kunst zu präsentieren, sondern um unsere Sache voranzubringen«, erläuterte einer ihrer Sprecher auf der Pressekonferenz.[8] »Wir stellen Kunst vor, die tatsächlich wirksam ist, Realität beeinflusst und einen Raum öffnet, in dem Politik stattfinden kann«, erklärte Żmijewski und verkündete in seinem »Mission Statement« zur Ausstellung einen neuen »künstlerischen Pragmatismus«.[9]

Wie kam es zu dieser neuen Eindeutigkeit? Waren es die Protestbewegungen, welche die Kunst als Kommunikationsinstrument vereinnahmten, oder waren Kuratoren wie Żmijewski nur dem alten Wunsch nach unmittelbarer sozialer Wirksamkeit der Kunst auf den Leim gegangen? Was immer man von den Verkündigungen des Polen halten mag, nicht von der Hand zu weisen ist, dass Künstler in Protestbewegungen einen kaum wegzudenkenden Platz eingenommen haben; dafür hätte man die Occupy-Aktivisten gar nicht einladen müssen. Scheint es doch kaum eine »Recht auf Stadt«-Initiative zu geben, die nicht von Künstlern und alternativen Architekten angeführt wird, kaum ein größeres *Guerilla Gardening*-Projekt, an dem nicht Künstler beteiligt sind, kaum ein großes öffentliches Picknick in Istanbul, das nicht von Künstlern, Schriftstellern mitorganisiert worden wäre. So waren etwa die Hauptinitiatoren des Refugee Protest Camp Vienna eben keine Politikwissenschaftler, sondern kamen aus dem Umfeld der Kunstakademien. Und das liegt nicht allein daran, dass das Rebellische hier ohnehin als Attitüde kultiviert wird. Auch die Stuttgart-21-Aktivisten versammelten sich nicht von ungefähr im nahe gelegenen Württembergischen Kunstverein. Der Grund für die enge Verbindung besteht denn auch nicht darin, dass sich die Akteure des Kunstfeldes allein unkritisch an dem Phänomen »bodies on the street« berauschten und den »Artivismus« als »erste neue Kunstform des 21. Jahrhunderts« feierten.[10] Die Gründe für diese neue Verbindung zwischen Kunst und Protest sind vielfältiger; die Verbindung hat etwa mit dem künstlerischen Sinn für das Fiktive gesellschaftlicher Ordnungen zu tun, mit der Fähigkeit, Bilder zu entwickeln, die eine kollektive Stoßkraft entfalten, aber paradoxerweise auch mit dem Konzept künstlerischer Autonomie – und zwar in zweierlei Hinsicht. Zum einen enthält das Autonomiekonzept und die Idee künstlerischer Zweckfreiheit prinzipiell einen ökonomie- und kapitalismuskritischen Nukleus. Zum anderen geht mit dem Konzept künstlerischer Autonomie in vielen Gesellschaften auch eine grundrechtliche Verankerung der Kunstfreiheit einher. Und das eröffnet einen Handlungsrahmen, in dem man mehr tun und sagen kann, als dem »gewöhnlichen« Aktivisten gestattet ist. Die vielen ermüdenden Debatten darum, ob man Femen und Pussy Riot denn wirklich als Kunst ansehen müsse, erscheinen so in einem anderen Licht.

Blickt man nun jedoch genauer auf die Kritikformen, die von den Protestbewegungen entworfen wurden, sind sie zunächst dadurch gekennzeichnet, dass es zum Selbstverständnis des Protests gehört, aus einer marginalisierten Position heraus zu agieren. Protest bedeutet immer aufzubegehren gegen etwas Übergeordnetes (so lässt sich kaum sinnvoll davon sprechen, dass ein Unternehmer gegen seine Belegschaft protestiert). Diese hierarchische Ordnung des Protests bedingt zugleich, dass die Position, aus der heraus protestiert wird, ein neuralgischer Punkt ist, wenn es um Glaubwürdigkeit und Legitimität geht.

So war etwa das Erstaunen groß, als der Film »Ukraina Ne Bordel« der jungen australischen Dokumentarfilmerin Kitty Green im September 2013 auf dem Filmfestival in Venedig Premiere hatte. Der Film über die ukrainischen Aktivistinnengruppe Femen enthüllte, dass deren Ideengeber und Mitbegründer ein patriarchisch auftretender Mann namens Wiktor Swjatskij war.[11] Femen, die sich seit 2010 mit ihren Oben-ohne-Protestauftritten gegen sexuelle Ausbeutung von Frauen international Gehör verschafft hatten, galten fortan endgültig als unbedarft. Mit ihren barbusigen Performances folgten sie, so kommentierte Ines Kappert in der *taz* kühl, nicht allein ihrem eigenen naiven Geltungsdrang, sondern bedienten gar einen chauvinistischen Voyeurismus.[12] Die blumenbekränzten, gut aussehenden jungen Frauen hatten mit dem Motto »My Body Is My Weapon!« in effektvoll platzierten Medienauftritten seit Jahren international für Aufsehen gesorgt und wurden schnell auch zu Kunstbiennalen eingeladen. Nun aber war die Häme groß. »Nicht ohne meine nackten Brüste«, hatte Richard Herzig schon einige Monate vor der Filmpremiere in der *Welt* gespottet. Er bezeichnete ihre Aktionen als »Nonsens-Happenings« und Protestkitsch »am Rande der Lächerlichkeit«.[13] Nach dem Dokumentarfilm aber schienen die Kunstkritiker in der Tagespresse fast einhellig der Ansicht zu sein, dass Femens Protest gegen Prostitution und Sexismus selbst eine entwürdigende patriarchale Blickordnung befördere.[14] Nur wenige Kunstkritiker waren noch zu einer differenzierten Betrachtung der Ukrainerinnen bereit. Einer von ihnen war Tobias Kniebe, der in der *Süddeutschen Zeitung* mahnte: »Eines sollte allerdings nicht vergessen werden: Wie seltsam verdreht und verlogen dieser Kampf gegen

Putin, Lukaschenko und andere Machthaber nach den Enthüllungen dieses Films auch erscheinen mag – die Frauen und selbst das durchtriebene Mastermind Swjatskij riskieren dafür immer noch, ganz wörtlich, ihre Haut.«[15]

Dieser Fall zeigt exemplarisch, dass in Bezug auf Protestbewegungen eine längst überkommen geglaubte Authentizitätsvorstellung immer noch Gültigkeit beansprucht. Gegen das Establishment kann nur der glaubhaft antreten, der selbst nicht dazugehört. Für aktivistische Künstler ergibt sich daraus eine gewisse Doublebind-Situation. Zumindest dann, wenn man Kunst als ein Praxisfeld betrachtet, dem eine privilegierte gesellschaftliche Stellung zugesprochen wird.

III. Poiesis

Der US-amerikanische Philosoph Richard Rorty stellte fest, dass eine existierende Praxis dadurch am effektivsten zu entlarven oder zu entmystifizieren sei, dass ihr eine alternative Praxis entgegengestellt würde.[16] Eine entscheidende Schwäche der Protestbewegung besteht denn auch darin, dass auf alle Umstürze stets etwas Neues folgt, auf das die Aufbegehrenden selbst nicht vorbereitet sind. Um einem Kritikmodus zu entgehen, der sich auf das reine Desavouieren und Dagegensein verlegt, haben sich in der Kunst deshalb zeitgleich auch Ansätze entwickelt, die sich eher als poietisch intervenierende Kritikformen beschreiben lassen.

Ein bemerkenswertes Beispiel hierfür ist das 2009 vom Politikwissenschaftler und Regisseur Philipp Ruch gegründete Zentrum für Politische Schönheit. Die Gruppe machte im Sommer 2014 mit ihrer Aktion »Kindertransporthilfe des Bundes« international auf sich aufmerksam. Im Rahmen dieses Projekts produzierte die selbst ernannte »Sturmtruppe zur Errichtung moralischer Schönheit« eine aufwendige Werbekampagne, die glaubhaft machte, dass Familienministerin Manuela Schwesig eine Initiative zur Rettung von 55 000 syrischen

Flüchtlingskindern ins Leben gerufen hatte. Der Begriff »Kindertransporthilfe« verwies auf das historische Vorbild aus den Jahren 1938/1939, bei dem die britische Regierung die Einreise von 10 000 jüdischen Kindern aus Europa nach Großbritannien erlaubt hatte, sofern deren Aufnahme und Finanzierung durch britische Familien garantiert wurde. Die Kinder entgingen so dem Genozid. Das Zentrum für Politische Schönheit hatte sogar eigens Überlebende, die zu diesen Kindern gehörten, eingeladen, um für ihre Aktion zu werben. Auf einer Webpage mit dem Logo des Familienministeriums wurde detailliert erläutert, wer ein Kind aufnehmen dürfe, wie lange die Kinder bleiben und welche Sprachkenntnisse vorausgesetzt würden. In einem Werbefilm spricht ein Pflegeelternpaar über ihre Vorfreude, ein Kind bei sich aufnehmen zu dürfen. Bildstrecken von syrischen Kindern, die lächelnd das Konterfei von Manuela Schwesig in die Kamera halten, dokumentierten, wie dankbar die Kinder in Syrien die Aktion erwarteten. Die Bewerbungsunterlagen für aufnahmewillige Eltern standen auf der Webpage zum Download bereit. Innerhalb von wenigen Tagen hatten sich 600 Familien gemeldet. Das Zentrum für Politische Schönheit versuchte in der Folge das Bundesfamilienministerium davon zu überzeugen, das in ihren Augen »schlüsselfertige Konzept« tatsächlich in die Tat umzusetzen.[17] Die Ministerin distanzierte sich allerdings umgehend von der Aktion. Die umfangreiche Medienberichterstattung über die Pseudohilfsaktion setzte die Ministerin dennoch ernsthaft unter Druck. Sie musste sich zumindest die Frage gefallen lassen, warum eine solche Aktion denn nicht möglich sein sollte?

Sind derartige Fake-Aktionen zynisch? Zielen sie auf mehr, als im Namen der Kunst Politiker und ihre fragwürdigen Praktiken bloßzustellen? Haben wir es hier mit einem relevanten Modus von Gesellschaftskritik zu tun? Nach Angaben der Vereinten Nationen waren 2014 mehr als vier Millionen Syrer auf der Flucht. Ist es da angebracht, dem mit hyperrealistischer Kunst zu begegnen?

Das Zentrum für Politische Schönheit operiert nicht wie eine politische Kabaretttruppe, die sich ironisch mit tagesaktuellen Themen auseinandersetzt. Vielmehr tritt die Gruppe mit erstaunlicher Konsequenz seit Jahren in allen Aktionen gegen die Verletzung von Menschenrechten ein. Dabei wendet sich das Kollektiv gegen einen aktuellen Modus allgemeiner Teilnahmslosigkeit beziehungsweise die Tendenz, das eigene politische Engagement für Menschenrechte auf das Unterzeichnen von Petitionen in sozialen Netzwerken zu beschränken. Die Theateraktivisten schreiben über ihr Selbstverständnis: »Das ZPS gehört zu den innovativsten Inkubatoren politischer Aktionskunst und steht für eine erweiterte Form von Theater: Kunst muss weh tun, reizen, Widerstand leisten. In eine Begriffsallianz gebracht: aggressiver Humanismus.«[18] Mit seinen Aktionen prangert das Zentrum nicht einfach an, sondern zeigt auf raffinierte, gewitzte und zugleich höchst ernsthafte Art Handlungsalternativen auf.[19]

Ihre Aktionen folgen der Prämisse, Realitäten zu stiften, die »zu schön« klingen, um wahr zu sein. Auch ihr letztes großes Projekt – »Erster Europäischer Mauerfall« – folgte diesem Prinzip. Die Gruppe demontierte kurz vor dem 25. Gedenktag des Mauerfalls die direkt vor dem Bundeskanzleramt an der Spree befestigten Gedenktafeln, die an die Toten der innerdeutschen Grenze erinnerten. Die Gruppe ließ wissen, es ginge darum, die Kreuze »umzusiedeln« und an den scharf bewachten Grenzen Europas anzubringen. Eine Crowdfunding-finanzierte Bustour mit 100 Mitreisenden sollte die Kreuze an die europäische Außengrenze in Bulgarien, Spanien und Griechenland bringen, um so dort der mehr als 30 000 Opfer zu gedenken, die in den letzten 25 Jahren an der europäischen Grenze starben. Darüber hinaus aber sollte »die europäische Festung« geknackt werden. Auf seiner Webpage präsentierte das Zentrum für Politische Schönheit, was man hierfür benötigt: Bolzenschneider, Flex, Schlafsack, Fernglas, Schutzfolien, Kompass, Zahnbürste, ein paar frische Unterhosen und ein Vogelkundebuch; so ausgerüstet fuhr eine »Kampfgruppe gegen Unmenschlichkeit« mit zwei Bussen am 7. November 2014 vom Berliner Maxim Gorki Theater Richtung Bulgarien – bereits bei der Abfahrt umstellten BKA und Bundespolizei das Theater und kontrollierten die Busse, weil die Aktion zu schweren Straftaten aufrufe. In Bulgarien selbst wurden die Busse ebenfalls von einem großen Polizeiaufgebot empfangen. Die europäische Außengrenze wurde allerdings dann doch nicht »beschädigt«, denn 300 Meter vor der Grenze nahe Lessowo hörte die Inszenierung des Zentrums für Politische Schönheit auf. Es war eben doch eine Kunstaktion und keine Protestbewegung. »Wir machen keine Kampagnen. Wir schaffen ein poetisches Werk«, sagte Cesy Leonard, die Chefin des Planungsstabs, dem *Tagesspiegel*. Die 100 mitreisenden Statisten aus zwei Bussen, die 40 Stunden Fahrt auf sich genommen hatten, kannten am Ende vor allem die Beschwerlichkeit einer solchen Reise durch Europa.

Die gesamte Aktion war im Vorfeld begleitet von einer Welle der Empörung und harscher Kritik. Der Gruppe wurde vorgeworfen, sie verletze die Gefühle der Angehörigen der Opfer der innerdeutschen Grenze. Der Berliner Innensenator Frank Henkel (CDU) sprach in Bezug auf die Entwendung der Gedenktafeln von einer »verabscheuungswürdigen Tat«, mit der die Grenzen der Kunst überschritten würden. Bundestagspräsident Norbert Lammert bezeichnete die Demontage der Gedenkkreuze in der Bundestagsdebatte zum 25. Jahrestag des Mauerfalls als »blanken Zynismus«.[20] Im Zuge der allgemeinen Empörung geriet vor allem auch die Theaterintendantin Shermin Langhoff in die Kritik, da sie angeblich in den »Diebstahl« eingeweiht gewesen sei. Doch wurden die Gedenktafeln am 10. November, wie angekündigt, in gesäubertem Zustand wieder zurückgebracht, von einer strafrechtlichen Verfolgung des Vorfalls wurde abgesehen. Das Zentrum für Politische Schönheit hatte ohnehin von vornherein sowohl öffentlich als auch bei der Staatsanwaltschaft angekündigt, die Kreuze nach der Jubiläumsveranstaltung zurückzubringen, und sich auf alle Eventualitäten sowie rechtlichen Folgen ihres Verwirrspiels gründlich vorbereitet.

»Kunst muss weh tun« lautet der Slogan des Zentrums für Politische Schönheit, das in seinem Selbstverständnis an den Theater- und Filmemacher Christoph Schlingensief anknüpft. All seine Aktionen gehen deshalb auch zum eigenen Gutmenschentum auf Distanz, sie rühren an und stoßen zugleich vor den Kopf. In diesem Sinne besetzt diese Kunst einen Zwischenraum, der zwischen riskanter Imagination, der Sehnsucht nach einer besseren Welt und den realen Möglichkeiten der Politik liegt.

Die Rolle der Kunst sei, so Philipp Ruch, die einer fünften Gewalt im Staat.[21] Gerade in Zeiten, in denen der Begriff der »Alternativlosigkeit« immer häufiger benutzt wird, um gesellschaftlich notwendige Debatten ins Leere laufen zu lassen oder gar zu unterbinden, scheinen wir einer intervenierenden Kunst bedürftig. Und dies auch deshalb, weil sie die Frage in den Raum stellt, was man selbst eigentlich noch tun kann. Kunst schöpft aus dem Spekulativen und Möglichen und dem, »was den Schleifen einer metareflexiven Kritik nicht in die Fänge kommt«.[22] Kühle Recherchen im Sinne Haackes und riskanter Protest können dem vor- und nachgelagert sein; auch der selbstreflexive Blick auf die eigene Position im Feld im Sinne der *Institutional Critique* ist kaum verzichtbar, damit das Kritisieren, Spekulieren und Protestieren frei vom Gestus der Selbstherrlichkeit praktiziert wird. Keiner der unterschiedlichen Modi künstlerischer Kritik genießt ein natürliches Privileg. Jede Form der Kritik muss sich immer wieder neu an ihrem Gegenstand und den sozialen Konstellationen bewähren.

Anmerkungen

1 Fry, Edward F.: »Hans Haacke – Realzeitsysteme«. In: Ders. und Haacke, Hans (Hg.): *Hans Haacke Werkmonographie*. Köln 1972, S. 59.

2 Ebd.

3 Ebd.

4 Fraser, Andrea: »Speaking of the Social World«. In: *Texte zur Kunst*, Nr. 82/März 2011, S. 153–56.

5 Adorno, Theodor W.: *Ästhetische Theorie*. Frankfurt am Main 1973, S. 360.

6 Thévenot, Laurent: »Engaging in the Politics of Participative Art in Practice«. In: Zembylas, Tasos (Hg.): *Artistic Practices. Social Interactions and Cultural Dynamics*. Abingdon/New York 2014, S. 132–150, S. 132.

7 Marchart, Oliver: »(Counter) Agitating«. In: Steirischer Herbst/Malzacher, Florian (Hg.): *Truth is Concrete. A Handbook for Artistic Strategies in Real Politics*. Berlin 2014, S. 224–229, S. 225.

8 http://www.sueddeutsche.de/kultur/occupy-bewegung-besetzt-berlin-biennale-damit-faengt-kultur-erst-an-1.1341660

9 Żmijewski, Artur: »7. Berlin Biennale für zeitgenössische Politik«. In: Köln 2012. http://www.berlinbiennale.de/blog/allgemein/%E2%80%9E7-berlin-biennale-fur-zeitgenossische-politik%E2%80%9D-von-artur-zmijewski-27712

10 Weibel, Peter: »global aCtIVISm«. In: *blog.zkm.de*, http://blog.zkm.de/blog/dialog/peter-weibel-global-activism/

11 Kniebe, Tobias: »Erniedrigte Amazonen«. In: *Süddeutsche Zeitung*, http://www.sueddeutsche.de/kultur/dokumentation-ueber-femen-erniedrigte-amazonen-1.1762451 (2013); Schulz-Ojala, Jan: »Der Mann hinter Femen«. In: DIE ZEIT, 05.09.2013, http://www.zeit.de/kultur/film/2013-09/dokumentarfilm-venedig-femen-green

12 Kappert, Ines: »Naiv und kontrolliert«. In: *taz* vom 14.09.2013.

13 Herzinger, Richard: »Femen: Nicht ohne meine nackten Brüste«. In: *Die Welt* vom 24.06.2013.

14 Kappert, Fn. 12.

15 Kniebe, Fn. 11.

16 Rorty, Richard: »Feminism, Ideology, and Deconstruction: A Pragmatist View«. In: Žižek, Slavoj (Hg.): *Mapping Ideology*. London, New York 1994, S. 226–234, S. 227.

17 http://www.politicalbeauty.de/kindertransporte.html

18 http://www.politicalbeauty.de/Zentrum_fur_Politische_Schonheit.html

19 Zentrum für Politische Schönheit: »Aggressiver Humanismus. Von der Unfähigkeit der Demokratie, große Menschenrechtler hervorzubringen«. In: Bierdel, Elias/Lakitsch, Maximilian (Hg.): *Wege aus der Krise. Ideen und Konzepte für Morgen*. Wien/Münster, 2013, S. 105–119.

20 Henkel, Frank: »Verabscheuungswürdige Tat«. In: *Tagesspiegel* vom 08.11.2014.

21 Diez, Georg: »Aktion zum Mauerfalljubiläum: Knackt die Festung Europa!«. In: *Spiegel Online* 03.11.2014, http://www.spiegel.de/kultur/gesellschaft/mauerkreuze-geklaut-zentrum-fuer-politische-schoenheit-mahnt-a-1000699.html

22 Avanessian, Armen: »Das spekulative Ende des ästhetischen Regimes«. In: *Texte zur Kunst* 93/März 2014, S. 53–66, S. 53.

Die Autoren

Karen van den Berg, geb. 1963, ist Inhaberin des Lehrstuhls für Kunsttheorie und inszenatorische Praxis an der Zeppelin Universität und arbeitet als freie Ausstellungskuratorin. Zuletzt erschien *Politik des Zeigens* (mit Hans Ulrich Gumbrecht).

Mark Greif, geb. 1975, ist Amerikanist und Mitherausgeber der Literaturzeitschrift *n+1*. Er lehrt am Eugene Lang College der New School University, New York. Zuletzt erschien *Rappen lernen* und *Hipster. Eine transatlantische Diskussion*.

Rahel Jaeggi, geb. 1966, ist Philosophie-Professorin an der Humboldt-Universität zu Berlin. Zuletzt erschien *Kritik von Lebensformen*.

Barbara Klemm, geb. 1939, ist Fotografin und Honorarprofessorin für Fotografie an der Fachhochschule Darmstadt. Zuletzt erschien der Bildband *Fotografien – Photographs, 1968–2013*.

Herlinde Koelbl, geb. 1939, ist Fotografin und Dokumentarfilmerin, zuletzt erschien der Bildband *Targets*.

Krisztina Koenen, geb. 1947, ist Publizistin. Zuletzt erschien *Feinde, überall Feinde – die Welt, wie sie Orbán Viktor sieht*.

Konrad Paul Liessmann, geb. 1953, ist Philosoph, Literaturkritiker und Publizist. Er lehrt an der Universität Wien Methoden der Vermittlung von Philosophie und Ethik. Zuletzt erschien *Geisterstunde: Die Praxis der Unbildung. Eine Streitschrift*.

Armin Nassehi, geb. 1960, ist Professor für Soziologie an der Ludwig-Maximilians-Universität München. Zuletzt erschien *Die letzte Stunde der Wahrheit. Warum rechts und links keine Alternativen mehr sind und Gesellschaft ganz anders beschrieben werden muss*.

Bahman Nirumand, geb. 1936, ist Journalist und Autor. Zuletzt erschien *Iran Israel Krieg – Der Funke zum Flächenbrand*.

Hannelore Schlaffer, geb. 1939, ist Essayistin, Literatur- und Theaterkritikerin. Bis 2001 lehrte sie an der Ludwig-Maximilians-Universität Neuere Deutsche Literatur. Zuletzt erschien *Die City – Straßenleben in der geplanten Stadt*, ausgezeichnet mit dem Preis »Das politische Buch des Jahres 2014« der Friedrich-Ebert-Stiftung.

Regina Schmeken, geb. 1955, ist Fotografin und Künstlerin. Ihre Werke finden sich u. a. in den Sammlungen des Museum of Modern Art in New York oder der Bibliothèque nationale in Paris. Zuletzt erschien der Bildband zur Ausstellung *Unter Spielern – Die Nationalmannschaft.*

Peter Schneider, geb. 1940, ist Schriftsteller und Essayist. Seine Erzählung *Lenz* war in den 70er Jahren das Kultbuch der Linken. Zuletzt erschien *Die Lieben meiner Mutter* und *An der Schönheit kann's nicht liegen …*

Barbara Sichtermann, geb. 1943, ist Schriftstellerin und arbeitet für Presse und Hörfunk. Zuletzt erschien *Ein Leben für die Kunst: Mäzeninnen* (mit Ingo Rose).

Cora Stephan, geb. 1951, promovierte Politikwissenschaftlerin, ist Kolumnistin und Buchautorin. Zuletzt erschien *Angela Merkel. Ein Irrtum.*

Georg von Wallwitz, geb. 1968, studierte Mathematik und Philosophie in England und Deutschland. Seit 2004 Mitinhaber einer Münchner Investmentmanagement-Firma. Zuletzt erschien *Mr. Smith und das Paradies. Die Erfindung des Wohlstands.*

Stefan Welzk, geb. 1942, ist Philosoph, Physiker, Wirtschaftswissenschaftler, Journalist und Fachbuchautor. Zuletzt erschien *Leipzig 1968. Unser Protest gegen die Kirchensprengung und seine Folgen.*

Das Kursbuch

1965–2015

182 Ausgaben. 2768 Texte. 34 674 Seiten

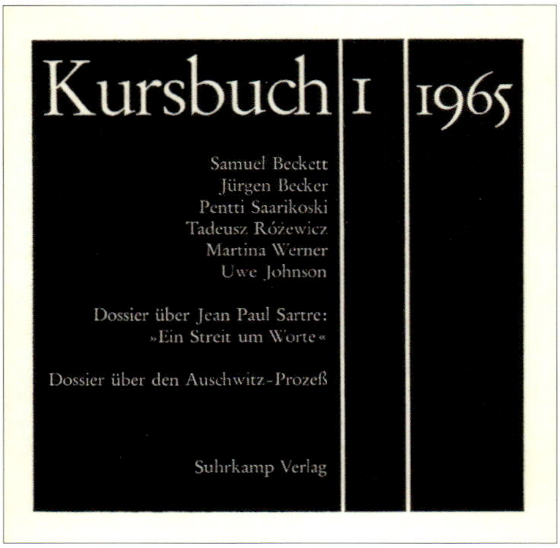
Kursbuch 1 1965
Samuel Beckett
Jürgen Becker
Pentti Saarikoski
Tadeusz Różewicz
Martina Werner
Uwe Johnson
Dossier über Jean Paul Sartre:
»Ein Streit um Worte«
Dossier über den Auschwitz-Prozeß
Suhrkamp Verlag

Kursbuch 2 1965
Frantz Fanon
Carlos Fuentes
Fidel Castro
Joan Robinson
Roland Barthes
Hans Magnus Enzensberger
Dossiers:
Der Iran und sein Wohltäter
Apartheid als Geschäft
Entwicklungshilfe oder Ausbeutung?
Suhrkamp Verlag

Kursbuch 3 1965
Michel Foucault
Carlo Emilio Gadda
Ror Wolf
Paavo Haavikko
Lars Gustafsson
Lorenz Oken
Dietrich Werner
Willem Frederik Hermans
Gisela Elsner
Dossier:
Wahn und Politik
Suhrkamp Verlag

Kursbuch 4 1966
Katechismus zur deutschen Frage
Volker Braun
Fritz Rudolf Fries
Günter Herburger
Wolfram Flößner
Martin Walser
Karl Markus Michel
Dossier: Fahrlässige Werbung
Suhrkamp Verlag

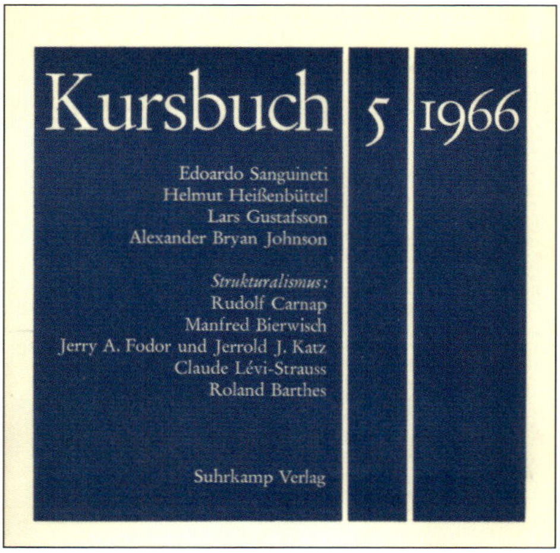
Kursbuch 5 1966
Edoardo Sanguineti
Helmut Heißenbüttel
Lars Gustafsson
Alexander Bryan Johnson
Strukturalismus:
Rudolf Carnap
Manfred Bierwisch
Jerry A. Fodor und Jerrold J. Katz
Claude Lévi-Strauss
Roland Barthes
Suhrkamp Verlag

Kursbuch 6 1966
Dossier 1:
Die amerikanische Oppo-
sition gegen den Krieg in Vietnam
Lawrence Ferlinghetti
Detlef Kantowsky
Bo Gustafsson
Maurice Dobb
Dossier 2:
Erzählungen aus einem
chinesischen Dorf
Suhrkamp Verlag

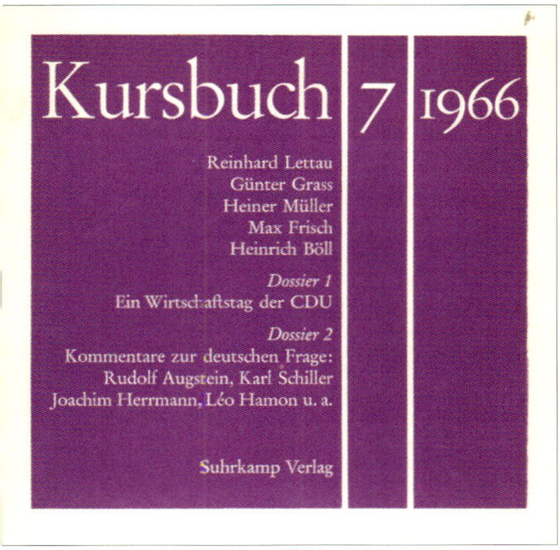
Kursbuch
7
1966
Reinhard Lettau
Günter Grass
Heiner Müller
Max Frisch
Heinrich Böll
Dossier 1
Ein Wirtschaftstag der CDU
Dossier 2
Kommentare zur deutschen Frage:
Rudolf Augstein, Karl Schiller
Joachim Herrmann, Léo Hamon u. a.
Suhrkamp Verlag

Kursbuch
8
1967
Neue Mathematik
Grundlagenforschung
Theorie der Automaten
Bertrand Russell
A. d'Abro
Arend Heyting
Friedrich Waismann
Ludwig Wittgenstein
Alan M. Turing
John von Neumann
Claude Lévi-Strauss
Suhrkamp Verlag

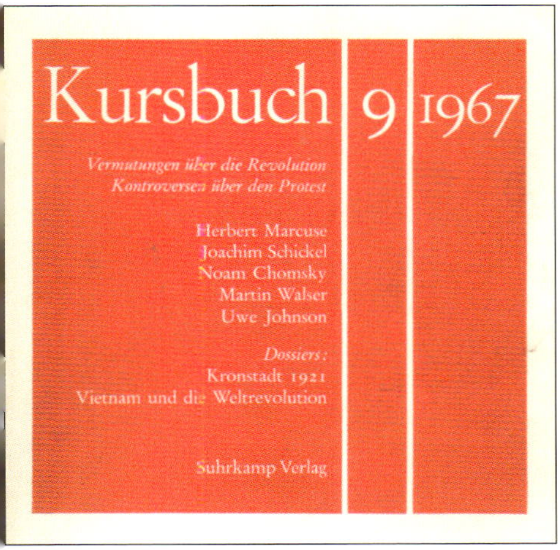
Kursbuch
9
1967
Vermutungen über die Revolution
Kontroversen über den Protest
Herbert Marcuse
Joachim Schickel
Noam Chomsky
Martin Walser
Uwe Johnson
Dossiers:
Kronstadt 1921
Vietnam und die Weltrevolution
Suhrkamp Verlag

Kursbuch
10
1967
Dossier:
Chlebnikov und andere
Velemir Chlebnikov
John Barth
Giorgio Manganelli
Ror Wolf
Hans Magnus Enzensberger
Günter Herburger
Jürgen Becker
Klaus Roehler
Uwe Johnson
Suhrkamp Verlag

Kursbuch
11
1968
Revolution in Lateinamerika
Peter Weiss: Che Guevara
Imperialismus und
kapitalistische Entwicklung
Der bewaffnete Aufstand
China · Cuba · Vietnam
Interview Douglas Bravo
Rede Fidel Castros
Dossier:
Lateinamerikanische Annalen
Suhrkamp Verlag

Kursbuch
12
1968
Der nicht erklärte Notstand
Dokumentation und Analyse eines
Berliner Sommers
An der Bürgerkriegsfront
Politik in der FU
Zur Vorgeschichte des 2. Juni
Rekonstruktion einer Räumung
Projektion und Provokation
Konforme Kriminalität
Volkes Stimme
Justiz
Suhrkamp Verlag

Kursbuch
13
1968
Die Studenten und die Macht
Spanien, Italien
Frankreich
Polen, Tschechoslowakei
Lateinamerika, USA
Bahman Nirumand
Oskar Negt
Hans Magnus Enzensberger
Suhrkamp Verlag

Kursbuch
14
1968
Kritik der Zukunft
Claus Koch
Paul Goodman
Dutschke · Rabehl · Semler
Bahman Nirumand · E. Siepmann
Alfred Boettcher
Dossiers:
Die Zukunft der Konterrevolution
Science-Fiction-Literatur
Konkrete Utopie
Suhrkamp Verlag

Kursbuch
15
1968
El Cimarrón: Aus dem Leben
eines cubanischen Sklaven
Dossier: China.
Kultur Revolution Literatur
Lu Hsün: Literatur und Revolution
Prosa: Barthelme, Beckett, Charms,
Cortázar, Buselmeier
Poesie: Bachmann, Parra, Salvatore,
Mao Tse-tung, Delius, Bastian
Essay: Boehlich, Gustafsson,
Karsunke, Michel, Enzensberger
Suhrkamp Verlag

Kursbuch
16
1969
Kulturrevolution
Peter Schneider
Walter Kreipe
Dialektik der Befreiung
Ronald D. Laing
Stokeley Carmichael
Jules Henry
John Gerassi
Paul M. Sweezy
Herbert Marcuse
Suhrkamp Verlag

Kursbuch
17
1969
Frau · Familie · Gesellschaft
Karin Schrader-Klebert
Hazel E. Hazel
Petra von Morstein
Luc Jochimsen
Edoarda Masi
Regine Dermitzel
Heide Berndt
Kommune 2
Suhrkamp Verlag

Kursbuch
18
1969
Cuba
Zur Vorgeschichte der Revolution
Stadt- und Landguerrilla
Konterrevolutionäre in Cuba
Manualismus-Streit
Ökonomische Kontroverse
Revolutionäre Offensive
Universitäts-Revolution
Struktur und Rolle der Partei
Kursbogen: Die Tupamaros
Suhrkamp Verlag

Kursbuch 19 1969
Kritik des Anarchismus
Gegen Narzißmus und Volkstümelei
Was ist vom Anarchismus noch zu lernen?
Gegen die revolutionäre Ungeduld
Der Bandit von Mailand
Kritischer Rückblick auf Provo
Anarchismus in China
Herrschaftsfreie Institutionen?
Kursbogen: Die Anarchisten auf dem Piccadilly: ratlos
Suhrkamp Verlag

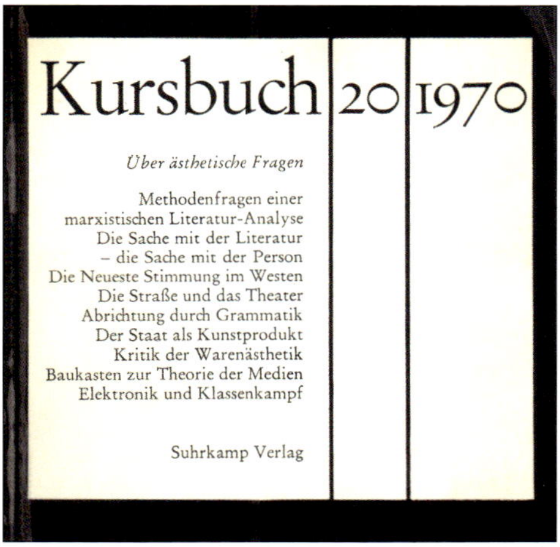
Kursbuch 20 1970
Über ästhetische Fragen
Methodenfragen einer marxistischen Literatur-Analyse
Die Sache mit der Literatur – die Sache mit der Person
Die Neueste Stimmung im Westen
Die Straße und das Theater
Abrichtung durch Grammatik
Der Staat als Kunstprodukt
Kritik der Warenästhetik
Baukasten zur Theorie der Medien
Elektronik und Klassenkampf
Suhrkamp Verlag

Kursbuch 21
Kapitalismus in der Bundesrepublik
Marx, Karsunke, Wallraff: Arbeiterfragebogen 1880/1970
Zur politischen Ökonomie Deutschlands (1932)
Die Wirtschaftspolitik der SPD
Die Frauen bei Bosch und bei AEG/Telefunken
Dreieck Bonn–Lisboa–Johannesburg:
Ein Beispiel neokolonialer Ausbeutung
Die Bundesrepublik im imperialistischen System
Kursbogen: Kapitalverflechtung in der Bundesrepublik
Kursbuch Verlag/Wagenbach
7 Mark

Kursbuch 22
Nordamerikanische Zustände
Dossier 1: Täglicher Faschismus. Eine Zeitungs-Collage
Fragen an Herbert Marcuse
Gespräch mit Eldridge Cleaver in Algier
Dossier 2: Sozialrevolutionäre Gruppen in den USA
Schwarzer Kapitalismus und Klassenkampf
USA wohin? Politökonomische Prognosen
USA und Dritte Welt: Ein ökonomisches Profil
Die Frauen in der New Yorker Telefongesellschaft
Kursbogen: Trashman (Kursbuch-Kommix)
Kursbuch Verlag/Wagenbach
7 Mark

Kursbuch 23
Übergänge zum Sozialismus
Ch. Bettelheim, Zur Analyse neuer Gesellschaftsformen
Dossier: Übergangsbestimmungen aus 130 Jahren
Der russische Weg zum Sozialismus
Das »Politische Testament« von E. S. Varga
Entfremdung, Herrschaft, Produzentendemokratie
Zur Kritik der Politischen Ökonomie der DDR
Jan Myrdal, Bericht aus einem chinesischen Dorf (1969)
Darcy Ribeiro, Lateinamerikanische Zwickmühle
Kurszettel: Lebenszeichen aus Ungarn
Kursbuch Verlag/Wagenbach
7 Mark

Kursbuch 24
Schule, Schulung, Unterricht
Ein Plädoyer für die Abschaffung der Schule
Kritik der kompensatorischen Erziehung
Bericht über eine Berliner Volksschule
Die Schulsysteme der DDR und der Bundesrepublik
Taylorisierung des Unterrichts:
Zur Kritik der Instruktionspsychologie
Ratschlag zweier Deutsch-Lehrer an ihre Schüler
Modellschule Solingen: Curriculum und Mediengebrauch
China 1970: Die Pädagogik revolutionieren
Kursbogen: Lo-po, die Rote Rübe
Kursbuch Verlag/Wagenbach
7 Mark

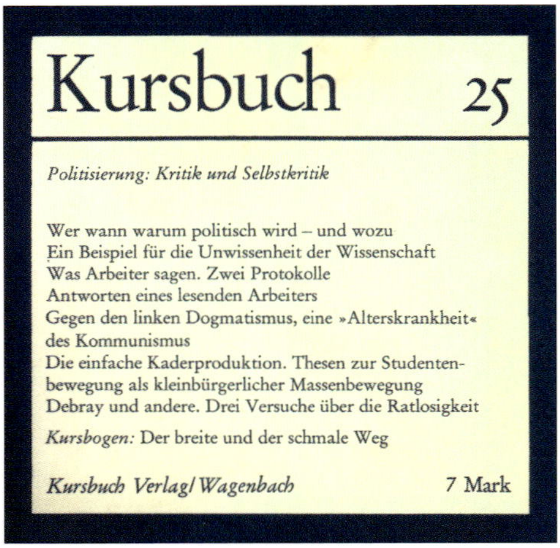
Kursbuch 25
Politisierung: Kritik und Selbstkritik
Wer wann warum politisch wird – und wozu
Ein Beispiel für die Unwissenheit der Wissenschaft
Was Arbeiter sagen. Zwei Protokolle
Antworten eines lesenden Arbeiters
Gegen den linken Dogmatismus, eine »Alterskrankheit« des Kommunismus
Die einfache Kaderproduktion. Thesen zur Studentenbewegung als kleinbürgerlicher Massenbewegung
Debray und andere. Drei Versuche über die Ratlosigkeit
Kursbogen: Der breite und der schmale Weg
Kursbuch Verlag/Wagenbach
7 Mark

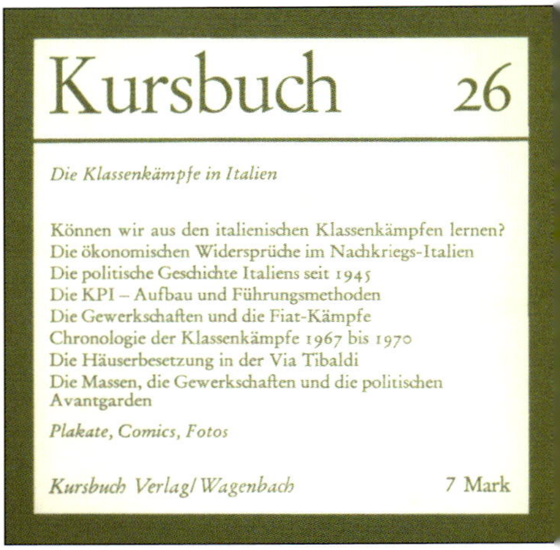
Kursbuch 26
Die Klassenkämpfe in Italien
Können wir aus den italienischen Klassenkämpfen lernen?
Die ökonomischen Widersprüche im Nachkriegs-Italien
Die politische Geschichte Italiens seit 1945
Die KPI – Aufbau und Führungsmethoden
Die Gewerkschaften und die Fiat-Kämpfe
Chronologie der Klassenkämpfe 1967 bis 1970
Die Häuserbesetzung in der Via Tibaldi
Die Massen, die Gewerkschaften und die politischen Avantgarden
Plakate, Comics, Fotos
Kursbuch Verlag/Wagenbach
7 Mark

Kursbuch 27
Planen Bauen Wohnen
»Schöner Wohnen«. Protokoll aus dem Märkischen Viertel
Wohnungspolitik. Leitfaden durchs kalkulierte Chaos
Grundbesitz, Grundrente und Hausbesitzerprofite
Bürgerinitiativen und Planungsbeteiligung
Wohnungskampf, Hausbesetzung, Wohnkollektiv
Industrialisierung des Bauens in der BRD
Die Entwicklung des Bauwesens in der DDR
Ausbeutung im italienischen Wohnungsbau
Kapitalistischer Wohnungsbau in der Schweiz
Kursbogen: Das Große Hoffmans-Comic-Gesellschafts-Spiel
Kursbuch Verlag/Wagenbach
7 Mark

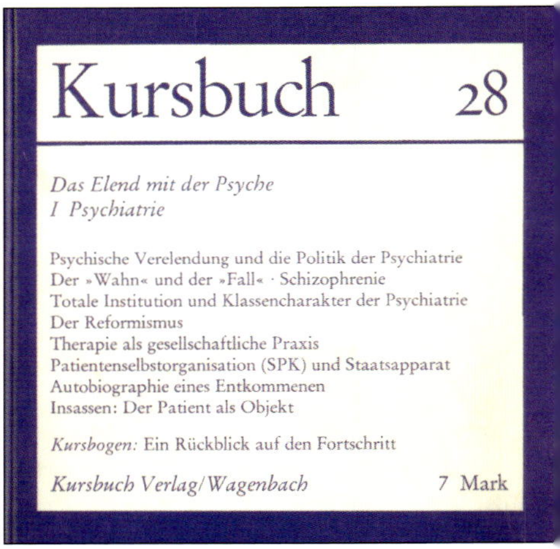
Kursbuch 28
Das Elend mit der Psyche
I Psychiatrie
Psychische Verelendung und die Politik der Psychiatrie
Der »Wahn« und der »Fall« · Schizophrenie
Totale Institution und Klassencharakter der Psychiatrie
Der Reformismus
Therapie als gesellschaftliche Praxis
Patientenselbstorganisation (SPK) und Staatsapparat
Autobiographie eines Entkommenen
Insassen: Der Patient als Objekt
Kursbogen: Ein Rückblick auf den Fortschritt
Kursbuch Verlag/Wagenbach
7 Mark

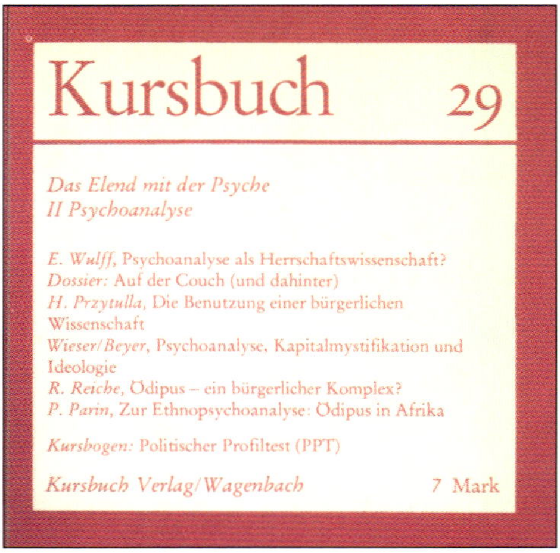
Kursbuch 29
Das Elend mit der Psyche
II Psychoanalyse
E. Wulff, Psychoanalyse als Herrschaftswissenschaft?
Dossier: Auf der Couch (und dahinter)
H. Przytulla, Die Benutzung einer bürgerlichen Wissenschaft
Wieser/Beyer, Psychoanalyse, Kapitalmystifikation und Ideologie
R. Reiche, Ödipus – ein bürgerlicher Komplex?
P. Parin, Zur Ethnopsychoanalyse: Ödipus in Afrika
Kursbogen: Politischer Profiltest (PPT)
Kursbuch Verlag/Wagenbach
7 Mark

Kursbuch 30
Der Sozialismus als Staatsmacht:
Ein Dilemma und fünf Berichte
Rossana Rossanda, Unsere Schwierigkeiten mit den sozialistischen Ländern
Fünf Reiseberichte:
DDR (Bernd Rabehl). ČSSR (Sibylle Plogstedt)
Volksrepublik Nordkorea (Horst Kurnitzky, K. D. Wolff)
Cuba (Günter Maschke)
Dossier: Revolutions-Tourismus
Kursbogen: Die Pyramide der Unterdrückung
Kursbuch Verlag/Wagenbach
7 Mark

Kursbuch 31

Staatsgewalt und Reformismus

Manfred Clemenz, Ist der spätkapitalistische Staat faschistisch?
Rote Hilfe West-Berlin, Staatsgewalt, Reformismus und die Politik der Linken
Nicos Poulantzas, Klassenkampf und Repression
Brigitte Heinrich, Staat und Ökonomie
Heinz Rudolf Sonntag, Der Staat des unterentwickelten Kapitalismus

Kursbogen: Zweiundvierzig Kurs-Marken

Kursbuch Verlag/Wagenbach 7 Mark

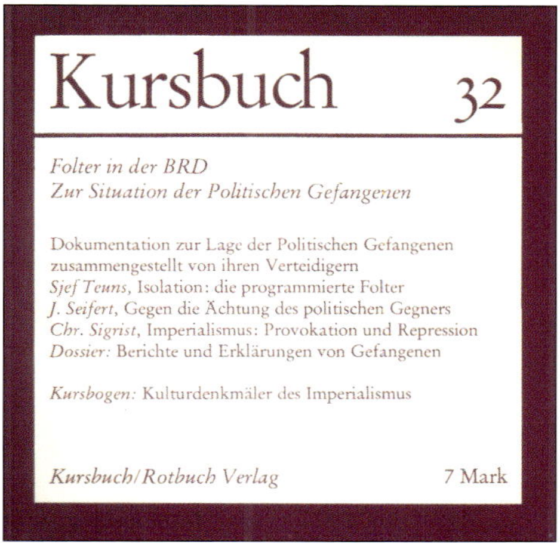
Kursbuch 32

Folter in der BRD
Zur Situation der Politischen Gefangenen

Dokumentation zur Lage der Politischen Gefangenen zusammengestellt von ihren Verteidigern
Sjef Teuns, Isolation: die programmierte Folter
J. Seifert, Gegen die Ächtung des politischen Gegners
Chr. Sigrist, Imperialismus: Provokation und Repression
Dossier: Berichte und Erklärungen von Gefangenen

Kursbogen: Kulturdenkmäler des Imperialismus

Kursbuch/Rotbuch Verlag 7 Mark

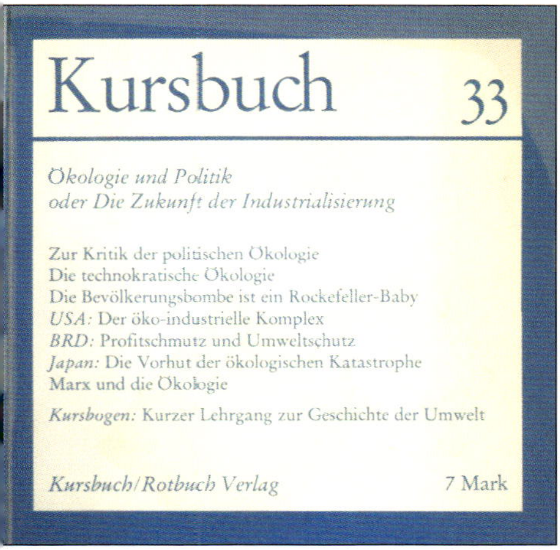
Kursbuch 33

Ökologie und Politik
oder Die Zukunft der Industrialisierung

Zur Kritik der politischen Ökologie
Die technokratische Ökologie
Die Bevölkerungsbombe ist ein Rockefeller-Baby
USA: Der öko-industrielle Komplex
BRD: Profitschmutz und Umweltschutz
Japan: Die Vorhut der ökologischen Katastrophe
Marx und die Ökologie

Kursbogen: Kurzer Lehrgang zur Geschichte der Umwelt

Kursbuch/Rotbuch Verlag 7 Mark

Kursbuch 34

Kinder

Sh. Firestone, Nieder mit der Kindheit!
Hoffmann's Comic Teater, Kinderkultur
D. Elschenbroich, Spielen und Spielzeug
B. Scheunemann, Kind und Buch
E. Scherf, Aus dem Stegreif
Soziodramatische Spiele mit Arbeiterkindern
M. du Bois-Reymond/B. Söll, Die Schule im Leben der Arbeiterkinder
H. Wieser, Arbeiterkinder und Solidarität

Kursbogen: Berliner Kindheit um 1973

Kursbuch/Rotbuch Verlag 7 Mark

Kursbuch 35

Verkehrsformen
1 Frauen Männer Linke
Über die Schwierigkeiten ihrer Emanzipation

Rudolf zur Lippe, Objektiver Faktor Subjektivität
Simone de Beauvoir · Jean-Paul Sartre, Unsere Beziehung
Anna, Laura, Louise, Mary, Wera, Die Sache der Frauen
Peter Schneider, Gibt es eine Emanzipation der Männer?
Til Schulz, Abenteuer des falschen Bewußtseins
Wolfgang Pohrt · Michael Schwarz, Wegwerfbeziehungen
Exkurse: Auf dem Weg zur Schwarzen Marktwirtschaft · Ein letzter Brief aus der Moneda · Wo ist Lin Piao geblieben?

Kursbogen: Linksverkehr

Kursbuch/Rotbuch Verlag 7 Mark

Kursbuch 36

Geld

Drei Ansichten vom Geld
Leitfaden zur politischen Ökonomie des Geldes
Die »Zerstörung« des Geldes
Permanente Inflation
Das inflatorische Zusammenwirken von Kapitalkonzentration, Weltmarkt und Staatsintervention
Zur Funktion und Macht der Banken
Die Linke und das Geld
Exkurse: Man trägt wieder alte Hüte / Neue amerikanische Mystik / Ein Traum von Mozambique
Kursbogen: Fahnenkorrektur

Kursbuch/Rotbuch Verlag 7 Mark

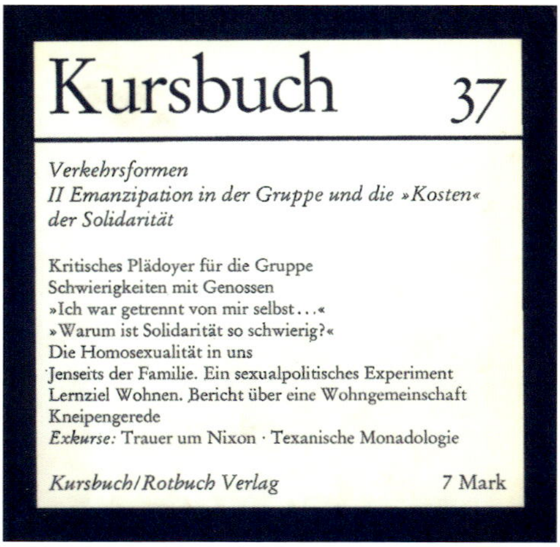
Kursbuch 37
Verkehrsformen
II Emanzipation in der Gruppe und die »Kosten« der Solidarität
Kritisches Plädoyer für die Gruppe
Schwierigkeiten mit Genossen
»Ich war getrennt von mir selbst ...«
»Warum ist Solidarität so schwierig?«
Die Homosexualität in uns
Jenseits der Familie. Ein sexualpolitisches Experiment
Lernziel Wohnen. Bericht über eine Wohngemeinschaft
Kneipengerede
Exkurse: Trauer um Nixon · Texanische Monadologie
Kursbuch/Rotbuch Verlag
7 Mark

Kursbuch 38
Lohnarbeit
Erfahrungen eines chilenischen Arbeiters in der BRD
Stück für Stück. Gespräche mit deutschen Arbeitern
Am Band. Aufzeichnungen eines Vertrauensmanns
Gewerkschaftliche Tarifpolitik in der Bundesrepublik
Italien: »Neuer Syndikalismus«
Ist die Arbeit im Sozialismus Lohnarbeit?
Stücklohn in Ungarn
Aus dem Tagebuch eines polnischen Bergmanns
Fragen an eine DDR-Brigade
China: Die Lohnfrage im Kampf zweier Linien
Kursbuch / Rotbuch Verlag
7 Mark

Kursbuch 39
Provinz
Ernst Bloch, Gespräch über Ungleichzeitigkeit
Peter O. Chotjewitz, Neuland – Leben in der Provinz
Burkhard Driest, Halbstark in Peine
Nils Th. Lindquist, Der Nachbar und das Allgemeine
Lehrlinge in der Provinz
D. Bellmann / W. Hein / W. Trapp / G. Zang, »Provinz« als politisches Problem
Walter Mossmann, »Die Bevölkerung ist hellwach!«
M. Buckmiller/J. Fenzl, »Auf'm Land is nix los ...«
Kursbogen: Freiheitlich demographische Grundordnung
Kursbuch/Rotbuch Verlag
8 Mark

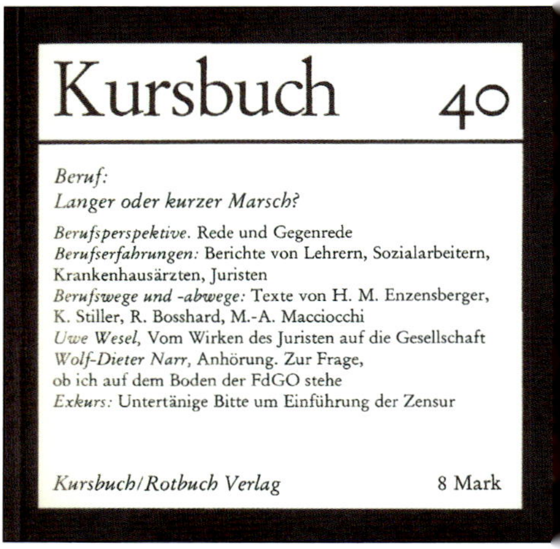
Kursbuch 40
Beruf:
Langer oder kurzer Marsch?
Berufsperspektive. Rede und Gegenrede
Berufserfahrungen: Berichte von Lehrern, Sozialarbeitern, Krankenhausärzten, Juristen
Berufswege und -abwege: Texte von H. M. Enzensberger, K. Stiller, R. Bosshard, M.-A. Macciocchi
Uwe Wesel, Vom Wirken des Juristen auf die Gesellschaft
Wolf-Dieter Narr, Anhörung. Zur Frage, ob ich auf dem Boden der FdGO stehe
Exkurs: Untertänige Bitte um Einführung der Zensur
Kursbuch/Rotbuch Verlag
8 Mark

Kursbuch 41
Alltag
Karl Markus Michel, Unser Alltag: Nachruf zu Lebzeiten
Alexander Kluge / Edgar Reitz, In Gefahr und größter Not bringt der Mittelweg den Tod
Klaus Laermann, Alltags-Zeit. Über die unauffälligste Form sozialen Zwangs
Rainer Paris, Befreiung vom Alltag?
Lienhard Wawrzyn, Feste: Zerstörung des Alltags?
Harald Wieser, Szenen aus dem Alltag des Genossen X
Karin Reschke, Anschaffen und Aufräumen
Paul Schuster, Würde man meine Schwiegermutter fragen
Nachrichten aus einer völlig anderen Welt
Kursbuch/Rotbuch Verlag
8 Mark

Kursbuch 42
Unsere Bourgeoisie
Alfons Scharf, Unsere B. / Bernt Engelmann, Eure Elite
Ellen von Friedeburg, Bürgerliche Attrappen
Dossier: Unsere Bourgeoisie – Beschreibung einer Lücke
Der Aufstieg · Die Krise · Die Macht ohne Herrlichkeit
Hans-Dieter Bahr, Das unheimliche Heim
Claudio Hofmann, Abgrenzungsübungen eines Aufsteigers
Dietmar Schmied, Die Anstrengung
Rudolf Hickel, Kapitalfraktionen
Ernst Gerhards, Bourgeoisie in Frankreich
Pierre Bourdieu, Die neuen Kleider der Bourgeoisie
Kursbogen: Historischer Roman
Kursbuch/Rotbuch Verlag
8 Mark

Kursbuch 43
Arbeitsorganisation –
Ende des Taylorismus?
Taylorismus – ein Mittelklassentraum?
Die Wirklichkeit der kapitalistischen
Arbeit (Frauenakkord, Großraumbüro)
Humanisierung oder Automatisierung?
(Daimler-Benz, Fiat, Volvo)
Was tun die Gewerkschaften?
Die Roboter im Anmarsch
Lenin und Taylor. Taylor in der DDR
Wie arbeiten die Chinesen?
Ein Blick ins Jahr 2043
Kursbuch/Rotbuch Verlag
8 Mark

Kursbuch 44
Unsere Unterwelt
Milieus: Frankfurt, St. Pauli, Fulda . . .
Professionen und Karrieren: Eierdiebe,
Loddel, Zocker, Dealer, Bosse
Auf dem Strich / über dem Strich
Die Logik der Kriminalisierung: Zur
Dialektik von Konformität und Kriminalität
Die Oberwelt als Unterwelt
Knast: Lumpen im Schließfach
Jenseits der Kriminalstatistik
Kursbuch/Rotbuch Verlag
8 Mark

Kursbuch 45
Wir Kleinbürger
Die schwankende Klasse, die verhinderte Klasse
Die Unaufhaltsamkeit des Kleinbürgertums
Selbstanfechtung zwe cks Selbsterhaltung
Die allgegenwärtige n Überbauarbeiter
Auf- und Abrichtun g zum Kleinbürger
Über seine hoffnu ngsvolle Kindheit
Über sein schwier iges Sexual-Leben
Wofür er schafft, wovon er träumt
Wann es ihn auf die Barrikaden treibt
Wie er sich durchsch lägt, wie er abhaut
Private Schleichwege – politische Perspektiven
Kursbuch/Rotbuch Verlag · 8 Mark

Kursbuch 46
Volksfront für Europa?
Wieser/Traub, Volksfront: Geschichte und Theorie
O. Kallscheuer, Modelle für die Zukunft Europas
E. Krippendorff, Italien: der Historische Kompromiß
Régis Debray, Frankreich ist nicht Chile
E. Maire, Dem »Gemeinsamen Programm« Beine machen
W. Herzog, Spanien: Faschisten, Demokraten, Linke
Gerhards/Rauch/Schirmbeck, Portugal heute
U. Schmiederer, Skandinavien: Volksfront an der Macht?
R. Havemann, Volksfront – vom Osten gesehen
U. Albrecht, Was sagt die NATO?
Kursbogen: Wacht auf Verdammte dieser Erde
Kursbuch/Rotbuch Verlag
8 Mark

Kursbuch 47
Frauen
Marina Moeller-Gambaroff Emanzipation macht Angst
Martina de Ridder Ich war Animierdame
Anna / Christine Frauen in Kneipen
Marlis Gerhardt Wohin geht Nora
Beate Klöckner Unter Männern
Karin Reschke Power Frauen!
Gisela Wysocki Frauen-Bilder
Ele Schöfthaler Vor 400 Jahren
Barbara Duden Vor 200 Jahren
Ulla / Birgit / Susan Oberschülerinnen
Monika S. / Carola W. Über Rockerbräute
Amanda / Helene / Mara / Pia Wohin geht die Reise . . .?
Kursbuch/Rotbuch Verlag · 8 Mark

Kursbuch 48
Zehn Jahre danach
J. M. Bouguereau, Die Krise des Mythos
Klaus Hartung, Fehler der antiautoritären Bewegung
Jürgen Seifert, Der vorverlegte Notstand
Otto Kallscheuer, Das »System des Marxismus« ist ein
Phantom. Für den theoretischen Pluralismus der Linken
Horst Mahler, Ausbruch aus einem Mißverständnis
J. A. Schülein, Der Rückzug ins Private
Berliner Studenten, Was lange gärt, wird endlich Wut
H. J. Benedict, Bürger, Linke und Gewalt
Th. Kuby / Chr. Marzahn, Lernen in Bürgerinitiativen
Oskar Negt, Identitätsprobleme der deutschen Linken
Kursbuch/Rotbuch Verlag
8 Mark

Kursbuch 49

Sinnlichkeiten

Gisela Schneider / Klaus Laermann, Augen-Blicke
Chr. Karpenstein   Sehen – Sprechen
F. Morgenthaler   Über Perversion
Meta Morgen   Lust am Bösen
Lisa Baier   Angst – Lust
M. Dienstag   Gier und Ekel
Cl. Hofmann   Lust am Haben
K. M. Michel   Schön sinnlich
M. Schneider   Neue Sensibilität
Gisela v. Wysocki   Deine Erfindungen
Richard Faber, Subversive Ästhetik

Kursbuch/Rotbuch Verlag   8 Mark

Kursbuch 50

Bürgerinitiativen / Bürgerprotest – eine neue Vierte Gewalt?

W. Moßmann, Der lange Marsch von Wyhl nach Anderswo
H. Gollwitzer, Abenteuer des bürgerlichen Bewußtseins
Henkel/Taubert, Was läuft?
H. Pfütze, Zur Topografie des Protests
M. Gronemeyer, Aufgewacht aus dem Tiefschlaf
L. Mez, Bürgerprotest und Theorie
Hohmann/Ladeur, Eine neue Vierte Gewalt?
R. Jungk, Aus den Katakomben des Atomstaats
Below/Stubenrauch/Luther, Bürgerinitiativen von rechts
H. J. Benedict, Gebrauchsliteratur zum Thema

Kursbuch/Rotbuch Verlag   8 Mark

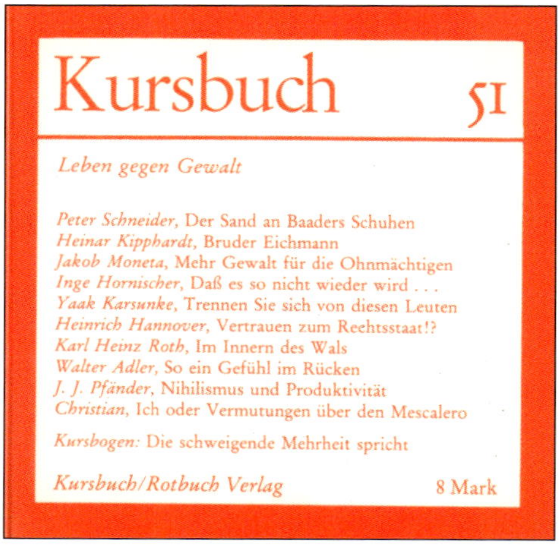

Kursbuch 51

Leben gegen Gewalt

Peter Schneider, Der Sand an Baaders Schuhen
Heinar Kipphardt, Bruder Eichmann
Jakob Moneta, Mehr Gewalt für die Ohnmächtigen
Inge Hornischer, Daß es so nicht wieder wird . . .
Yaak Karsunke, Trennen Sie sich von diesen Leuten
Heinrich Hannover, Vertrauen zum Rechtsstaat!?
Karl Heinz Roth, Im Innern des Wals
Walter Adler, So ein Gefühl im Rücken
J. J. Pfänder, Nihilismus und Produktivität
Christian, Ich oder Vermutungen über den Mescalero

Kursbogen: Die schweigende Mehrheit spricht

Kursbuch/Rotbuch Verlag   8 Mark

Kursbuch 52

Utopien I   *Zweifel an der Zukunft*

H. M. Enzensberger, Bemerkungen zum Weltuntergang
B. Kirchhoff, Body-Building – Versuch über den Mangel
Marina Moeller-Gambaroff, Utopie der Treue
Klaus Binder, Zur Praxis der Wünsche
Brigitte Wormbs, Schattenreise nach Marbach am Neckar
Kohoutek/Pirhofer, Blinde Fenster
Herdt/Holl, Ideen zur traurigen Utopie des Subjekts
Rainer Dorner, Tu was du willst
Cora Stephan, »Wir pfeifen auf den Fortschritt«
W. Gottschalch, Die Fesseln der Vergangenheit

Kursbogen: Hammer und Sichel

Kursbuch/Rotbuch Verlag   *8 Mark*

Kursbuch 53

Utopien II   *Lust an der Zukunft*

Robert Jungk, Statt auf den großen Tag zu warten . . .
Rolf Schwendter, Realutopie einer befreiten Technik
Paul Feyerabend   Ideen-Supermarkt
G. Sammet, Der   letzte Lehrer
N. Klugmann   Kopf + Bauch
Th. Kaever   Schweben
J. K., Lust in   der Zukunft
J. Huber, Das   Unternehmen
E. Gerhards, Eine   Reise zur CFDT
P. Löw-Beer, Recht auf Arbeit, die den Menschen nützt
Paul Parin, Über die Veränderbarkeit des Menschen

Kursbuch/Rotbuch Verlag   8 Mark

Kursbuch 54

Jugend

Rock me: Diskotheken. Buden. Läden
Arbeitslos oder: Mit der Zeit vergeht das
Der macht seinen Weg
Ich denk, ihr werdet mich noch sehn
Manta-Frau und glücklich, geht das?
Ich möchte ein anständiges Mädchen sein
Dark Ladies: Wenn ich 'ne Karre hab . . .
Ein junger Faschist. Der neue Führer?
Fan-Clubs / Dorfjugend / Drogenszene
Selten allein. Szenen einer WG
Die langandauernde Jugend der Linken

Kursbuch/Rotbuch Verlag   8 Mark

Kursbuch 55
Sekten
Michael Lukas Moeller, Zwei Personen – eine Sekte
Karl Markus Michel, Jeder für sich
Peter Brückner, Die Mehrheit als Sekte
Jörg Bopp, Der linke Psychodrom
Felix Semmelroth, Wozu diese dummen Fragen, Genossen
Michael S. Honig, Verheißungen
Gerd Wartenberg, Die demonstrative Lebensstil-Suche
Joseph Huber, Astral-Marx
J. Favret-Saada, Wie man Mitglied einer »Schule« wird
Karl Zeisinger, Im Club
Kursbuch/Rotbuch Verlag
8 Mark

Kursbuch 56
Unser Rechtsstaat
H. M. Enzensberger, Geheimnisse der deutschen Demokratie
Ulrich Preuß, Die Aufrüstung der Normalität
Sebastian Cobler, Grundrechtsterror
Harald Wieser, Heimliche Staatsanbetung
J. Riemann, Wie das Recht sich des Alltags bemächtigt
Inge Hornischer, Was die gesetzliche Ordnung verlangt
Uwe Wesel, hM
Wolfgang Däubler, Auf den Krücken des Arbeitsrechts?
Die Zubereitung des Täters ist Sache der Justiz
Gerhard Mauz, Der Sachverständige vor Gericht
Wilhelm Steinmüller, Der Aufstieg des Geheimbereichs
Kursbuch/Rotbuch Verlag
8 Mark

Kursbuch 57
Der Mythos des Internationalismus
Tilman Spengler, Wenn China nicht klappt
Erich Wulff, Besuch in Saigon, Januar 1979
Gilles Manceron, Die Chinesen in Vietnam
Stephen Heder, Bruderzwist unter Schwesterparteien
Noam Chomsky, Indochina und die imperiale Ideologie
Dossier: Kambodscha/Kampuchea
Tom Nairn, Das Elend des Internationalismus
Detlev Claussen, »Wenn wir uns wie ein Frosch aufblasen«
Dossier: Die ewigen Sieger
Peter Neitzke, Parteiliche Bestechlichkeit
D. Cohn-Bendit, J. Fischer, R. v. Plottnitz, R. Reiche,
D. Wetzel, Eine Diskussion über Internationalismus
Kursbuch/Rotbuch Verlag
8 Mark

Kursbuch 58
Karrieren
Jörg Bopp, Vatis Argumente
Mescalero, Memoiren eines Stadtindianers
H. Reinhardt / J. Rudolph, Stationen einer Suchtkarriere
Anne Springer, Was soll denn bloß mal aus dir werden
Inge Fiedler, Jahrgang 1949 – so alt wie die Republik
Marlies Gummert, Rede einer Professorenfrau
Marianne Schuller, Erfolg ohne Glück?
M. Erdheim / M. Nadig, Größenphantasien und sozialer Tod
Gisela Schneider, Über die Kosten eines Traumberufs
Klaus Roehler, Vermutungen über den Blust
Ellen v. Friedeburg, Deutsche Karrieren
H. Grubitzsch / E. Lucas / S. Quack, Tödliche Wünsche
Kursbuch/Rotbuch Verlag
8 Mark

Kursbuch 59
Bilderbuch
Mit Beiträgen von: Giovanni Rinaldi / Inge Rambow
Abisag Tüllmann / Hanns-Christoph Eisenhardt
Bernd Weyergraf / Berthold Hinz
Kasseler Seminargruppe »Fotoessay« / Lienhard Wawrzyn
Alessandro Carlini / Erdmute Carlini / Jonas Geist
Joachim Krause / Franziska Scherer / Manfred Schulz
Monika Funke / Klaus Dubois / Gerd Wulff
Nikolaus Jungwirth / Gerhard Kromschröder
Martin Warnke / Karl Markus Michel
Kursbuch/Rotbuch Verlag
8 Mark

Kursbuch 60
Moral
Nöstlinger / Braukmann / Pirelli-Belgrad: 3 Moralen
Jörg Bopp, Zur Moral der Jugendlichen
Rainer Döbert, Normen, Einsichten und Handeln
K. M. Michel, Kasuistik – die Tugend der Sünde
Sebastian Cobler, »So einen verteidigt man nicht!«
Mona Winter, Paradise now
Norbert Klugmann, Einfach leben
Heidi Knetsch, Die Kinder des Olymp
Karl Heinz Bohrer, Authentizität und Terror
Yaak Karsunke, Massen Druck Sache
F. Hase / K.-H. Ladeur, Preis der Ehre
Norbert Kückelmann, Die Justiz: Wächterin der Moral
Kursbuch/Rotbuch Verlag
8 Mark

Kursbuch 61

Sicher in die 80er Jahre

Eine Sicherheitsdebatte / Klassenlogik der Sicherheit / Hirnrisse – Vom Zauber und Gegenzauber der Wissenschaft / In Gefahr und großer Not / Der Markt der Sicherheiten / Die Sonnenstaatsverdrossenheit des Dr. Herold / Die SPD in uns / Deutschland – eine Angstkultur? / Im Strudel der Regression / Angst – Gewühl – Versicherung / Die demographische Implosion / Unter den Straßen von London / Das unterirdische China / Einladung zum Überleben / KLAF – Eine Versicherung gegen Atomkriegs-Schäden / Mit Sicherheit in den atomaren Holocaust? / Gefahren in Ziffern und Zahlen

Kursbuch/Rotbuch Verlag 8 Mark

Kursbuch 62

Vielvölkerstaat Bundesrepublik

Werner Schiffauer, Die Gewalt der Ehre / *Fritz Kramer*, Fremd und freundlich / *Hans-Günter Kleff*, Die Fremden in unserem Land / *Hans-Georg Behr*, Alltag mit Wölfen / *Mario Erdheim*, Fremdkörper / *Christoph Kleßmann*, Der Zug nach dem Westen / *Koreaner, Japaner, Italiener, Griechen, Exilkroaten* – in der Bundesrepublik / *Claus Leggewie*, Zur Ökonomie des Arbeitsemigranten / *Heinsohn/Steiger*, Die Kinder Europas / *Madeleine Gustafsson*, Ein Blick auf das »schwedische Modell« / *Fritz Franz*, Einwanderer ohne Einwanderungsland / *Haubl/Marck*, Die Bombe lieben lernen / *Peter Fischer*, Vom Essen der fremden Speisen

Kursbuch / Rotbuch Verlag 8 Mark

Kursbuch 63

Spielregeln

Fritz Kramer, Irre Hunde / *Tilman Spengler*, Des Lebens Lauf / *Akakij Akakijevicj*, bič / *Irene Böhme*, Abgegriffene Münzen / *Hans-Georg Behr*, Die ehrenwerte Gesellschaft / *Detlef Michel*, Laufbahnmaschen / *L. Herdt/G. Holl*, Ein akademischer Salon der Siebziger / *Edgar Peinelt*, Einrichtungsstile / *Elisabeth Plessen*, Spielkiste / *M. Auwärter/E. Kirsch*, Kein Kinderspiel / *Yvette Delsaut*, Die doppelte Hochzeit / *Beatrix Campbell*, Mit dem Feind schlafen? / *Claus-Heinrich Meyer*, Benimmdich / *Brigitte Wormbs*, Spielräume / *Mario Erdheim*, Nach aller Regel

Kursbuch/Rotbuch Verlag 8 Mark

Kursbuch 64

Das Wetter

Über Wetterzauber, Wetterkunde und Wetterwaffen
Besichtigung eines Hochs / Diese Kälte in Deutschland

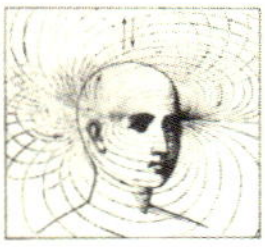

Alle Wetter / Lob des Regenschirms
Düsen und Dosen / Eis des Kolumbus
Wie es ist, bleibt es nicht / Sferics
Wiener Wetter / Wärmeinsel Stadt
CO_2, Wasser, Brot / Regen für Sahel
Richtiges Wetter – über Bauernregeln
Auch unser Klima hat eine Geschichte
Hab Sonne im Herzen – über ein theoretisches Defizit
Das Klima der nächsten 100 Jahre – eine Perspektive

Kursbuch/Rotbuch Verlag 8 Mark

Kursbuch 65

Der große Bruch – Revolte 81

Benny Härlin, Von Haus zu Haus – Berliner Bewegungsstudien / *Uwe Wesel*, Der friedliche und der unfriedliche Bruch des Friedens / *Gerrit Bussink, Tineke Jansen*, Bericht aus Kraakstadt / *Alfred Messerli, Marco Morgenthaler*, »Als Spitzel bist du autonomer« / *Paul Parin*, Brief aus Grönland / *Matthias Horx*, Alte Utopie und neue Wut / *Rainer B. Jogschies*, Zwei Täter / *Wolfgang Spindler*, Bist du dabei in Brokdorf? / *John Hannah*, Vielleicht liegt's nur an Langeweile / *Mona Winter*, Künstliche Anwesenheiten / *Carl Ludwig Reichert*, Aber der Sound war gut / *Jörg Bopp*, Trauer-Power / *Rainer Stephan*, Jugend überhaupt / *Tilman Spengler*, Der Bauch als Avantgarde

Kursbuch/Rotbuch Verlag 8 Mark

Kursbuch 66

Die erfaßte Gesellschaft

Rainald Goetz, Adressengeschäfte
Sebastian Cobler, DAZUSY, PSI und MOPPS
Simon/Simon-Ern/Taeger, Wer sich umdreht oder lacht . . .
Claus-Dieter Rath, Das unsichtbare Netz
Grant Johnson, Auf dem Weg zum elektronischen Wehrdorf
Karl Markus Michel, Über den Dataismus
Wolfgang Coy, Geheime Schriften – geheime Dienste
Albrecht Fölsing, Die Hohe Schule der Kryptologie
Volker Ronge, Datendurst und Datenschutz
Otto Ullrich, Wieviel Daten braucht die Utopie?
Dieter Marcello, Nur der Hygiene wegen
Wilhelm Steinmüller, Die Zweite industrielle Revolution

Kursbuch/Rotbuch Verlag 8 Mark

Kursbuch 67

Militär

Marie Luise Kaltenegger, Als Soldat und brav
Kurt R. Eissler, Die Seele des Rekruten
Eva Demski, Wie macht man das – Grundausbildung 82
Mario Erdheim, »Heiße« Gesellschaften – »kaltes« Militär
Markus Stadler, »Aber du sollst Männer töten«
Bernhard Streck, Gewehr und Speer
Maurice Pinguet, Seppuku – Die Ehre im Leib
Walter Haubrich, Die alten Hüter der ewigen Werte
Alfred Mechtersheimer, Man trägt wieder Krieg?
Hubert Seipel, Bist du dabeigewesen in Blankenese?
Wolfgang Roth, Unvollzählig angetreten
Matthias Loßmann, Psychologische Kriegführung

Kursbuch/Rotbuch Verlag 9 Mark

Kursbuch 68

Furcht und Zittern

Matthias Horx, Briefe aus dem Bunker
Karl Markus Michel, Die Eule in der Götterdämmerung
Stephan Welzk, Weiter geht's auf alle Fälle
Hans Magnus Enzensberger, Verteidigung der Normalität
Benny Härlin / Michael Sontheimer, Nehmt Abschied!
Rose Riecke / Günter Niklewski, Angst-Rezepte
Bodo Kirchhoff, Nach Abzug der Scham
Wolfgang Munsky, Die endgültige Verbesserung Europas
Alexander Kluge, »Die Gefühle fest im Griff des Verstandes«
Richard Hey, Mit dem Eis leben
Fritz Kramer / Pamela Winchester, Bombenkulte
Peter Schneider, Warnung vor diesem Frieden

Kursbuch/Rotbuch Verlag 9 Mark

Kursbuch 69

Unsere Wirtschaft

Schön ist der Westen / Unser Ein- und Auskommen
Die vier Jahreszeiten der westdeutschen Wirtschaft
Schattenökonomie in der Bundesrepublik
Duisburg ist überall – Stadt in der Krise
Sieben Pleiten / Krisen-Scenario
Konflikt oder Kooperation?
Gewerkschaften und Bundesbank
Rosenkranzkettlerin im Bayerischen Wald
Gänse des Kapitals oder die Leere der fünf Weisen
Munter in die Achtziger?

Kursbuch/Rotbuch Verlag 9 Mark

Kursbuch 70

Macht

Tilman Spengler, Die Macht zu verlieren. SPD in Bayern
Sebastian Cobler, »Die grüne Sache«. Karrieren fürs Volk
George Tabori, Staats-Theater
György Dalos, Herr und Knecht. Zwei Phantombilder
Michael Lukas Moeller, Sich selbst überleben
Karl Markus Michel, Die Macht der letzten Dinge
Christian Enzensberger, Die Erfindung des Königs
Uwe Wesel, Kein Staat zu machen
Steven Lukes, Panoptikon
Marlis Gerhardt, Die Angst vor der Macht
Hans Ulrich Reck, Lüstern in die Ohnmacht

Kursbuch/Rotbuch Verlag
Dezember 1982 9 Mark A 20281 F

Kursbuch 71

Berichte zur Lage der Nation

Eva Demski, Tagebuch einer Wende
Karl Markus Michel, Die neue Glaubwürdigkeit
Dieter Kampe, Über die Wirtschaftslage der Nation
Jürgen Forster, Griffe nach der hohen Kante
Yaak Karsunke, Alle Räder stehen still
Uwe Wesel / Wolf-Dieter Narr, Eliten für die Massen
Günter Gaus, Schöner ist der Friede nicht zu haben
Karl-Heinz Harenberg, Die Kontinuität der Rüstungspolitik
Helmut Kerscher, Kurzer Prozeß – das Recht in der Krise
Fritz Franz, Bilanz der deutschen Ausländerpolitik
Cora Stephan, Nun muß sich alles, alles wenden

Kursbuch / Rotbuch Verlag
März 1983 9 Mark A 20281 F

Kursbuch 72

Die neuen Kinder

Aufzeichnungen eines Neugeborenen
Kinderwunsch im sauren Regen
Schwangerschaft und Sinnlichkeit
Kindererziehen 1972 und 1982
Die Wissenschaft über dem Kind
Flucht vor der Erziehung
Fortpflanzung in Kreuzberg
Lieb und teuer – Nachwuchskostenanalyse
»Die Kinder sind meistens traurig«
Kinder-Schäden: Ursache und Therapie
Hans und Grete, Momo und Azalee

Kursbuch / Rotbuch Verlag
Juni 1983 9 Mark A 20281 F

Kursbuch 73

Konservativismus im Angebot

Tilman Spengler, Rundblick vom Scherbenhaufen
Timothy Garton Ash, Eiserne Lady und Superman
Lothar Baier, La force tranquille
Walter Boehlich, Diese unsere Regierungserklärung
Hans-Jürgen Puhle, Vom Programm zum Versatzstück
Die Trägheit der Seele, Vier Modelle
Heike Behrend, Die Zeit geht krumme Wege
Dieter Kampe, Fortschritt als Irrlicht
Wolfgang Krohn, Der Zwang zum Fortschritt
Ursula Krechel, Abmahnung an die neue Weiblichkeit
Karl Markus Michel, Abschied von der Moderne?

Kursbuch/Rotbuch Verlag
September 1983 — 9 Mark A 20281 F

Kursbuch 74

Zumutungen an die Grünen

Ludwig Trepl, Ökologie – eine grüne Leitwissenschaft?
Reinhard Kaiser, Weltende, *Stefan Welzk,* Fetisch Wald

Tilman Spengler, Grüne Weltbilder
Ulrich Linse, Landkommunen
W. Geipert, Grau im Grün
R. Schaeffer, Die Basis
Norbert Kostede, Rotationsprinzip
U. Enzensberger, Macht, nein danke
Otto Kallscheuer, Fortschritts-Angst
Ch. Roberts, Grüne Wirtschaft / *J. Grüter,* Grüne Energie
Peter Schneider, Keine Lust aufs grüne Paradies

Kursbuch/Rotbuch Verlag
Dezember 1983 — 9 Mark A 20281 F

Kursbuch 75

Computerkultur

Wolfgang Coy, Abenteuer der künstlichen Intelligenz
Oswald Wiener, Vom dialektischen zum binären Denken
Grant Johnson, Dialog mit dem Computer
C. A. R. Hoare, Der neue Turmbau zu Babel
Bernd Mahr, Die Herrschaft der Gebrauchsanweisung
Frieder Nake, Schnittstelle Mensch-Maschine
Johann A. Makowsky, 1984: Brave New Work
Gottfried Knapp, Vom Flipperkasten zum Computerspiel
Gundolf S. Freyermuth, Software Fantasy

Exkurse: Dollar · Kabel · Mao · Erstschlag · Erste Dame

Kursbuch / Rotbuch Verlag
März 1984 — 9 Mark A 20281 F

Kursbuch 76

Die Mütter

Das Leben der MUTTs / Mutterliebe
Schwangerschaftsphantasien
Mutterglückspillen
Der Tanz um den Bauch
Die Mamis und die Mappis
Macht der Mütter? / Töchter
Entschuldige, daß ich dich geboren habe
Der verlorene Sohn / Mutters Rocker
Mamaleben / Omage / Wehrmütter

Exkurse: CSU · Wiedervereinigung · Butterberg · § 129a

Kursbuch / Rotbuch Verlag
Juni 1984 — 9 Mark A 20281 F

Kursbuch 77

Politik machen

Werner A. Perger, Bonner Dramaturgie
Stefan Welzk, Die Krisengewinnler
Gunter Hofmann, Im Zentrum der Macht
Karl Markus Michel, Draußen im Lande
Cornelia Bolesch, Die Bildschirmherrschaft
Egon Bahr, Das Innere des Äußeren
Herbert Riehl-Heyse, Auf Staatsbesuch
Uwe Wesel, Nach Karlsruhe gehen
Eva Demski, Frankfurter Stadtreinigung
Klaus Laermann, Die gräßliche Bescherung
Exkurse: Orden · Hommage à Reagan u. a.

Kursbuch / Rotbuch Verlag
September 1984 — 9 Mark A 20281 F

Kursbuch 78

Lust an der Theorie

Tilman Spengler, Stirnwolkenbildung
S. W. Hawking, Versuche, das Universum zu verstehen
Valentin Braitenberg, Tentakeln des Geistes
Erwin Chargaff, Die verfolgte Wahrheit
Peter Weingart, Anything goes – rien ne va plus
Sylvia Kade, Der Krieg der Experten gegen die Laien
Barbara Weinmayer u. a., Vom Ich zum Selbst
Peter Weigelt, Konzentrationsstörungen
Jörg Bopp, Studentenbewegung und Theorie
Eckhard Nordhofen, Botschafter des Bauchs
Hans Günter Holl, Theorie des Spiels der Theorie

Kursbuch / Rotbuch Verlag
Dezember 1984 — 9 Mark A 20281 F

Kursbuch 79

Der gute Geschmack

Joseph v. Westphalen, Das Drama des gewissen Etwas
Gabriele Dietze, Tränen nach Feierabend
George Tabori, Geschichte eines Spektakels
Stephan Oettermann, Allesfresser, Schau-Schlucker
Karl Markus Michel, Der Butzen vom Apfel des Paris
Michael Sontheimer, Post-Punk und Neo-Rokoko
Lothar Baier, Phänomenologie unserer Gifte
Micky Remann, Exotische Zungenläufe
Cora Stephan, Dessouveränität
Keto v. Waberer, Schöne Sachen
Martin Warnke, Nachgeschmack

Kursbuch / Rotbuch Verlag
Februar 1985 9 Mark A 20281 F

Kursbuch 80

Begabung und Erziehung

Valentin Braitenberg, Gescheit sein
Oliver Sacks, Ein sublim-geniales Idiotenpaar
Wolfgang van den Daele, Eugenik im Angebot
Yvonne Schütze, Foetus und Fatum
D. Grumm/U. Sodemann, Vermessene Intelligenz
Manfred Auwärter, Erziehungsratschläge
Bernd Mahr, LEGO, LOGO und die Aufklärung
Horst Rumpf, Die Bibel der Verschulung
Kirsten Bergerhoff, Eat a professor at night
Peter Weigelt, Im Stall und auf der Weide
Johann A. Makowsky, Angst vor Elite

Kursbuch / Rotbuch Verlag
Mai 1985 9 Mark A 20281 F

Kursbuch 81

Die andere Hälfte Europas

György Dalos, Befreit die UdSSR von ihren Satelliten
István Eörsi, Abgesang auf den »Sowjetmensch«
Miklós Haraszti, Kopfnoten eines Menschenrechtlers
Václav Havel, Euer Frieden und unsrer
Kazimierz Brandys, Ironia polonica
Martin Pollack, Die letzte Bastion der Romantik
Richard Swartz, Organisierte Bequemlichkeit
Richard Wagner, Unter Brüdern: ein Haßregister
János Kis, Das Jalta-Dilemma in den 80er Jahren
Hans Mommsen, Ostpolitik als Deutschlandpolitik?
György Konrád, Mein Traum von Europa

Kursbuch / Rotbuch Verlag
September 1985 9 Mark A 20281 F

Kursbuch 82

Die Therapie-Gesellschaft

Barbara Wesel, Der Preis der Seele
Herbert Will, Systeme der Therapiegesellschaft
Ulrich Enzensberger, Sechshundert Wege zum Heil
Claudia Erdheim Der Gruppensog
Jörg Bopp Psycho-Kult
Micky Remann Heil-Parasiten
Rolf Winiarski Kraft des Guten
B. Weinmayer Klinik-Alltag

I. Beerlage / D. Grumm, Im Netz der Selbsthilfe
Peter Sichrovsky, Linke Ideen zu rechten Preisen
K. M. Michel, Abgesang auf die gesunde Persönlichkeit

Kursbuch / Rotbuch Verlag
November 1985 9 Mark A 20281 F

Kursbuch 83

Krieg und Frieden – Streit um SDI

Peter Weingart, Stöbern im Sternenstaub
Bernard T. Feld, Die ehrbaren Hirne
Bernd Mahr, Die Unberechenbarkeit einer Vision
David L. Parnas, Software Wars
J. J. Horning, Bericht von einer zukünftigen Front
Gerd Grözinger, MAX MAD: Alternative zu Star Wars
Grant Johnson, Der Einbruch des Phantastischen
Werner Fuß, Laser-Initiative
Horst Afheldt, Der Morgen nach SDI
K.-H. Harenberg, Schutz oder Rache: Minima Militaria
Stefan Welzk, Wie ich die Laser lieben lernte

Kursbuch / Rotbuch Verlag
März 1986 9 Mark A 20281 F

Kursbuch 84

Sprachlose Intelligenz?

Karl Markus Michel, Die Stunde der Sirenen
Lothar Baier, Zeichen und Wunder
Klaus Laermann, Lacancan und Derridada
Klaus Bartels, Der Kopf-Stand
Valentin Braitenberg, Lalula
Cora Stephan, Wie ich mich verkaufe
Manfred Seiler, O-Feuille-Ton
Cornelia Bolesch, Kabylon
Werner A. Perger, Die Bonner Rede
Benny Härlin, Europhonie

Kursbuch / Rotbuch Verlag
März 1986 9 Mark A 20281 F

Kursbuch 85

GAU – Die Havarie der Expertenkultur

Krohn / Weingart, Das größte anzunehmende Experiment
Joachim Radkau, Angstabwehr und Atomtechnik
Detlev Becker, Der GAU von innen
R. v. Woldeck, Warnung vor der Wahrscheinlichkeit
Horst Afheldt, Kernkraftwerke im Krieg
Otto Keck, Experten und Interessen
Harald Schumann, Gegen den Stromstaat
Klaus Zerres, Genetische Risiken durch Strahlung
Christiane Grefe, Alternative Selbstversorgung
Klaus Hartung, Cäsium 137

Kursbuch / Rotbuch Verlag
September 1986 9 Mark A 20281 F

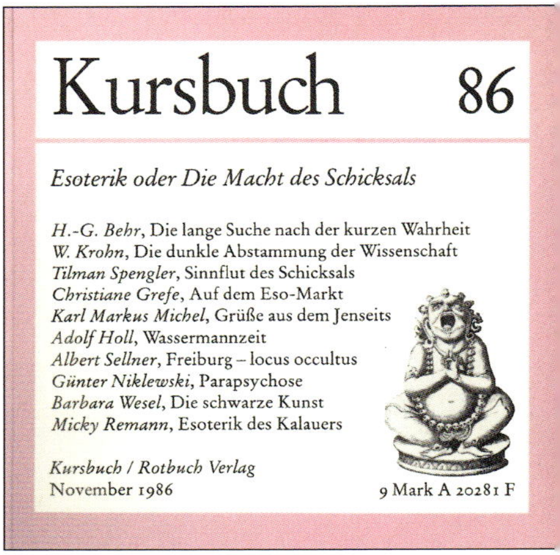

Kursbuch 86

Esoterik oder Die Macht des Schicksals

H.-G. Behr, Die lange Suche nach der kurzen Wahrheit
W. Krohn, Die dunkle Abstammung der Wissenschaft
Tilman Spengler, Sinnflut des Schicksals
Christiane Grefe, Auf dem Eso-Markt
Karl Markus Michel, Grüße aus dem Jenseits
Adolf Holl, Wassermannzeit
Albert Sellner, Freiburg – locus occultus
Günter Niklewski, Parapsychose
Barbara Wesel, Die schwarze Kunst
Micky Remann, Esoterik des Kalauers

Kursbuch / Rotbuch Verlag
November 1986 9 Mark A 20281 F

Kursbuch 87

Trennungen

Claus Leggewie, Praktische Anleitung zur Scheidung
Joseph von Westphalen, Die Kunst des Seitensprungs
Karin Reschke, Bis zum Happy End
Asmus Petersen, Uns trennen Welten
Keto von Waberer, Schnittmuster
Eva Demski, Trenn-Voyeurismus
Barbara Hamm, Meyer gegen Meyer
Andreas Kaplan, Bis daß der Tod …
Gabriele Dietze, Schnelles Rentier oder zäher Wolf
Fritz Kramer, Scheidung auf Afrikanisch

Kursbuch / Rotbuch Verlag
März 1987 10 Mark A 20281 F

Kursbuch 88

Gesundheit

Herbert Will, Fetisch Gesundheit
Evelyn Roll, Der schöne, neue Bio-Markt
Renate Jäckle, Die Esoterik in der Medizin
Jörg Bopp, Die Tyrannei des Körpers
Axel Hacke / Eckart Britsch, Muskuläre Aufrüstung
Gerd Göckenjan, Die Aids-Falle
Günter Niklewski, Alles krank und nichts gesund
Ulrich Schairer, Aus der Praxis eines Landarztes
Lao She, Die Klinik der drei Kostbarkeiten
Christiane Grefe, Instant-Heil: Rezepte vom Kiosk

Kursbuch / Rotbuch Verlag
Mai 1987 10 Mark A 20281 F

Kursbuch 89

Blüh im Glanze

Tilman Spengler, Wendejubiläum
Stefan Welzk, Made in Germany
Lothar Baier, Im Glanz der Schuld
Claus Leggewie, Die Lage(r) der Union
Michael Sontheimer, Haus Vaterland
Eckart Britsch, Wunschmaschine Deutsche Nation
Cora Stephan, Die Transzendenz des Winkels
Karl Markus Michel, Rückkehr zur Fassade
Peter Weingart, Schnelle und langsame Brüter
Joseph von Westphalen, Lob der Bescheidenheit

Kursbuch / Rotbuch Verlag
September 1987 10 Mark A 20281 F

Kursbuch 90

Die Medien

ARD, Sat 1, Nord 3, ZDF, West 3, DDR 1, Bayern 3, RTL-plus, Sky Channel, 1 Plus, Musicbox, Super Channel, 3 Sat, AFN, Radio 100,6, BR 1
FAZ, taz, Tagesspiegel, SZ, Bayernkurier, Bild, BZ, Welt, Handelsblatt, FR, Zeit, Sonntagsblatt, Neue Ruhrzeitung, Rheinischer Merkur, Welt am Sonntag, Der Spiegel, dpa, AP, Reuter, ddp
Vogue, Petra, Nicole, Frau im Spiegel, Brigitte, Bremer Blatt, Tip, Pflasterstrand, Plärrer, Die Brieftaube, Deutsche Schwarzbunte, Die Zuckerrübe

Kursbuch / Rotbuch Verlag
November 1987 10 Mark A 20281 F

Kursbuch 91

Wozu Geisteswissenschaften?

Stefan Collini, Neue Leier, neue Dreier
Herbert Schnädelbach, Kritik der Kompensationstheorie
Christian Meier, Klio als Klatschbase
Rudolf G. Wagner, Chinesisches Sinnstift
Rolf Grimminger, Die Welt im Kopf und außerhalb
Gert Mattenklott, Kanon und Neugier
Ekkehard Mai, Bilderdienst
Joachim Fritz-Vannahme, Sartrons Sinnsuche
Otto Kallscheuer, Italienische Seitenstiche
Manfred Seiler, Maß und Wert. Zur Forschungsmessung

Kursbuch / Rotbuch Verlag
März 1988 10 Mark A 20281 F

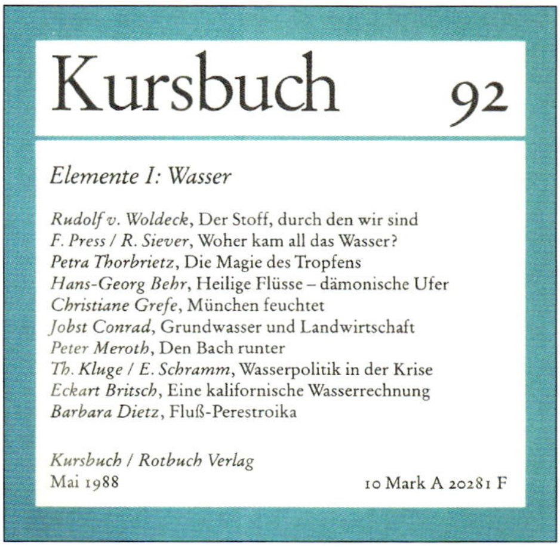

Kursbuch 92

Elemente I: Wasser

Rudolf v. Woldeck, Der Stoff, durch den wir sind
F. Press / R. Siever, Woher kam all das Wasser?
Petra Thorbrietz, Die Magie des Tropfens
Hans-Georg Behr, Heilige Flüsse – dämonische Ufer
Christiane Grefe, München feuchtet
Jobst Conrad, Grundwasser und Landwirtschaft
Peter Meroth, Den Bach runter
Th. Kluge / E. Schramm, Wasserpolitik in der Krise
Eckart Britsch, Eine kalifornische Wasserrechnung
Barbara Dietz, Fluß-Perestroika

Kursbuch / Rotbuch Verlag
Mai 1988 10 Mark A 20281 F

Kursbuch 93

Glauben

Herbert Will, Die Privatisierung Gottes
Adolf Holl, Das Heilige. Ein Nachruf
Eva Demski, Käthe oder die versetzten Berge
Otto Kallscheuer, Prophete rechts, Prophete links
Rainer Döbert, »Zivilreligion«
Ezzelino von Wedel, Gott im Ohr
Hans Sebald, New-Age-Spiritualität
Veena Kade-Luthra, Sikh ut Deus
Reinhard Schulze, Der lange Bart des Propheten
Tilman Spengler, Wenn China in die Knie sinkt

Kursbuch / Rotbuch Verlag
September 1988 10 Mark A 20281 F

Kursbuch 94

Die Seuche

Heinrich Heine, »Es war, als ob die Welt unterginge«
Richard J. Evans, Angst in den Zeiten der Cholera
Rolf Winau, Amors Giftpfeile
Gerd Göckenjan, Das Pest-Regiment
Bernhard Ruf, Der Viruskomplex
Rolf Rosenbrock, HIV-Positivismus
Reimer Hinrichs, Der HIV-Bonus
W. v. d. Daele, Auf der Keimbahn
Joshua Lederberg, Die Rache der Kleinsten
Gorsboth / Wagner, Die Unmöglichkeit der Therapie

Kursbuch / Rotbuch Verlag
November 1988 10 Mark A 20281 F

Kursbuch

Kursbuch/Rotbuch Verlag · März 1989 · Heft 95 · DM 10 · A 20281 F

Das Glück

Rolf Grimminger, Glücksansprüche
Uwe Wesel, The pursuit of happiness
Christa Hackenesch, Der Lohn der Tugend
Valentin Braitenberg, Der Wurm im Ich
Manfred Schneider, Listen der Vernunft
Cornelia Bolesch, Glück? Auskünfte 1989
Bernd Unger, Rosige Aussichten: Prognose
Hannelore Schlaffer, Gegenwart des Glücks
Annette Meyhöfer, Die von Lust reden
Paul Parin, Psychoanalytische Entlarvung
W. und H. Nutt, Fortuna zu Pferde
Bartholomäus Grill, Du hast keine Chance
Micky Remann, Glückspilze
Rudolf von Woldeck, Forscherglück
Exkurse: 1789. Eine Kalendergeschichte / RealFundamentalismus / Schwarzes Parfüm / Von der Notwendigkeit der Verschwendung

Kursbuch

Kursbuch/Rotbuch Verlag · Juni 1989 · Heft 96 · DM 10 · A 20281 F

Elemente II: Luft

Reinhard Breuer, Atemnot
Rudolf von Woldeck, Atmosphärenkunde
Peter Fabian, Blick in das Ozonloch
Petra Thorbrietz, Waldesluft
Hartmut Graßl, Sorgen um das Klima
Heinz Bingemer, Spurensuche
James E. Lovelock, Das Atmen der Erde
Jost Auf der Maur, Basler Mitgift
Kluge/Schramm, Geschichte der TA Luft
Joachim Kahlert, Herr über Wolken
Hans Pleschinski, Unter der Gasmaske
Johann Wolfgang Goethe, Wolkenbilder
Friedrich Wilhelm Korff, Über Luft
Karl Markus Michel, Luftgeister
Exkurse: Ein Nachruf für die Schublade / Orkustour / ABC-Markt / Weltraumdreck

Kursbuch

Kursbuch/Rotbuch Verlag · September 1989 · Heft 97 · DM 10 · A 20281 F

Uni-Not

Wolfgang Nitsch, Drei Perspektiven
Eckart Britsch, Berlin – Texas
Uwe Wesel, Juristenausbildung
Carolin Krings, Medizin studieren
Bernd Mahr, Wunderkind Informatik
Marianne Schuller, Krise der Germanistik
Jens Rehländer, Abschied von Tübingen
Claus Leggewie, Wozu Politologie?
Jürgen Zimmer, Eine andere Ausbildung
Reinhard Breuer, Habilitation als Ritual
Ulrich K. Preuß, Demokratie in der Uni
Friedrich Edding, Bildungsplanung
Keith Bullivant, Alma mater britannica

Kursbuch

Kursbuch/Rotbuch Verlag · November 1989 · Heft 98 · DM 10 · A 20281 F

Das Chaos

Rudolf von Woldeck, Tohuwabohu
Beate Ziegs, Chaos-Magie
Becker / Dörfler, Das Apfelmännchen
Wolfgang Coy, Kunst aus dem Computer
Rudolf A. Treumann, Haydn und das Chaos
Krohn / Küppers, Rekursives Durcheinander
Bernd Mahr, Einwände eines Informatikers
Christa Hackenesch, Chaos als Rausch
Eckart Britsch, Chaos als Führungsstil
Rainer Paslack, Chaos als Modebegriff
Peter Kammerer, Compromesso caotico
Herbert Jaeger, Komplexe Systeme
Exkurse: Von Mao zu Mozart – und zurück / Spätlese / Die Zukunft der Vergangenheit

Kursbuch

Kursbuch/Rotbuch Verlag · März 1990 · Heft 99 · DM 13 · A 20281 F

Kunst – Betrieb

Hortense v. Heppe, Kein Künstler sein!
Annette Meyhöfer, Besuch einer Akademie
Evelyn Roll, Der Weg nach oben
Reinhard Stangl, Der Apfel als Weltbild
Eckart Britsch, Snap, Crackle, Pop
Daghild Bartels, Die Kunst im Griff
Marina Dinkler, Schluß-Strich
Max A. Höfer, Tanz ums Goldene Kalb
Walter Grasskamp, Der unsichtbare Markt
Frey / Serna, Der Preis der Kunst
Jan Tabor, Klagen eines Kunstkritikers
Karl Markus Michel, Heiliger Lukas!
Gottfried Knapp, Kunst am Bau
Rudolf v. Woldeck, Bit-Art
Exkurse: Revolution aus dem Kanal / Das Sein verstimmt das Bewußtsein / Museumsreif / Vom Sozialismus zum Laborismus

Kursbuch

Kursbuch/Rotbuch Verlag · Juni 1990 · Heft 100 · DM 13 · A 20281 F

Die Welt von morgen

Hans Magnus Enzensberger, Gangarten
Richard Swartz, Die Deutschstunde
Claus Leggewie, Reich oder Bund werden?
Martin Pollack, Osteuropäisches Lamento
Uwe Wesel, Innerlich erröten
Stefan Welzk, Revue der Schimären
Irene Dische, »Mamma« Großstadt
Otto Kallscheuer, Pfingsten 2035
Lothar Baier, Bericht von der Erde
Cora Stephan, Iras Modell
György Dalos, Nörgeleien über Europa
A. v. Bleischroeder, Amerikas Devolution
Karl Schlögel, Amerika und Rußland
Sonja Margolina, Rußland ist einsam
Dan Diner, Der Palästinakonflikt

Kursbuch

Rowohlt · Berlin · September 1990 · Heft 101 · DM 13 · A 20281 F

Abriß der DDR

Stefan Welzk, Blaues Wirtschaftswunder
Elsbeth Zylla, Haßregister
Friedrich Dieckmann, Kunstwerk DDR
Reimer Hinrichs, Patient DDR
Wolfgang Möller, Eine Heilungsgeschichte
Sabine Sauer, Was bleibt. Fotoerzählung
Rudolf A. Treumann, Langweiliges Land
Christian Bommarius, Rechtsstaat DDR
Manfred Bierwisch, Wissenschaftsalltag
Wolfgang Höbel, Theatersplitter
Peter Schneider, Die Ahnenforscherin
Lutz Rathenow, Auf höchstem Niveau
Hanna Rheinz, Flucht vor dem Anderssein
Bernard-Henri Lévy, Rückblicke

extra:
Tilman Spengler, Lenins Hirn I

Kursbuch

Rowohlt · Berlin · Dezember 1990 · Heft 102 · DM 13 · A 20281 F

Mehr Europa

Timothy Garton Ash, Jalta und zurück
Krisztina Koenen, Fauler Frieden
György Konrád, Die Wiedergeburt Europas
Richard Wagner, Mythendämmerung
Martin Pollack, Der Sog des Vergangenen
György Dalos, Nach dem Weltuntergang
István Eörsi, Ungarische Verdrängungen
Lenke Szilágyi, Transsylvanische Bilder
Marcin Król, Die polnische Identität
Jan Tabor, Eine tschechische Komödie
Hans-Georg Behr, Wiener Wirrungen
Ivo Banac, Die Nationalitätenfalle
Rüdiger Wischenbart, Wunder von Laibach
Renée Zucker, Marktplatz Berlin

extra:
Tilman Spengler, Lenins Hirn II

Kursbuch

Rowohlt · Berlin · März 1991 · Heft 103 · DM 13 · A2028 1 F

Rußland verstehen

Sonja Margolina, Der Teufelskreis
Hubertus F. Jahn, Mein Leningrad
Viktor Toporow, Nach der Niederlage
Beate Rausch, Moskauer Winter
Lew D. Gudkow, Dämmerung der Freiheit
Rimma Dalos, Meine russische Seele
Maurice Weiss, Kinder der Perestroika
Barbara Dietz, Rußland ist groß
György Dalos, Die neuen Parteien
Waldemar Weber, Gen Osten – gen Westen?
Viktor Jerofejew, »Rußland lieb ich …«
Annette Winkelmann, Kein gelobtes Land
Alexei Lewinson, Kasernenterror
Elfie Siegl, Perestroika-Rätsel
Jutta Scherrer, Schwierige Demokratie

extra: Tilman Spengler, Lenins Hirn III

Kursbuch

Rowohlt · Berlin · Juni 1991 · Heft 104 · DM 13 · A2028 1 F

Weiter denken

Thomas Schmid, Last Exit Popper?
Henning Ritter, Rückzug aus der Politik
Karl Markus Michel, Die Menschheitsfalle
Otto Kallscheuer, Entzauberungen
Richard Wagner, Linke ohne Sozialismus
Claus Leggewie, Wie Solidarität klappt
Sabine Sauer, Ad acta
Gerd Grözinger, Volkswille, verbessert
Jürgen Busche, Des Deutschen Vaterland
Cora Stephan, Im Drüben fischen
István Eörsi, Going West?
György Dalos, Straßenschilderkampf

extra:
Dan Diner, Den Westen verstehen
Peter Weingart, New World Order
Alexandre Adler, Sturm über dem Islam

Kursbuch

Rowohlt · Berlin · September 1991 · Heft 105 · DM 13 · A2028 1 F

Krieg und Frieden

Ernst Tugendhat, Das Friedensproblem
Horst Afheldt, Die neue Nachkriegszeit
Christoph Bertram, Pax Americana Akt II
Christiane Grefe, Ökologische Kosten
Asmus Petersen, Fire and forget
Ulrike Heider, »Eine Nation vor Gott«
Hans-Georg Behr, An der Friedensfront
J. Fritz-Vannahme, Mitterrands Machttraum
Dmitri A. Wolkogonow, Die Rote Armee
Hans-Henning Schröder, Verlierer UdSSR
Elmar Schmähling, Die Zukunft der NATO
Grill / Matthies, Chaosmacht Afrika?
Michael Sontheimer, Händel in Ostasien

extra:
Wolfgang Eichwede, Rußland unterwegs

Kursbuch

Rowohlt · Berlin · Dezember 1991 · Heft 106 · DM 13 · A2028 1 F

Alles Design

Daghild Bartels, Design-Mythos
Beat Wyss, Kathedrale des Kapitalismus
Reinhard Bentmann, Geschichtsdesign
Regina Carstensen, Fassadenkorrektur
Sabine Sauer, Kunst am Bau
Walter Grasskamp, Zwischen allen Stühlen
Alois Martin Müller, Die gute Form
Hans Ulrich Reck, Arm aber ehrlich
Layla Dawson, Black & Decker-Design
Wolfgang Ruppert, Rückblick auf Ulm
Claus Leggewie, Polit-Design
Karl Markus Michel, Schöner Schein

extra:
Jens Reich, Was haben wir getan?

Kursbuch

Rowohlt · Berlin · März 1992 · Heft 107 · DM 13 · A2028 1 F

Die Unterwanderung Europas

Tilman Spengler, Alle glückliche Familie
Christian Bommarius, Neue Bürgerrechte
Mario Erdheim, Fremdeln
Werner Schiffauer, Fremde in der Stadt
Otto Kallscheuer Grenzen der Toleranz
Rainer Joedecke, In Hoyerswerda
Alexander Smoltczyk, Rasta-Marseillaise
Emilio Galli Zugaro, Das Lehrstück Bari
Richard Wagner, Nationale Wanderstiefel
Barbara Kerneck, Pension Olympia
Barbara Dietz, Der Drang aus dem Osten

extra:
Nadežda Čačinovič-Puhovski, Jugoslawien
Harald Schumann, Die Krise der EG

Kursbuch

Rowohlt · Berlin · Juni 1992 · Heft 108 · DM 13 · A2028 1 F

Heroisierungen

Barbara Kerneck, Der letzte Heros
Elsbeth Zylla, Die Helden der Arbeit
György Dalos, Man muß nicht Held sein
Stig Stasig, Moskauer Einsichten
Manfred Seiler, Tapferer innerer Held
Herbert Will, Größenwahn
Karl Markus Michel, Heldendämmerung
Ekkehard Mai, Ikonographie des Helden
Jürgen Busche, Charisma und Politik
Matthias Matussek, Lüpertz, Tizian & Co
Chr. Büttner / M. Wirtz, Heldenwahl
Ulrike Brunotte, Herakles-Chaos-Arbeit
Ulrich Holbein, Denkmalspflege

extra:
Péter Nádas, Armer Sascha Anderson

Kursbuch

Rowohlt · Berlin · September 1992 · Heft 109 · DM 13 · A 20281 F

Deutschland, Deutschland

Jürg Laederach, Die Umschuldung
Imre Kertész, Galeerentagebuch 1980
Jane Kramer, Brief aus Deutschland
Sonja Margolina, Die Taucherkrankheit
Sabine Sauer, Des Glückes Unterpfand
Horst Domdey, Feindbild: BRD
Hans Joachim Schädlich, B. und ich
Monika Maron, Zonophobie
Yaak Karsunke, Sarkastische Sonette
Eva Demski, Der Hund ist klüger als du
Ulrich Eisel, Der Fall Stolpe
Bernd Wagner, Anti-Klage
Thomas Schmid, Deutsch-deutscher Geist
Karol Sauerland, Europäischer Kontext

extra:
Hans Ulrich Reck, J'accuse – J'affirme

Kursbuch

Rowohlt · Berlin · Dezember 1992 · Heft 110 · DM 13 · A 20281 F

Die sieben Todsünden

Irene Dische, Die Freßhexe
Axel Hacke, Die Abfuhr
Herta Müller, Eine Fliege kommt …
Rolf Schneider, Hoffart I–IX
Tilman Spengler, Vor dem Fall
István Eörsi, Monolog aus dem Bett
Ljudmila Petruschewskaja, Gott Eros
Paul Parin, Wenn jetzt kein Has' kommt
Reinhard Kaiser, Die Schreie
Ingomar von Kieseritzky, Reduction
Zsuzsa Szemes, Ich werde ein Engel
Karin Reschke, Mea culpa
Keto von Waberer, Im Auge des Feindes
Viktor Jerofejew, Schenkas Thesaurus

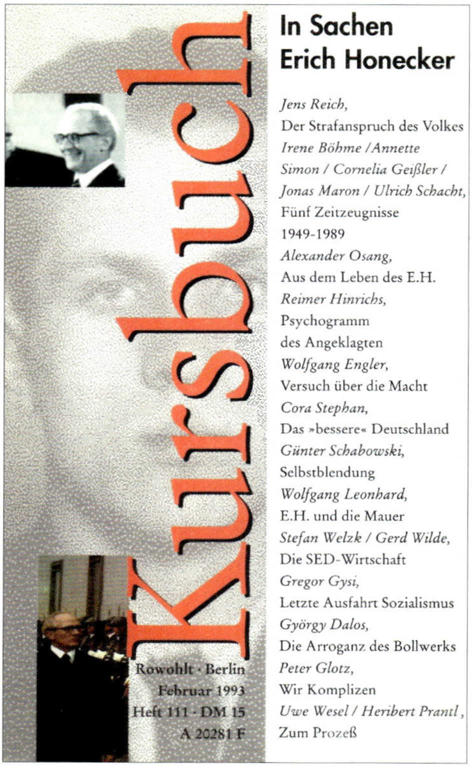
Kursbuch

Rowohlt · Berlin
Februar 1993
Heft 111 · DM 15
A 20281 F

In Sachen Erich Honecker

Jens Reich,
Der Strafanspruch des Volkes
Irene Böhme / Annette Simon / Cornelia Geißler / Jonas Maron / Ulrich Schacht,
Fünf Zeitzeugnisse 1949-1989
Alexander Osang,
Aus dem Leben des E.H.
Reimer Hinrichs,
Psychogramm des Angeklagten
Wolfgang Engler,
Versuch über die Macht
Cora Stephan,
Das »bessere« Deutschland
Günter Schabowski,
Selbstblendung
Wolfgang Leonhard,
E.H. und die Mauer
Stefan Welzk / Gerd Wilde,
Die SED-Wirtschaft
Gregor Gysi,
Letzte Ausfahrt Sozialismus
György Dalos,
Die Arroganz des Bollwerks
Peter Glotz,
Wir Komplizen
Uwe Wesel / Heribert Prantl,
Zum Prozeß

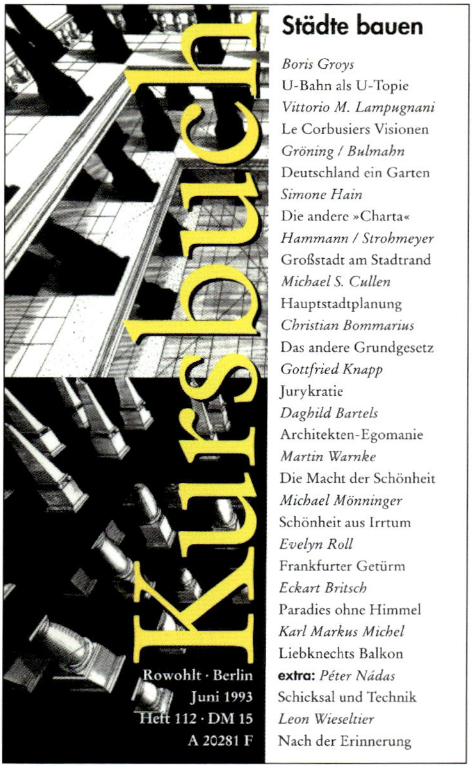
Kursbuch

Rowohlt · Berlin
Juni 1993
Heft 112 · DM 15
A 20281 F

Städte bauen

Boris Groys
U-Bahn als U-Topie
Vittorio M. Lampugnani
Le Corbusiers Visionen
Gröning / Bulmahn
Deutschland ein Garten
Simone Hain
Die andere »Charta«
Hammann / Strohmeyer
Großstadt am Stadtrand
Michael S. Cullen
Hauptstadtplanung
Christian Bommarius
Das andere Grundgesetz
Gottfried Knapp
Jurykratie
Daghild Bartels
Architekten-Egomanie
Martin Warnke
Die Macht der Schönheit
Michael Mönninger
Schönheit aus Irrtum
Evelyn Roll
Frankfurter Getürm
Eckart Britsch
Paradies ohne Himmel
Karl Markus Michel
Liebknechts Balkon
extra: *Péter Nádas*
Schicksal und Technik
Leon Wieseltier
Nach der Erinnerung

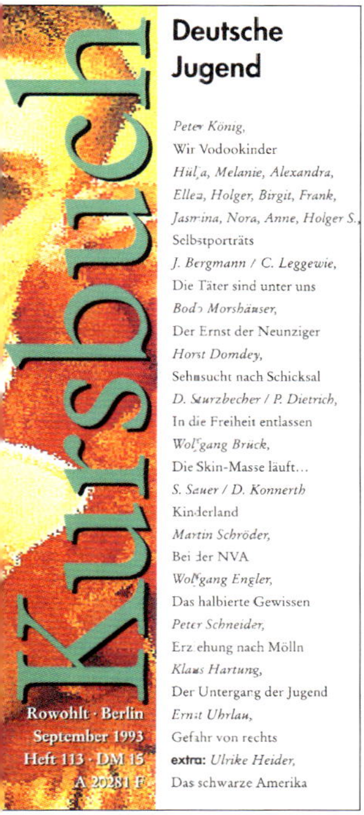

Kursbuch

Deutsche Jugend

Peter König,
Wir Vodookinder
Hülya, Melanie, Alexandra, Ellen, Holger, Birgit, Frank, Jasmina, Nora, Anne, Holger S.,
Selbstporträts
J. Bergmann / C. Leggewie,
Die Täter sind unter uns
Bodo Morshäuser,
Der Ernst der Neunziger
Horst Domdey,
Sehnsucht nach Schicksal
D. Seurzbecher / P. Dietrich,
In die Freiheit entlassen
Wolfgang Brück,
Die Skin-Masse läuft…
S. Sauer / D. Konnerth
Kinderland
Martin Schröder,
Bei der NVA
Wolfgang Engler,
Das halbierte Gewissen
Peter Schneider,
Erziehung nach Mölln
Klaus Hartung,
Der Untergang der Jugend
Ernst Uhrlau,
Gefahr von rechts
extra: *Ulrike Heider,*
Das schwarze Amerika

Rowohlt · Berlin
September 1993
Heft 113 · DM 15
A 20281 F

Kursbuch

Todesbilder

Christoph Ransmayr,
Töten
Christo Zaprjanov,
Der Leichnam
Claudia Schmölders,
Das Gesicht der Toten
György Dalos,
Trauriger Sonntag
Christian Bommarius,
Die Stunde des Ablebens
Jonas Maron,
Süß und ehrenvoll ist es…
Christiane Grefe,
Sonst kämen die Geier
Gerald Sammet,
Das nasse Grab
Cornelia Geißler,
Unter der Erde der DDR
Barbara Kerneck,
Tod in Moskau
Tilman Spengler,
Mutter Liaos Sarg
B. Rawdin/A. Chanjutin,
Lenins letzte Tage
Rolf Grimminger,
Die ewige Geschichte
extra: *Otto Kallscheuer,*
Wenn Engel schlafen

Rowohlt · Berlin
Dezember 1993
Heft 114 · DM 15
A 20281 F

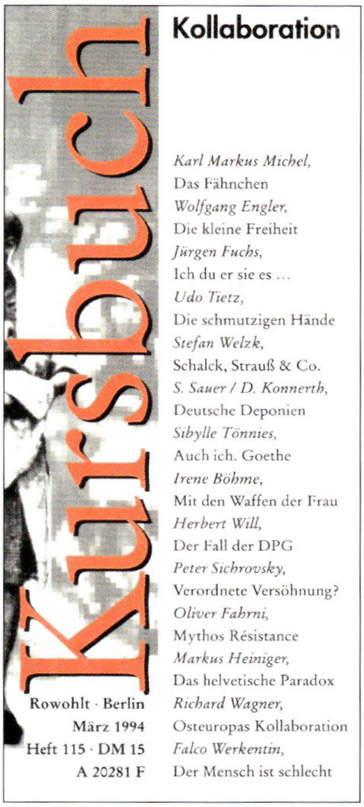

Kursbuch

Kollaboration

Karl Markus Michel,
Das Fähnchen
Wolfgang Engler,
Die kleine Freiheit
Jürgen Fuchs,
Ich du er sie es …
Udo Tietz,
Die schmutzigen Hände
Stefan Welzk,
Schalck, Strauß & Co.
S. Sauer / D. Konnerth,
Deutsche Deponien
Sibylle Tönnies,
Auch ich. Goethe
Irene Böhme,
Mit den Waffen der Frau
Herbert Will,
Der Fall der DPG
Peter Sichrovsky,
Verordnete Versöhnung?
Oliver Fahrni,
Mythos Résistance
Markus Heiniger,
Das helvetische Paradox
Richard Wagner,
Osteuropas Kollaboration
Falco Werkentin,
Der Mensch ist schlecht

Rowohlt · Berlin
März 1994
Heft 115 · DM 15
A 20281 F

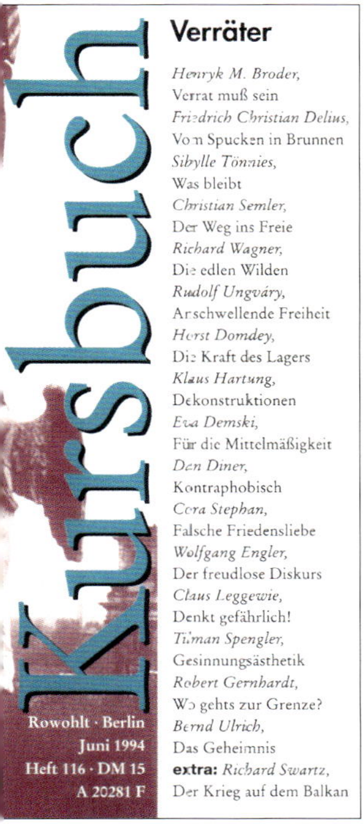

Kursbuch

Verräter

Henryk M. Broder,
Verrat muß sein
Friedrich Christian Delius,
Vom Spucken in Brunnen
Sibylle Tönnies,
Was bleibt
Christian Semler,
Der Weg ins Freie
Richard Wagner,
Die edlen Wilden
Rudolf Ungváry,
Anschwellende Freiheit
Horst Domdey,
Die Kraft des Lagers
Klaus Hartung,
Dekonstruktionen
Eva Demski,
Für die Mittelmäßigkeit
Dan Diner,
Kontraphobisch
Cora Stephan,
Falsche Friedensliebe
Wolfgang Engler,
Der freudlose Diskurs
Claus Leggewie,
Denkt gefährlich!
Tilman Spengler,
Gesinnungsästhetik
Robert Gernhardt,
Wo gehts zur Grenze?
Bernd Ulrich,
Das Geheimnis
extra: *Richard Swartz,*
Der Krieg auf dem Balkan

Rowohlt · Berlin
Juni 1994
Heft 116 · DM 15
A 20281 F

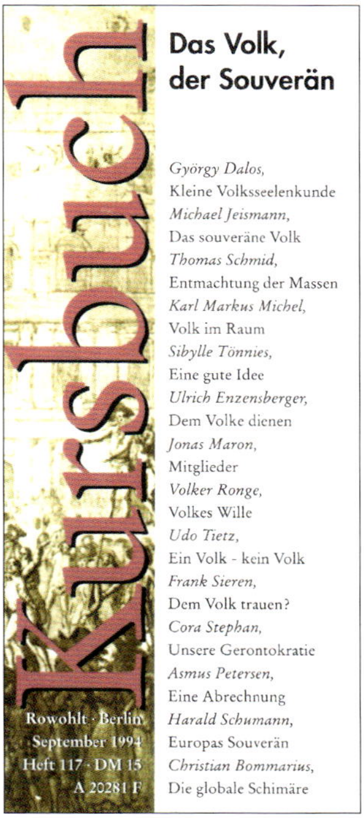

Kursbuch

Das Volk, der Souverän

György Dalos,
Kleine Volksseelenkunde
Michael Jeismann,
Das souveräne Volk
Thomas Schmid,
Entmachtung der Massen
Karl Markus Michel,
Volk im Raum
Sibylle Tönnies,
Eine gute Idee
Ulrich Enzensberger,
Dem Volke dienen
Jonas Maron,
Mitglieder
Volker Ronge,
Volkes Wille
Udo Tietz,
Ein Volk - kein Volk
Frank Sieren,
Dem Volk trauen?
Cora Stephan,
Unsere Gerontokratie
Asmus Petersen,
Eine Abrechnung
Harald Schumann,
Europas Souverän
Christian Bommarius,
Die globale Schimäre

Rowohlt · Berlin
September 1994
Heft 117 · DM 15
A 20281 F

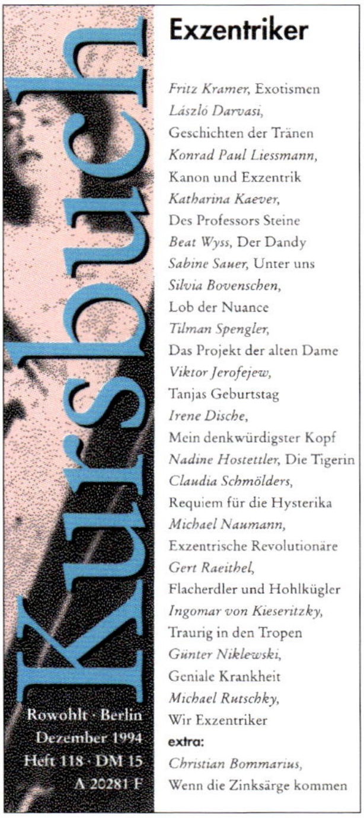

Kursbuch

Exzentriker

Fritz Kramer, Exotismen
László Darvasi,
Geschichten der Tränen
Konrad Paul Liessmann,
Kanon und Exzentrik
Katharina Kaever,
Des Professors Steine
Beat Wyss, Der Dandy
Sabine Sauer, Unter uns
Silvia Bovenschen,
Lob der Nuance
Tilman Spengler,
Das Projekt der alten Dame
Viktor Jerofejew,
Tanjas Geburtstag
Irene Dische,
Mein denkwürdigster Kopf
Nadine Hostettler, Die Tigerin
Claudia Schmölders,
Requiem für die Hysterika
Michael Naumann,
Exzentrische Revolutionäre
Gert Raeithel,
Flacherdler und Hohlkügler
Ingomar von Kieseritzky,
Traurig in den Tropen
Günter Niklewski,
Geniale Krankheit
Michael Rutschky,
Wir Exzentriker
extra:
Christian Bommarius,
Wenn die Zinksärge kommen

Rowohlt · Berlin
Dezember 1994
Heft 118 · DM 15
A 20281 F

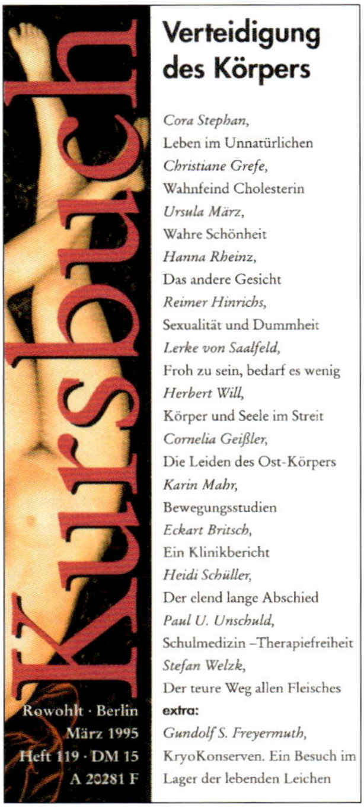
Kursbuch

Verteidigung des Körpers

Cora Stephan, Leben im Unnatürlichen
Christiane Grefe, Wahnfeind Cholesterin
Ursula März, Wahre Schönheit
Hanna Rheinz, Das andere Gesicht
Reimer Hinrichs, Sexualität und Dummheit
Lerke von Saalfeld, Froh zu sein, bedarf es wenig
Herbert Will, Körper und Seele im Streit
Cornelia Geißler, Die Leiden des Ost-Körpers
Karin Mahr, Bewegungsstudien
Eckart Britsch, Ein Klinikbericht
Heidi Schüller, Der elend lange Abschied
Paul U. Unschuld, Schulmedizin –Therapiefreiheit
Stefan Welzk, Der teure Weg allen Fleisches
extra:
Gundolf S. Freyermuth, KryoKonserven. Ein Besuch im Lager der lebenden Leichen

Rowohlt · Berlin
März 1995
Heft 119 · DM 15
A 20281 F

Kursbuch

Korruption

Bernhard Streck, Geben und Nehmen
Sighard Neckel, Der unmoralische Tausch
Hanne Tügel, Geschmierte Pillen
Wolfgang Stenke, Staatsdiener
Schaupensteiner/Bommarius, Filz und Speck
Oliver Fahrni, Frankreich: Letzte Schmierung
Walter Haubrich, Hinter der Spanischen Wand
Barbara Kerneck, Russische Höllenkreise
Richard Rottenburg, OPP in Europa und Afrika
Sabine Sauer, Human Rights Now!
George Moody-Stuart, Schwere Korruption in der Dritten Welt
Th. Fues / F. Welter, Die Beihilfe der Staaten
Peter Eigen, Das Nord-Süd-Gefälle der Korruption
Fredrik Galtung, An der Korruptionsfront

Rowohlt · Berlin
Juni 1995
Heft 120 · DM 15
A 20281 F

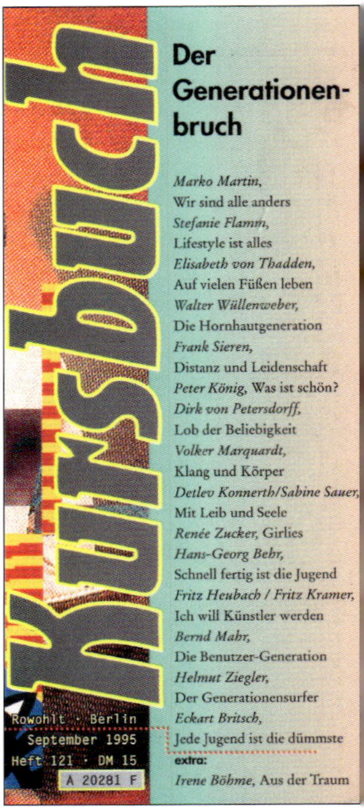
Kursbuch

Der Generationenbruch

Marko Martin, Wir sind alle anders
Stefanie Flamm, Lifestyle ist alles
Elisabeth von Thadden, Auf vielen Füßen leben
Walter Wüllenweber, Die Hornhautgeneration
Frank Sieren, Distanz und Leidenschaft
Peter König, Was ist schön?
Dirk von Petersdorff, Lob der Beliebigkeit
Volker Marquardt, Klang und Körper
Detlev Konnerth/Sabine Sauer, Mit Leib und Seele
Renée Zucker, Girlies
Hans-Georg Behr, Schnell fertig ist die Jugend
Fritz Heubach / Fritz Kramer, Ich will Künstler werden
Bernd Mahr, Die Benutzer-Generation
Helmut Ziegler, Der Generationensurfer
Eckart Britsch, Jede Jugend ist die dümmste
extra:
Irene Böhme, Aus der Traum

Rowohlt · Berlin
September 1995
Heft 121 · DM 15
A 20281 F

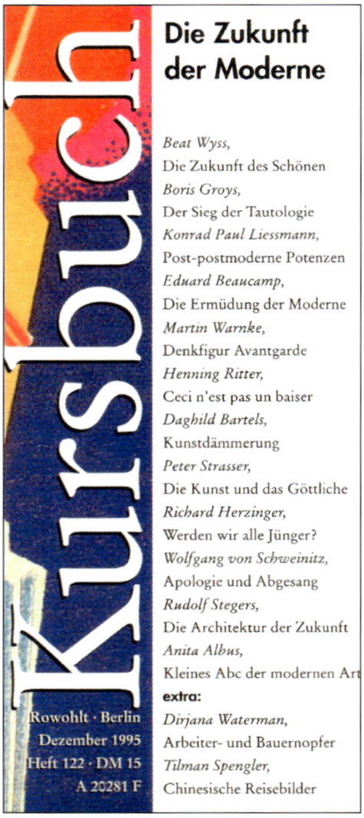
Kursbuch

Die Zukunft der Moderne

Beat Wyss, Die Zukunft des Schönen
Boris Groys, Der Sieg der Tautologie
Konrad Paul Liessmann, Post-postmoderne Potenzen
Eduard Beaucamp, Die Ermüdung der Moderne
Martin Warnke, Denkfigur Avantgarde
Henning Ritter, Ceci n'est pas un baiser
Daghild Bartels, Kunstdämmerung
Peter Strasser, Die Kunst und das Göttliche
Richard Herzinger, Werden wir alle Jünger?
Wolfgang von Schweinitz, Apologie und Abgesang
Rudolf Stegers, Die Architektur der Zukunft
Anita Albus, Kleines Abc der modernen Art
extra:
Dirjana Waterman, Arbeiter- und Bauernopfer
Tilman Spengler, Chinesische Reisebilder

Rowohlt · Berlin
Dezember 1995
Heft 122 · DM 15
A 20281 F

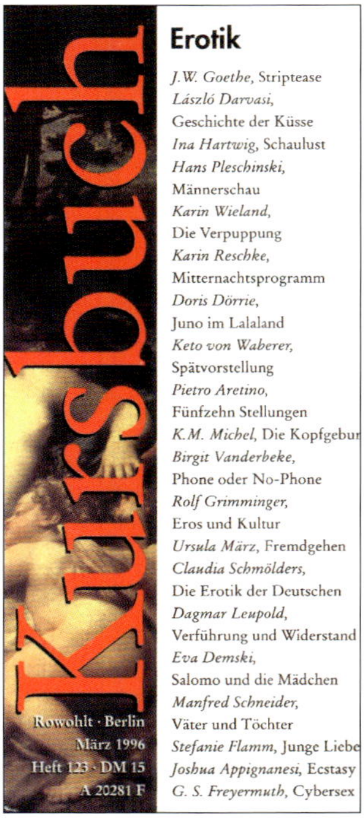
Kursbuch

Erotik

J. W. Goethe, Striptease
László Darvasi, Geschichte der Küsse
Ina Hartwig, Schaulust
Hans Pleschinski, Männerschau
Karin Wieland, Die Verpuppung
Karin Reschke, Mitternachtsprogramm
Doris Dörrie, Juno im Lalaland
Keto von Waberer, Spätvorstellung
Pietro Aretino, Fünfzehn Stellungen
K.M. Michel, Die Kopfgebur
Birgit Vanderbeke, Phone oder No-Phone
Rolf Grimminger, Eros und Kultur
Ursula März, Fremdgehen
Claudia Schmölders, Die Erotik der Deutschen
Dagmar Leupold, Verführung und Widerstand
Eva Demski, Salomo und die Mädchen
Manfred Schneider, Väter und Töchter
Stefanie Flamm, Junge Liebe
Joshua Appignanesi, Ecstasy
G. S. Freyermuth, Cybersex

Rowohlt · Berlin
März 1996
Heft 123 · DM 15
A 20281 F

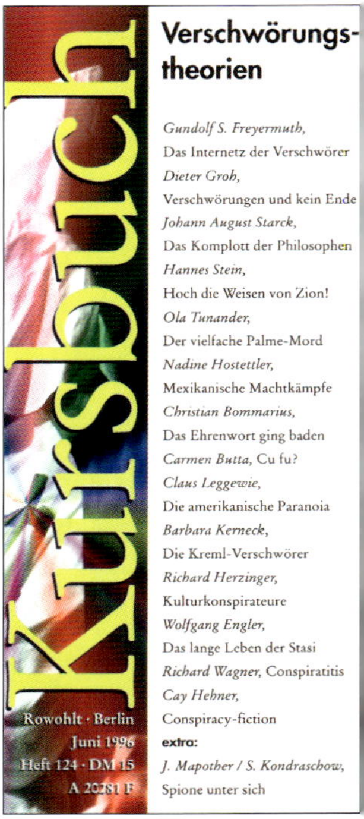
Kursbuch

Verschwörungstheorien

Gundolf S. Freyermuth, Das Internetz der Verschwörer
Dieter Groh, Verschwörungen und kein Ende
Johann August Starck, Das Komplott der Philosophen
Hannes Stein, Hoch die Weisen von Zion!
Ola Tunander, Der vielfache Palme-Mord
Nadine Hostettler, Mexikanische Machtkämpfe
Christian Bommarius, Das Ehrenwort ging baden
Carmen Butta, Cu fu?
Claus Leggewie, Die amerikanische Paranoia
Barbara Kerneck, Die Kreml-Verschwörer
Richard Herzinger, Kulturkonspirateure
Wolfgang Engler, Das lange Leben der Stasi
Richard Wagner, Conspiratitis
Cay Hehner, Conspiracy-fiction
extra:
J. Mapother / S. Kondraschow, Spione unter sich

Rowohlt · Berlin
Juni 1996
Heft 124 · DM 15
A 20281 F

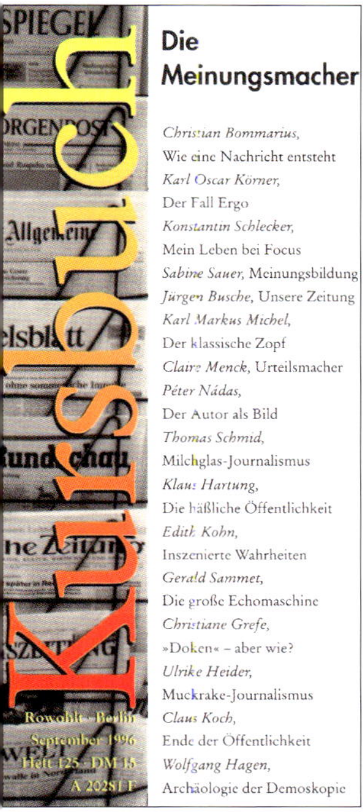
Kursbuch

Die Meinungsmacher

Christian Bommarius, Wie eine Nachricht entsteht
Karl Oscar Körner, Der Fall Ergo
Konstantin Schlecker, Mein Leben bei Focus
Sabine Sauer, Meinungsbildung
Jürgen Busche, Unsere Zeitung
Karl Markus Michel, Der klassische Zopf
Claire Menck, Urteilsmacher
Péter Nádas, Der Autor als Bild
Thomas Schmid, Milchglas-Journalismus
Klaus Hartung, Die häßliche Öffentlichkeit
Edith Kohn, Inszenierte Wahrheiten
Gerald Sammet, Die große Echomaschine
Christiane Grefe, »Doken« – aber wie?
Ulrike Heider, Muckrake-Journalismus
Claus Koch, Ende der Öffentlichkeit
Wolfgang Hagen, Archäologie der Demoskopie

Rowohlt · Berlin
September 1996
Heft 125 · DM 15
A 20281 F

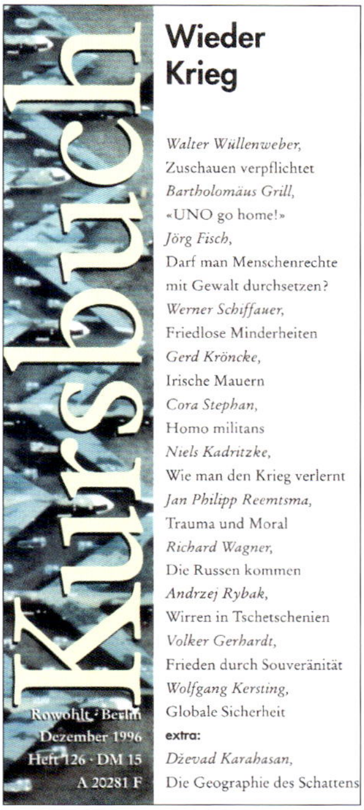
Kursbuch

Wieder Krieg

Walter Wüllenweber, Zuschauen verpflichtet
Bartholomäus Grill, «UNO go home!»
Jörg Fisch, Darf man Menschenrechte mit Gewalt durchsetzen?
Werner Schiffauer, Friedlose Minderheiten
Gerd Kröncke, Irische Mauern
Cora Stephan, Homo militans
Niels Kadritzke, Wie man den Krieg verlernt
Jan Philipp Reemtsma, Trauma und Moral
Richard Wagner, Die Russen kommen
Andrzej Rybak, Wirren in Tschetschenien
Volker Gerhardt, Frieden durch Souveränität
Wolfgang Kersting, Globale Sicherheit
extra:
Dževad Karahasan, Die Geographie des Schattens

Rowohlt · Berlin
Dezember 1996
Heft 126 · DM 15
A 20281 F

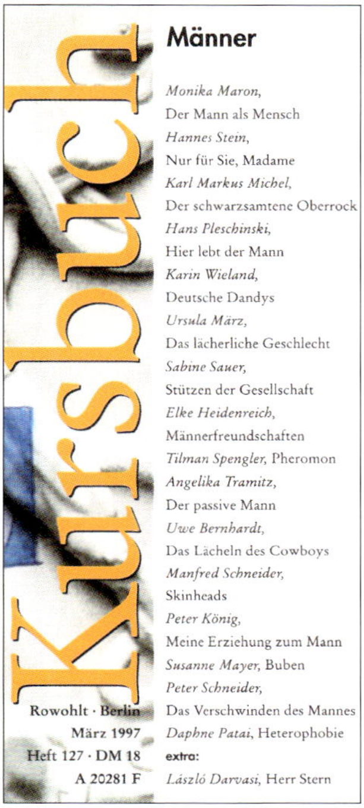
Kursbuch

Männer

Monika Maron, Der Mann als Mensch
Hannes Stein, Nur für Sie, Madame
Karl Markus Michel, Der schwarzsamtene Oberrock
Hans Pleschinski, Hier lebt der Mann
Karin Wieland, Deutsche Dandys
Ursula März, Das lächerliche Geschlecht
Sabine Sauer, Stützen der Gesellschaft
Elke Heidenreich, Männerfreundschaften
Tilman Spengler, Pheromon
Angelika Tramitz, Der passive Mann
Uwe Bernhardt, Das Lächeln des Cowboys
Manfred Schneider, Skinheads
Peter König, Meine Erziehung zum Mann
Susanne Mayer, Buben
Peter Schneider, Das Verschwinden des Mannes
Daphne Patai, Heterophobie
extra:
László Darvasi, Herr Stern

Rowohlt · Berlin
März 1997
Heft 127 · DM 18
A 20281 F

Kursbuch

Lebens-fragen

Joachim Kalka, Körperphantasien
Bernd Mahr, Menschenmaschinen
Bernd Flessner, Herrschaft der Prothesen
Hanna Rheinz, Xenomenschen
Barbara Ritzert, Das Fremde im Leib
Günter Haaf, Der Griff nach dem Embryo
Wolfgang van den Daele, Bioethik
Günter Bersch, Sisyphus 1995
Peter Weingart, Züchtungsutopien
Jens Reich, Genverbesserung
Paul Parin, Weise Pharma-Greise
Herbert Will, Unsterblichkeit
extra:
Adolf Holl, Heilige Anorexie

Rowohlt · Berlin
Juni 1997
Heft 128 · DM 18
A 20281 F

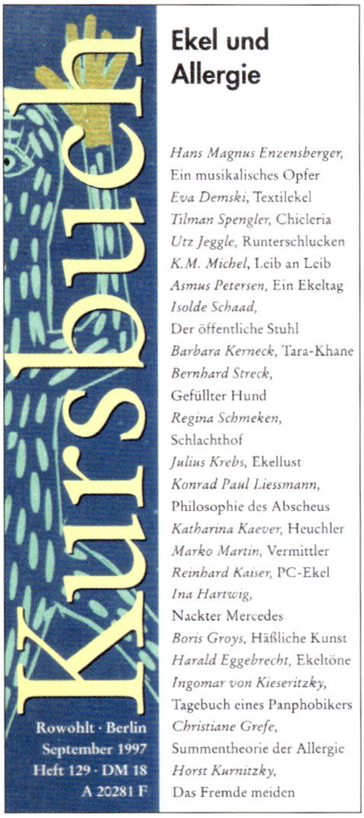
Kursbuch

Ekel und Allergie

Hans Magnus Enzensberger, Ein musikalisches Opfer
Eva Demski, Textilekel
Tilman Spengler, Chicleria
Utz Jeggle, Runterschlucken
K.M. Michel, Leib an Leib
Asmus Petersen, Ein Ekeltag
Isolde Schaad, Der öffentliche Stuhl
Barbara Kerneck, Tara-Khane
Bernhard Streck, Gefüllter Hund
Regina Schmeken, Schlachthof
Julius Krebs, Ekellust
Konrad Paul Liessmann, Philosophie des Abscheus
Katharina Kaever, Heuchler
Marko Martin, Vermittler
Reinhard Kaiser, PC-Ekel
Ina Hartwig, Nackter Mercedes
Boris Groys, Häßliche Kunst
Harald Eggebrecht, Ekeltöne
Ingomar von Kieseritzky, Tagebuch eines Panphobikers
Christiane Grefe, Summentheorie der Allergie
Horst Kurnitzky, Das Fremde meiden

Rowohlt · Berlin
September 1997
Heft 129 · DM 18
A 20281 F

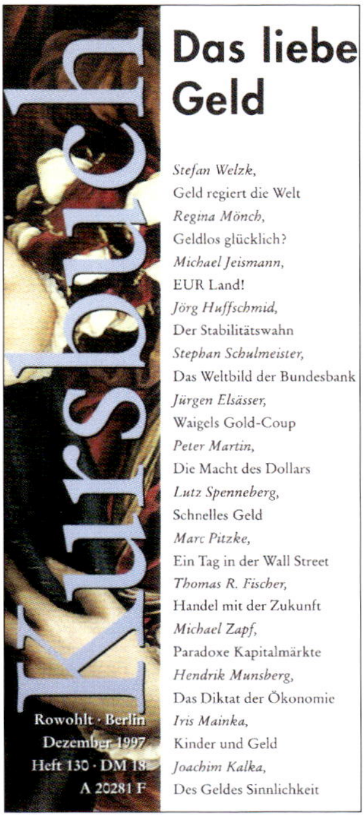
Kursbuch

Das liebe Geld

Stefan Welzk, Geld regiert die Welt
Regina Mönch, Geldlos glücklich?
Michael Jeismann, EUR Land!
Jörg Huffschmid, Der Stabilitätswahn
Stephan Schulmeister, Das Weltbild der Bundesbank
Jürgen Elsässer, Waigels Gold-Coup
Peter Martin, Die Macht des Dollars
Lutz Spenneberg, Schnelles Geld
Marc Pitzke, Ein Tag in der Wall Street
Thomas R. Fischer, Handel mit der Zukunft
Michael Zapf, Paradoxe Kapitalmärkte
Hendrik Munsberg, Das Diktat der Ökonomie
Iris Mainka, Kinder und Geld
Joachim Kalka, Des Geldes Sinnlichkeit

Rowohlt · Berlin
Dezember 1997
Heft 130 · DM 18
A 20281 F

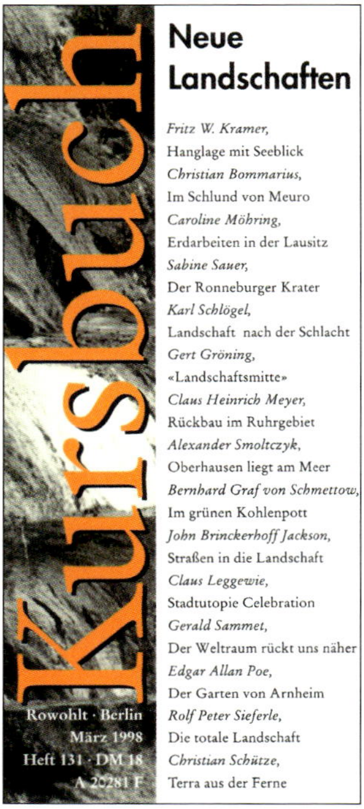
Kursbuch

Neue Landschaften

Fritz W. Kramer, Hanglage mit Seeblick
Christian Bommarius, Im Schlund von Meuro
Caroline Möhring, Erdarbeiten in der Lausitz
Sabine Sauer, Der Ronneburger Krater
Karl Schlögel, Landschaft nach der Schlacht
Gert Gröning, «Landschaftsmitte»
Claus Heinrich Meyer, Rückbau im Ruhrgebiet
Alexander Smoltczyk, Oberhausen liegt am Meer
Bernhard Graf von Schmettow, Im grünen Kohlenpott
John Brinckerhoff Jackson, Straßen in die Landschaft
Claus Leggewie, Stadtutopie Celebration
Gerald Sammet, Der Weltraum rückt uns näher
Edgar Allan Poe, Der Garten von Arnheim
Rolf Peter Sieferle, Die totale Landschaft
Christian Schütze, Terra aus der Ferne

Rowohlt · Berlin
März 1998
Heft 131 · DM 18
A 20281 F

Kursbuch

Unsere Mütter

Ursula März, Wir alten Kinder
Renée Zucker, »Warum tust du mir das an?«
Rudolf Westenberger, Liebe Mutter – eine Grabrede
Antonia Grunenberg, Die Mutter-Sohn-Falle
Eva Demski, Leidensberichte
Ina Hartwig, Geschichtslose Mütter
Andreas E. Benz, Die Mutter-Kind-Bindung
Cora Stephan, Mütterlein
Ilja Richter, Eine Liebesgeschichte
Hans-Georg Behr, Magna mater
Martin Dannecker, Ödipus, Schnödipus
Karin Reschke, Tödliche Liebe
Keto von Waberer, Der Anruf
Tilman Spengler, Mutterwut
Henryk M. Broder, Die jiddische Mamme
Carmen Butta, Mammone und Carabiniera
Irina Kortschagina, Mamotschka und Babuschka
extra:
Karl Markus Michel, Honig und Wachs

Rowohlt · Berlin
Juni 1998
Heft 132 · DM 18
A 20281 F

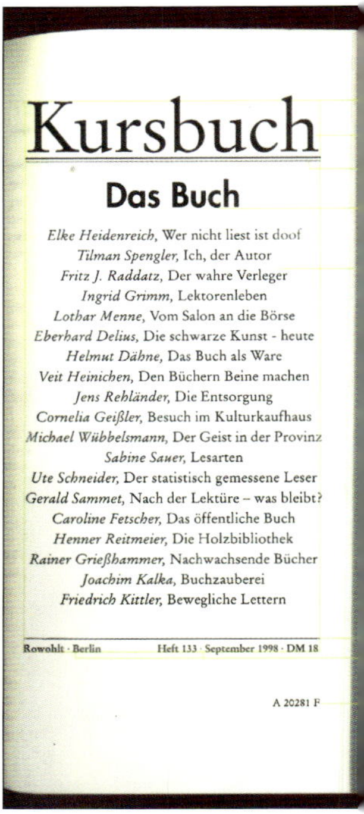
Kursbuch

Das Buch

Elke Heidenreich, Wer nicht liest ist doof
Tilman Spengler, Ich, der Autor
Fritz J. Raddatz, Der wahre Verleger
Ingrid Grimm, Lektorenleben
Lothar Menne, Vom Salon an die Börse
Eberhard Delius, Die schwarze Kunst - heute
Helmut Dähne, Das Buch als Ware
Veit Heinichen, Den Büchern Beine machen
Jens Rehländer, Die Entsorgung
Cornelia Geißler, Besuch im Kulturkaufhaus
Michael Wübbelsmann, Der Geist in der Provinz
Sabine Sauer, Lesarten
Ute Schneider, Der statistisch gemessene Leser
Gerald Sammet, Nach der Lektüre – was bleibt?
Caroline Fetscher, Das öffentliche Buch
Henner Reitmeier, Die Holzbibliothek
Rainer Grießhammer, Nachwachsende Bücher
Joachim Kalka, Buchzauberei
Friedrich Kittler, Bewegliche Lettern

Rowohlt · Berlin
Heft 133 · September 1998 · DM 18
A 20281 F

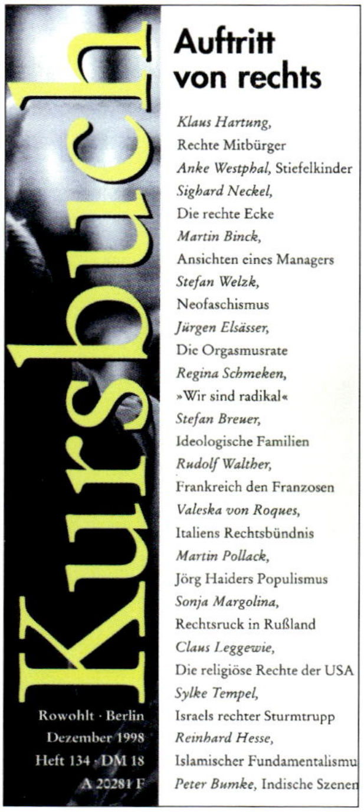
Kursbuch

Auftritt von rechts

Klaus Hartung, Rechte Mitbürger
Anke Westphal, Stiefelkinder
Sighard Neckel, Die rechte Ecke
Martin Binck, Ansichten eines Managers
Stefan Welzk, Neofaschismus
Jürgen Elsässer, Die Orgasmusrate
Regina Schmeken, »Wir sind radikal«
Stefan Breuer, Ideologische Familien
Rudolf Walther, Frankreich den Franzosen
Valeska von Roques, Italiens Rechtsbündnis
Martin Pollack, Jörg Haiders Populismus
Sonja Margolina, Rechtsruck in Rußland
Claus Leggewie, Die religiöse Rechte der USA
Sylke Tempel, Israels rechter Sturmtrupp
Reinhard Hesse, Islamischer Fundamentalismu
Peter Bumke, Indische Szenen

Rowohlt · Berlin
Dezember 1998
Heft 134 · DM 18
A 20281 F

Kursbuch

Die Erben-gesellschaft

Eva Demski, Erbfolgen
Claudia Schmölders, Wer erbt, wird blaß
Gennaro Ghirardelli, Die Leiden der jungen Erben
Martin Kohli / Marc Szydlik, Familienbande
Jens Beckert, Erbschaft und Leistung
Tobias Nickel, Erbschaft und Kreativität
Marianne Kosmann, Wohin der Nachlaß fließt
Renée Zucker, Alle, nur ich nicht
Regina Mönch, Osterben
Christian Bommarius, Erbenermittlung
Olga Grimm-Weissert, Die Dora-Maar-Story
Wolfgang Stenke, Merscheiders Erbe
Dietmar Pieper, Millionär unter Gleichen
Rupert Graf Strachwitz, Der neue Weg: Stiften
Franz Ludwig Heiss, Estate Planning
Karl Markus Michel, Das kulturelle Erbe West
Michael Jeismann, Im Schatten alter Männer
Irene Böhme, Das kulturelle Erbe Ost

Rowohlt · Berlin
März 1999
Heft 135 · DM 18
A 20281 F

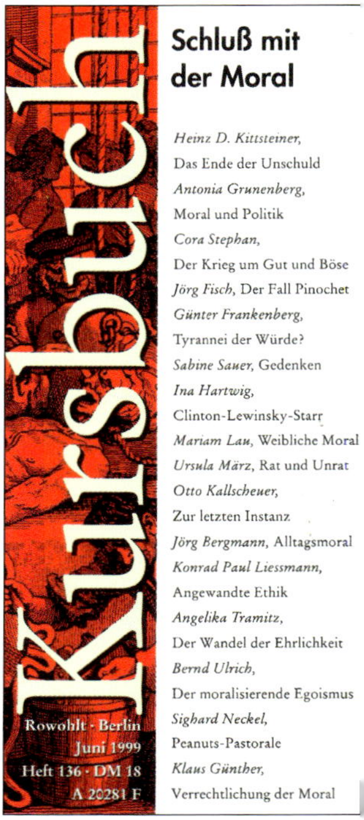
Kursbuch

Schluß mit der Moral

Heinz D. Kittsteiner, Das Ende der Unschuld
Antonia Grunenberg, Moral und Politik
Cora Stephan, Der Krieg um Gut und Böse
Jörg Fisch, Der Fall Pinochet
Günter Frankenberg, Tyrannei der Würde?
Sabine Sauer, Gedenken
Ina Hartwig, Clinton-Lewinsky-Starr
Mariam Lau, Weibliche Moral
Ursula März, Rat und Unrat
Otto Kallscheuer, Zur letzten Instanz
Jörg Bergmann, Alltagsmoral
Konrad Paul Liessmann, Angewandte Ethik
Angelika Tramitz, Der Wandel der Ehrlichkeit
Bernd Ulrich, Der moralisierende Egoismus
Sighard Neckel, Peanuts-Pastorale
Klaus Günther, Verrechtlichung der Moral

Rowohlt · Berlin
Juni 1999
Heft 136 · DM 18
A 20281 F

Kursbuch
Berlin. Metropole
Monika Maron
Eigentlich sind wir nett
Klaus Hartung
Doppelgesicht
Stadtbild 1:
Stefanie Flamm
Berliner Tempo
Peter Schneider
Vereinigung - andersherum
Christian Bommarius
Nach Berlin!
Stadtbild 2: Yaak Karsunke
Berliner Witz
Michael Rutschky
Drehort Berlin
Regina Schmeken
Im Glashaus
Dieter Hoffmann-Axthelm
Berlin: Schönheit der Stadt
Stadtbild 3: Hanns Zischler
Brandmauern
Jens Reich
Pankower Ansichten
Stadtbild 4: György Dalos
Autobus 157
Mark Siemons
Szenenwechsel
Stadtbild 5: Regina Mönch
Schöner Konsum
Edelgard Abenstein
Die neue Berliner Gesellschaft
Stadtbild 6: Iris Hanika
Die Berlinerin
Wolf Jobst Siedler
Weltstadt ohne Weltstädter
Karl Schlögel
Kiosk Europa
Stadtbild 7: Evelyn Roll
Berlin am Meer
Stefan Welzk
Der todsichere Boom

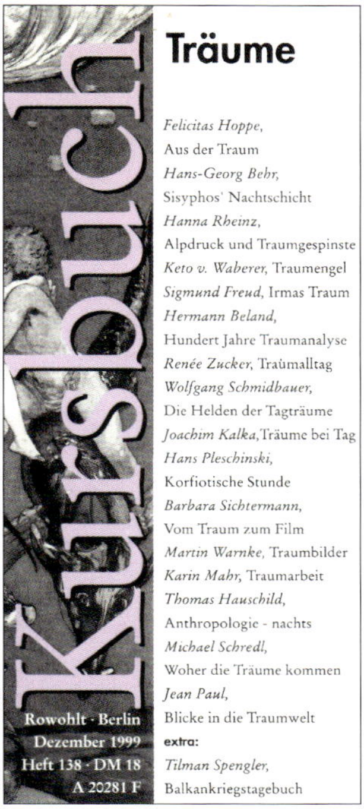
Kursbuch
Träume
Felicitas Hoppe,
Aus der Traum
Hans-Georg Behr,
Sisyphos' Nachtschicht
Hanna Rheinz,
Alpdruck und Traumgespinste
Keto v. Waberer, Traumengel
Sigmund Freud, Irmas Traum
Hermann Beland,
Hundert Jahre Traumanalyse
Renée Zucker, Traumalltag
Wolfgang Schmidbauer,
Die Helden der Tagträume
Joachim Kalka, Träume bei Tag
Hans Pleschinski,
Korfiotische Stunde
Barbara Sichtermann,
Vom Traum zum Film
Martin Warnke, Traumbilder
Karin Mahr, Traumarbeit
Thomas Hauschild,
Anthropologie - nachts
Michael Schredl,
Woher die Träume kommen
Jean Paul,
Blicke in die Traumwelt
extra:
Tilman Spengler,
Balkankriegstagebuch
Rowohlt · Berlin
Dezember 1999
Heft 138 · DM 18
A 20281 F

Kursbuch
Die neuen Eliten
Tilman Spengler,
Ich als Elite
Heinz Bude, Suche nach Elite
Susanne Mayer, Super-Kids
Bernd-A. Rusinek,
Eliten im 20. Jahrhundert
Joachim Radkau,
Vom Abheben deutscher Eliten
Manfred Schneider,
Das Gesicht der Eliten
Herfried Münkler,
Werte, Status, Leistung
Sabine Sauer, Die Alphas
Michael Hartmann,
Die deutschen Spitzenmanager
Katharina Rutschky,
Die Frau an seiner Seite
Stefan Hornbostel,
Eliten in Ostdeutschland
Beate Krais,
Die Wissenschaftselite
Claus Leggewie,
Bimbes und Brimborium
Daghild Bartels,
Cyberlifestyle
Eckart Britsch,
Die kalifornische Vorhut
Frank Sieren, Song Gang
Barbara Kerneck,
Moskauer Jeunesse dorée
Rowohlt · Berlin
März 2000
Heft 139 · DM 18
A 20281 F

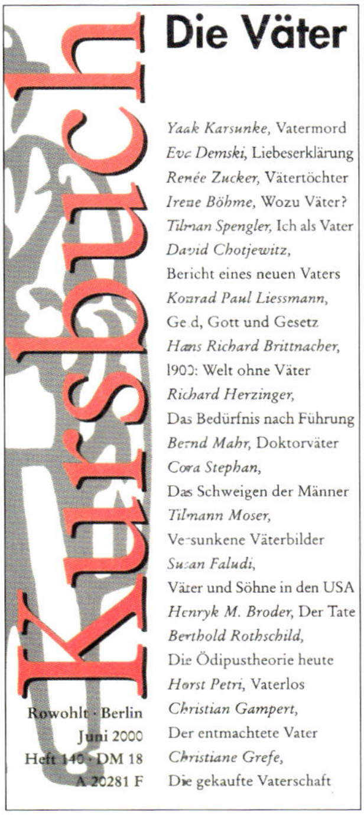
Kursbuch
Die Väter
Yaak Karsunke, Vatermord
Eva Demski, Liebeserklärung
Renée Zucker, Vätertöchter
Irene Böhme, Wozu Väter?
Tilman Spengler, Ich als Vater
David Chotjewitz,
Bericht eines neuen Vaters
Konrad Paul Liessmann,
Geld, Gott und Gesetz
Hans Richard Brittnacher,
1900: Welt ohne Väter
Richard Herzinger,
Das Bedürfnis nach Führung
Bernd Mahr, Doktorväter
Cora Stephan,
Das Schweigen der Männer
Tilmann Moser,
Versunkene Väterbilder
Susan Faludi,
Väter und Söhne in den USA
Henryk M. Broder, Der Tate
Berthold Rothschild,
Die Ödipustheorie heute
Horst Petri, Vaterlos
Christian Gampert,
Der entmachtete Vater
Christiane Grefe,
Die gekaufte Vaterschaft
Rowohlt · Berlin
Juni 2000
Heft 140 · DM 18
A 20281 F

Kursbuch
Das Gelobte Land
Hans Magnus Enzensberger
Ach Deutschland!
Martin Mosebach
Ursprung der Vaterlandsliebe
Tilman Spengler
Findungsverläufe
Robert Gernhardt
Die Lügen meiner Mutter
Richard Wagner
Heim ins Reich!
Asmus Petersen
Deutschland ist schön
Sabine Sauer
Schöne Welt
Karl Markus Michel
Kopfnoten für die Republik
Rupert von Plottnitz
Aufgewachsen mit der Republik
Jörg Lau
Das kritische Bewusstsein im besten Land der Welt
Thomas Oberender
Vom »D« zum »de«
Hanna Rheinz
Jüdisches Leben in Deutschland
Agnieszka Lulińska
Polnische Erfahrungen
Susanne Bauer
»Berlin-Apotheke« Gaza
Claus Leggewie
Wie amerikanisch ist Ostdeutschland?

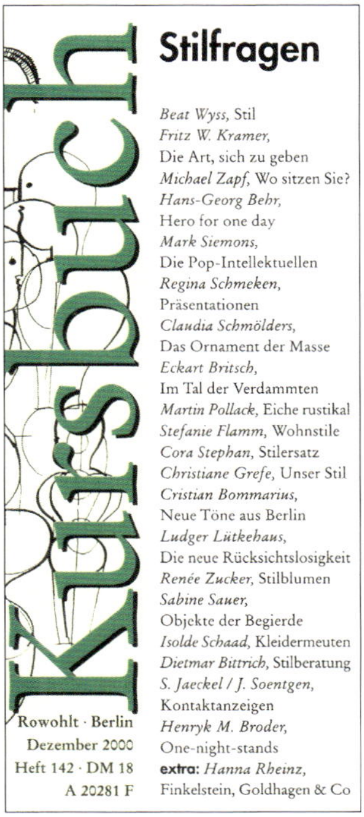
Kursbuch
Stilfragen
Beat Wyss, Stil
Fritz W. Kramer,
Die Art, sich zu geben
Michael Zapf, Wo sitzen Sie?
Hans-Georg Behr,
Hero for one day
Mark Siemons,
Die Pop-Intellektuellen
Regina Schmeken,
Präsentationen
Claudia Schmölders,
Das Ornament der Masse
Eckart Britsch,
Im Tal der Verdammten
Martin Pollack, Eiche rustikal
Stefanie Flamm, Wohnstile
Cora Stephan, Stilersatz
Christiane Grefe, Unser Stil
Cristian Bommarius,
Neue Töne aus Berlin
Ludger Lütkehaus,
Die neue Rücksichtslosigkeit
Renée Zucker, Stilblumen
Sabine Sauer,
Objekte der Begierde
Isolde Schaad, Kleidermeuten
Dietmar Bittrich, Stilberatung
S. Jaeckel / J. Soentgen,
Kontaktanzeigen
Henryk M. Broder,
One-night-stands
extra: Hanna Rheinz,
Finkelstein, Goldhagen & Co
Rowohlt · Berlin
Dezember 2000
Heft 142 · DM 18
A 20281 F

Kursbuch

Die Neidgesellschaft

Robert Gernhardt, Frühsommerabend
Sighard Neckel, Deutschlands gelbe Galle
Walter Wüllenweber, Wo sozial draufsteht…
Wolfgang Kersting, Verteilungsgerechtigkeit
Michael Hartmann, Bildungsprivilegien
Florian Illies, Generation Neid
Sabine Sauer, Im Abfall
Klaus Hartung, Der Neid und das Soziale
Susanne Riedel, Bei den wirbellosen Tieren
Peter Schneider, Die Macht des Neides
Mariam Lau, Geschlechterneid
Alissa Walser, Neidkatzen
Joachim Kalka, Schoßkind des Glücks
Reinhard Hesse, Die Uhren des Imam
Heike Behrend, Man ist, was man isst

Rowohlt · Berlin
März 2001
Heft 143 · DM 18
A 20281 F

Kursbuch

Liebesordnungen

Ina Hartwig, Eine Liebe fürs Leben
Manfred Schneider, Alternativen zur Ehe
Hans Pleschinski, Bavaria Rosé voran
Hanne Tügel, Die lesbischen Möwen
Elisabeth von Thadden, Was auf Erden möglich ist
Eva Demski, Pas de deux
Regina Schmeken, Amour fou
Hans-Georg Behr, Zweckehen
Elke Schmitter, Ist sie ihm treu?
Hannes Stein, Thou shalt not fuck around
Angelika Tramitz, Traumfrau – Traummann
Keto von Waberer, Klatsch
Elisabeth Beck-Gernsheim, Liebe kennt keine Grenzen
Christian Bommarius, Der Ehevertrag
Jo Reichertz, Traumhochzeiten
Manuela Reichart, Der Schritt vom Wege
extra: *Hermann Scheer,* Ökologische Mesalliancen

Rowohlt · Berlin
Juni 2001
Heft 144 · DM 18
A 20281 F

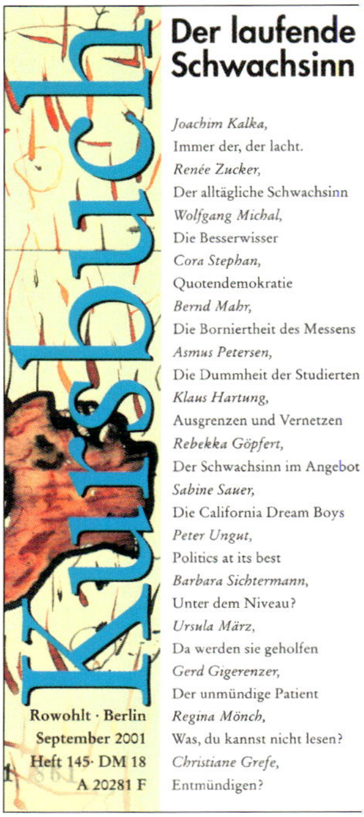
Kursbuch

Der laufende Schwachsinn

Joachim Kalka, Immer der, der lacht.
Renée Zucker, Der alltägliche Schwachsinn
Wolfgang Michal, Die Besserwisser
Cora Stephan, Quotendemokratie
Bernd Mahr, Die Borniertheit des Messens
Asmus Petersen, Die Dummheit der Studierten
Klaus Hartung, Ausgrenzen und Vernetzen
Rebekka Göpfert, Der Schwachsinn im Angebot
Sabine Sauer, Die California Dream Boys
Peter Ungut, Politics at its best
Barbara Sichtermann, Unter dem Niveau?
Ursula März, Da werden sie geholfen
Gerd Gigerenzer, Der unmündige Patient
Regina Mönch, Was, du kannst nicht lesen?
Christiane Grefe, Entmündigen?

Rowohlt · Berlin
September 2001
Heft 145 · DM 18
A 20281 F

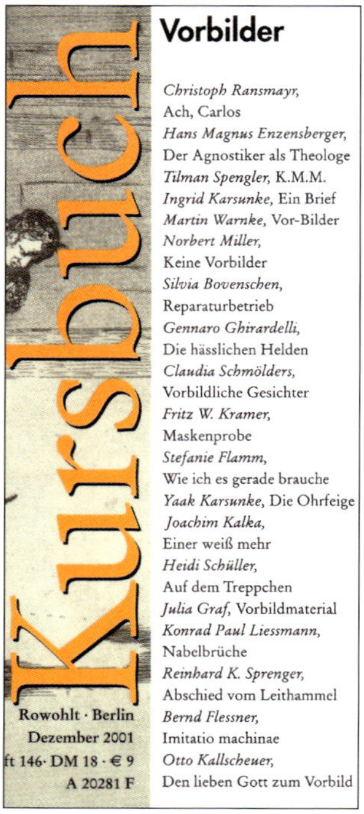
Kursbuch

Vorbilder

Christoph Ransmayr, Ach, Carlos
Hans Magnus Enzensberger, Der Agnostiker als Theologe
Tilman Spengler, K.M.M.
Ingrid Karsunke, Ein Brief
Martin Warnke, Vor-Bilder
Norbert Miller, Keine Vorbilder
Silvia Bovenschen, Reparaturbetrieb
Gennaro Ghirardelli, Die hässlichen Helden
Claudia Schmölders, Vorbildliche Gesichter
Fritz W. Kramer, Maskenprobe
Stefanie Flamm, Wie ich es gerade brauche
Yaak Karsunke, Die Ohrfeige
Joachim Kalka, Einer weiß mehr
Heidi Schüller, Auf dem Treppchen
Julia Graf, Vorbildmaterial
Konrad Paul Liessmann, Nabelbrüche
Reinhard K. Sprenger, Abschied vom Leithammel
Bernd Flessner, Imitatio machinae
Otto Kallscheuer, Den lieben Gott zum Vorbild

Rowohlt · Berlin
Dezember 2001
ft 146 · DM 18 · € 9
A 20281 F

Kursbuch

Gewalt

Tilman Spengler, Schläfer
Manfred Schneider, Die Gabe des Krieges
Daniel Kothenschulte, Lohn der Angst
Rainer Maria Kiesow, Todestrafe live
Ina Hartwig, Gewalt in der Literatur
Svetlana Alpers, Merkur und Argus
Wolfgang Kraushaar, Clowneske Gewalt
Andres Veiel, Black Box BRD
Rainer Keller, Fischer wirft einen Stein
Ferdinand Sutterlüty, Gewalterfahrung als Motiv
Ursula März, Blutige Ehe
Stephan Schurr, Verbrecher jagen mit »XY«
Martin van Creveld, Frauen beim Militär
Wolfgang Sofsky, Kriegsbilder
Trutz von Trotha, Die Zukunft der Gewalt

Rowohlt · Berlin
März 2002
Heft 147 · € 9
A 20281 F

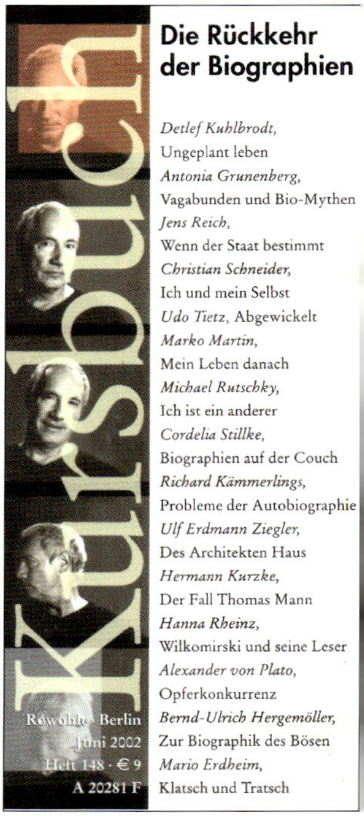
Kursbuch

Die Rückkehr der Biographien

Detlef Kuhlbrodt, Ungeplant leben
Antonia Grunenberg, Vagabunden und Bio-Mythen
Jens Reich, Wenn der Staat bestimmt
Christian Schneider, Ich und mein Selbst
Udo Tietz, Abgewickelt
Marko Martin, Mein Leben danach
Michael Rutschky, Ich ist ein anderer
Cordelia Stillke, Biographien auf der Couch
Richard Kämmerlings, Probleme der Autobiographie
Ulf Erdmann Ziegler, Des Architekten Haus
Hermann Kurzke, Der Fall Thomas Mann
Hanna Rheinz, Wilkomirski und seine Leser
Alexander von Plato, Opferkonkurrenz
Bernd-Ulrich Hergemöller, Zur Biographik des Bösen
Mario Erdheim, Klatsch und Tratsch

Rowohlt · Berlin
Juni 2002
Heft 148 · € 9
A 20281 F

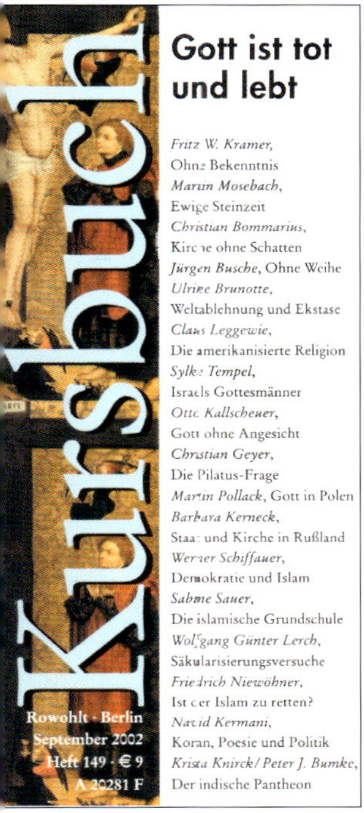
Kursbuch

Gott ist tot und lebt

Fritz W. Kramer,
Ohne Bekenntnis
Martin Mosebach,
Ewige Steinzeit
Christian Bommarius,
Kirche ohne Schatten
Jürgen Busche, Ohne Weihe
Ulrike Brunotte,
Weltablehnung und Ekstase
Claus Leggewie,
Die amerikanisierte Religion
Sylke Tempel,
Israels Gottesmänner
Otto Kallscheuer,
Gott ohne Angesicht
Christian Geyer,
Die Pilatus-Frage
Martin Pollack, Gott in Polen
Barbara Kerneck,
Staat und Kirche in Rußland
Werner Schiffauer,
Demokratie und Islam
Sabine Sauer,
Die islamische Grundschule
Wolfgang Günter Lerch,
Säkularisierungsversuche
Friedrich Niewöhner,
Ist der Islam zu retten?
Navid Kermani,
Koran, Poesie und Politik
Krista Knirck/ Peter J. Bumke,
Der indische Pantheon

Rowohlt · Berlin
September 2002
Heft 149 · € 9
A 20281 F

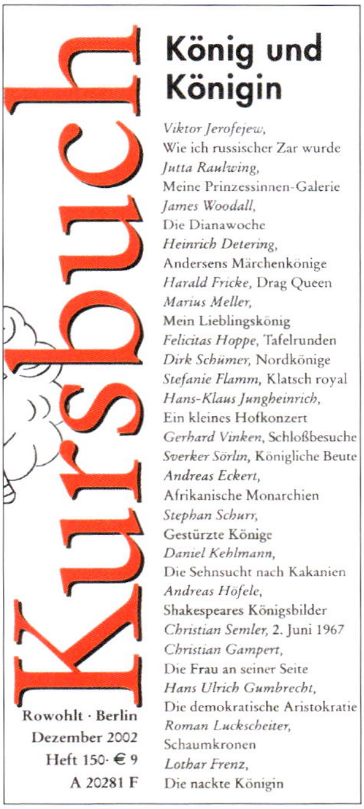
Kursbuch

König und Königin

Viktor Jerofejew,
Wie ich russischer Zar wurde
Jutta Raulwing,
Meine Prinzessinnen-Galerie
James Woodall,
Die Dianawoche
Heinrich Detering,
Andersens Märchenkönige
Harald Fricke, Drag Queen
Marius Meller,
Mein Lieblingskönig
Felicitas Hoppe, Tafelrunden
Dirk Schümer, Nordkönige
Stefanie Flamm, Klatsch royal
Hans-Klaus Jungheinrich,
Ein kleines Hofkonzert
Gerhard Vinken, Schloßbesuche
Sverker Sörlin, Königliche Beute
Andreas Eckert,
Afrikanische Monarchien
Stephan Schurr,
Gestürzte Könige
Daniel Kehlmann,
Die Sehnsucht nach Kakanien
Andreas Höfele,
Shakespeares Königsbilder
Christian Semler, 2. Juni 1967
Christian Gampert,
Die Frau an seiner Seite
Hans Ulrich Gumbrecht,
Die demokratische Aristokratie
Roman Luckscheiter,
Schaumkronen
Lothar Frenz,
Die nackte Königin

Rowohlt · Berlin
Dezember 2002
Heft 150 · € 9
A 20281 F

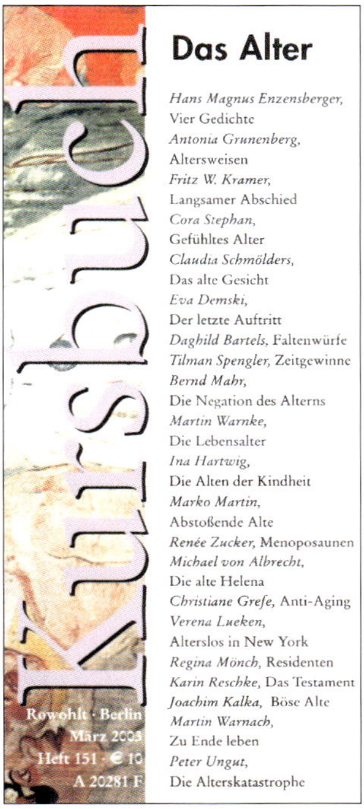
Kursbuch

Das Alter

Hans Magnus Enzensberger,
Vier Gedichte
Antonia Grunenberg,
Altersweisen
Fritz W. Kramer,
Langsamer Abschied
Cora Stephan,
Gefühltes Alter
Claudia Schmölders,
Das alte Gesicht
Eva Demski,
Der letzte Auftritt
Daghild Bartels, Faltenwürfe
Tilman Spengler, Zeitgewinne
Bernd Mahr,
Die Negation des Alterns
Martin Warnke,
Die Lebensalter
Ina Hartwig,
Die Alten der Kindheit
Marko Martin,
Abstoßende Alte
Renée Zucker, Menoposaunen
Michael von Albrecht,
Die alte Helena
Christiane Grefe, Anti-Aging
Verena Lueken,
Alterslos in New York
Regina Mönch, Residenten
Karin Reschke, Das Testament
Joachim Kalka, Böse Alte
Martin Warnach,
Zu Ende leben
Peter Ungut,
Die Alterskatastrophe

Rowohlt · Berlin
März 2003
Heft 151 · € 10
A 20281 F

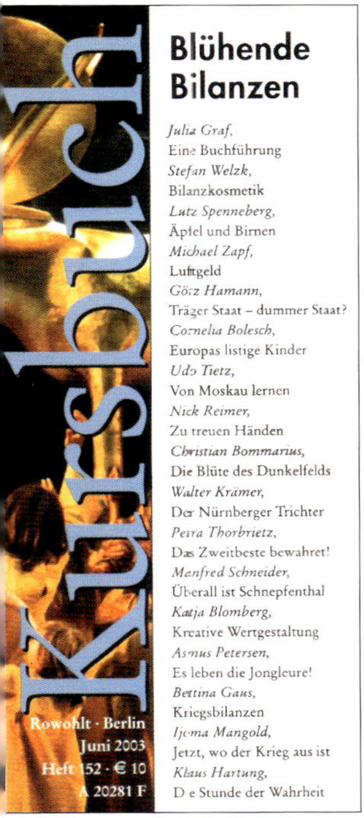
Kursbuch

Blühende Bilanzen

Julia Graf,
Eine Buchführung
Stefan Welzk,
Bilanzkosmetik
Lutz Spenneberg,
Äpfel und Birnen
Michael Zapf,
Luftgeld
Götz Hamann,
Träger Staat – dummer Staat?
Cornelia Bolesch,
Europas listige Kinder
Udo Tietz,
Von Moskau lernen
Nick Reimer,
Zu treuen Händen
Christian Bommarius,
Die Blüte des Dunkelfelds
Walter Krämer,
Der Nürnberger Trichter
Petra Thorbrietz,
Das Zweitbeste bewahret!
Manfred Schneider,
Überall ist Schnepfenthal
Katja Blomberg,
Kreative Wertgestaltung
Asmus Petersen,
Es leben die Jongleure!
Bettina Gaus,
Kriegsbilanzen
Ijoma Mangold,
Jetzt, wo der Krieg aus ist
Klaus Hartung,
Die Stunde der Wahrheit

Rowohlt · Berlin
Juni 2003
Heft 152 · € 10
A 20281 F

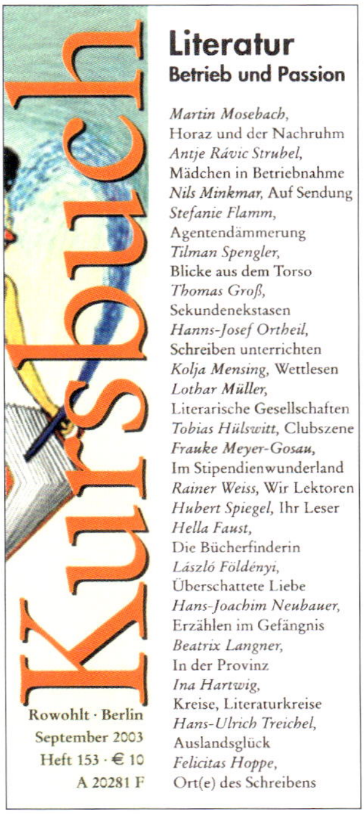
Kursbuch

Literatur
Betrieb und Passion

Martin Mosebach,
Horaz und der Nachruhm
Antje Rávic Strubel,
Mädchen in Betriebnahme
Nils Minkmar, Auf Sendung
Stefanie Flamm,
Agentendämmerung
Tilman Spengler,
Blicke aus dem Torso
Thomas Groß,
Sekundenekstasen
Hanns-Josef Ortheil,
Schreiben unterrichten
Kolja Mensing, Wettlesen
Lothar Müller,
Literarische Gesellschaften
Tobias Hülswitt, Clubszene
Frauke Meyer-Gosau,
Im Stipendienwunderland
Rainer Weiss, Wir Lektoren
Hubert Spiegel, Ihr Leser
Hella Faust,
Die Bücherfinderin
László Földényi,
Überschattete Liebe
Hans-Joachim Neubauer,
Erzählen im Gefängnis
Beatrix Langner,
In der Provinz
Ina Hartwig,
Kreise, Literaturkreise
Hans-Ulrich Treichel,
Auslandsglück
Felicitas Hoppe,
Ort(e) des Schreibens

Rowohlt · Berlin
September 2003
Heft 153 · € 10
A 20281 F

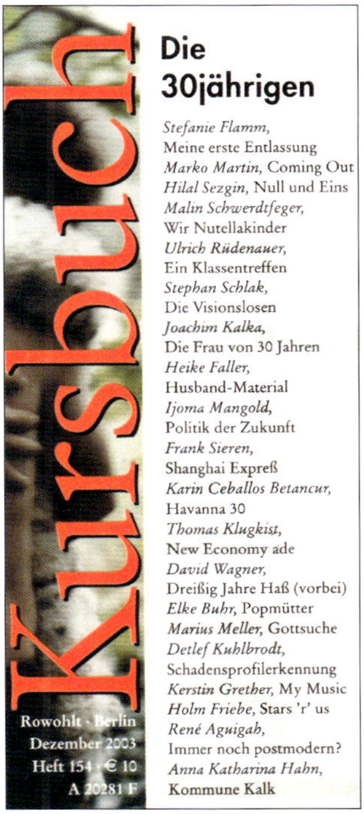
Kursbuch

Die 30jährigen

Stefanie Flamm,
Meine erste Entlassung
Marko Martin, Coming Out
Hilal Sezgin, Null und Eins
Malin Schwerdtfeger,
Wir Nutellakinder
Ulrich Rüdenauer,
Ein Klassentreffen
Stephan Schlak,
Die Visionslosen
Joachim Kalka,
Die Frau von 30 Jahren
Heike Faller,
Husband-Material
Ijoma Mangold,
Politik der Zukunft
Frank Sieren,
Shanghai Expreß
Karin Ceballos Betancur,
Havanna 30
Thomas Klugkist,
New Economy ade
David Wagner,
Dreißig Jahre Haß (vorbei)
Elke Buhr, Popmütter
Marius Meller, Gottsuche
Detlef Kuhlbrodt,
Schadensprofilerkennung
Kerstin Grether, My Music
Holm Friebe, Stars 'r' us
René Aguigah,
Immer noch postmodern?
Anna Katharina Hahn,
Kommune Kalk

Rowohlt · Berlin
Dezember 2003
Heft 154 · € 10
A 20281 F

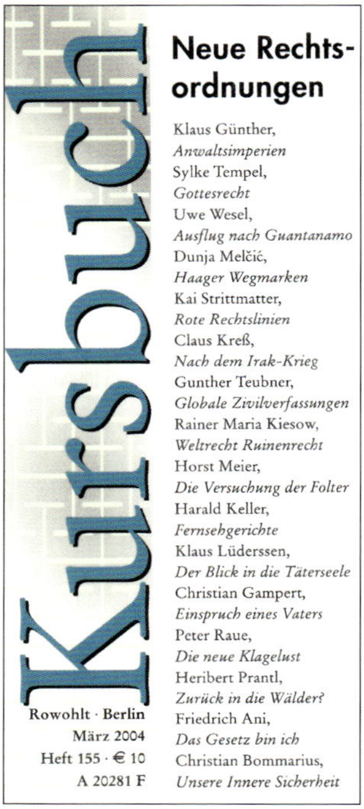

Kursbuch

Neue Rechtsordnungen

Klaus Günther,
Anwaltsimperien
Sylke Tempel,
Gottesrecht
Uwe Wesel,
Ausflug nach Guantanamo
Dunja Melčić,
Haager Wegmarken
Kai Strittmatter,
Rote Rechtslinien
Claus Kreß,
Nach dem Irak-Krieg
Gunther Teubner,
Globale Zivilverfassungen
Rainer Maria Kiesow,
Weltrecht Ruinenrecht
Horst Meier,
Die Versuchung der Folter
Harald Keller,
Fernsehgerichte
Klaus Lüderssen,
Der Blick in die Täterseele
Christian Gampert,
Einspruch eines Vaters
Peter Raue,
Die neue Klagelust
Heribert Prantl,
Zurück in die Wälder?
Friedrich Ani,
Das Gesetz bin ich
Christian Bommarius,
Unsere Innere Sicherheit

Rowohlt · Berlin
März 2004
Heft 155 · € 10
A 20281 F

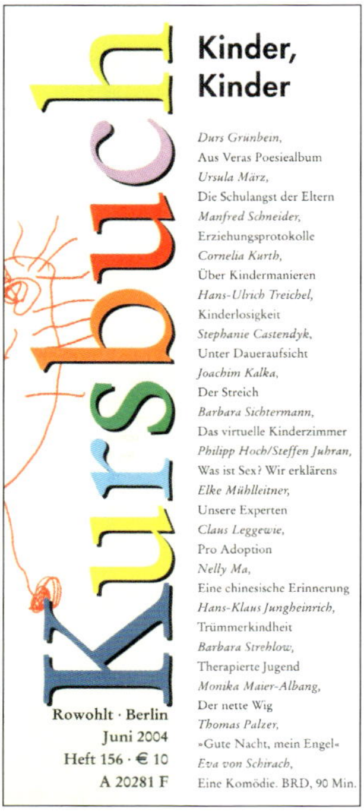

Kursbuch

Kinder, Kinder

Durs Grünbein,
Aus Veras Poesiealbum
Ursula März,
Die Schulangst der Eltern
Manfred Schneider,
Erziehungsprotokolle
Cornelia Kurth,
Über Kindermanieren
Hans-Ulrich Treichel,
Kinderlosigkeit
Stephanie Castendyk,
Unter Daueraufsicht
Joachim Kalka,
Der Streich
Barbara Sichtermann,
Das virtuelle Kinderzimmer
Philipp Hoch/Steffen Juhran,
Was ist Sex? Wir erklärens
Elke Mühlleitner,
Unsere Experten
Claus Leggewie,
Pro Adoption
Nelly Ma,
Eine chinesische Erinnerung
Hans-Klaus Jungheinrich,
Trümmerkindheit
Barbara Strehlow,
Therapierte Jugend
Monika Maier-Albang,
Der nette Wig
Thomas Palzer,
»Gute Nacht, mein Engel«
Eva von Schirach,
Eine Komödie. BRD, 90 Min.

Rowohlt · Berlin
Juni 2004
Heft 156 · € 10
A 20281 F

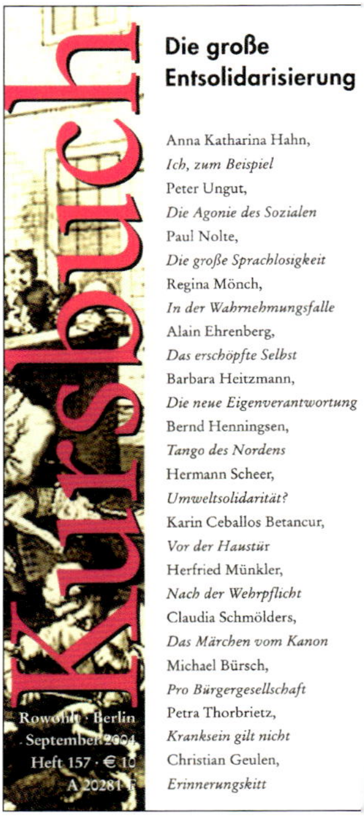

Kursbuch

Die große Entsolidarisierung

Anna Katharina Hahn,
Ich, zum Beispiel
Peter Ungut,
Die Agonie des Sozialen
Paul Nolte,
Die große Sprachlosigkeit
Regina Mönch,
In der Wahrnehmungsfalle
Alain Ehrenberg,
Das erschöpfte Selbst
Barbara Heitzmann,
Die neue Eigenverantwortung
Bernd Henningsen,
Tango des Nordens
Hermann Scheer,
Umweltsolidarität?
Karin Ceballos Betancur,
Vor der Haustür
Herfried Münkler,
Nach der Wehrpflicht
Claudia Schmölders,
Das Märchen vom Kanon
Michael Bürsch,
Pro Bürgergesellschaft
Petra Thorbrietz,
Kranksein gilt nicht
Christian Geulen,
Erinnerungskitt

Rowohlt · Berlin
September 2004
Heft 157 · € 10
A 20281 F

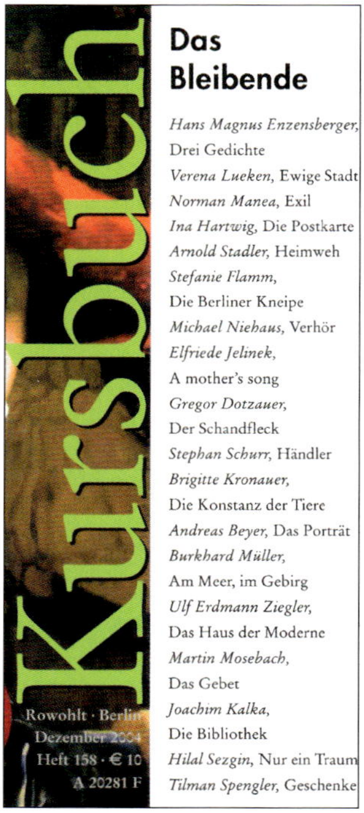

Kursbuch

Das Bleibende

Hans Magnus Enzensberger,
Drei Gedichte
Verena Lueken, Ewige Stadt
Norman Manea, Exil
Ina Hartwig, Die Postkarte
Arnold Stadler, Heimweh
Stefanie Flamm,
Die Berliner Kneipe
Michael Niehaus, Verhör
Elfriede Jelinek,
A mother's song
Gregor Dotzauer,
Der Schandfleck
Stephan Schurr, Händler
Brigitte Kronauer,
Die Konstanz der Tiere
Andreas Beyer, Das Porträt
Burkhard Müller,
Am Meer, im Gebirg
Ulf Erdmann Ziegler,
Das Haus der Moderne
Martin Mosebach,
Das Gebet
Joachim Kalka,
Die Bibliothek
Hilal Sezgin, Nur ein Traum
Tilman Spengler, Geschenke

Rowohlt · Berlin
Dezember 2004
Heft 158 · € 10
A 20281 F

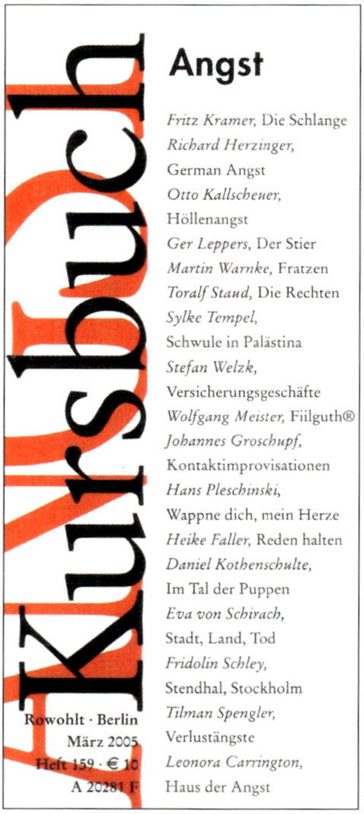

Kursbuch

Angst

Fritz Kramer, Die Schlange
Richard Herzinger,
German Angst
Otto Kallscheuer,
Höllenangst
Ger Leppers, Der Stier
Martin Warnke, Fratzen
Toralf Staud, Die Rechten
Sylke Tempel,
Schwule in Palästina
Stefan Welzk,
Versicherungsgeschäfte
Wolfgang Meister, Fiilguth®
Johannes Groschupf,
Kontaktimprovisationen
Hans Pleschinski,
Wappne dich, mein Herze
Heike Faller, Reden halten
Daniel Kothenschulte,
Im Tal der Puppen
Eva von Schirach,
Stadt, Land, Tod
Fridolin Schley,
Stendhal, Stockholm
Tilman Spengler,
Verlustängste
Leonora Carrington,
Haus der Angst

Rowohlt · Berlin
März 2005
Heft 159 · € 10
A 20281 F

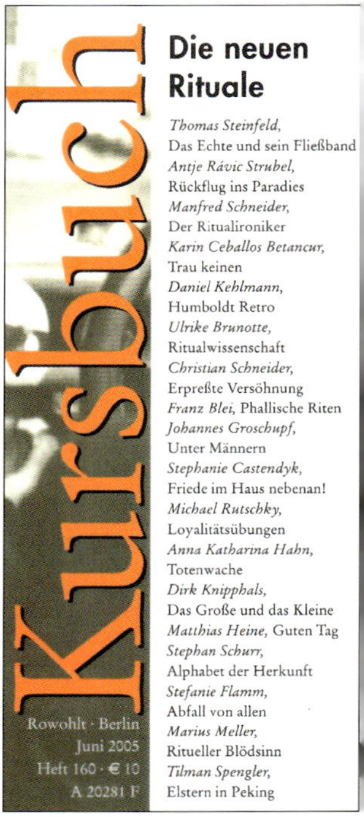

Kursbuch

Die neuen Rituale

Thomas Steinfeld,
Das Echte und sein Fließband
Antje Rávic Strubel,
Rückflug ins Paradies
Manfred Schneider,
Der Ritualironiker
Karin Ceballos Betancur,
Trau keinen
Daniel Kehlmann,
Humboldt Retro
Ulrike Brunotte,
Ritualwissenschaft
Christian Schneider,
Erpreßte Versöhnung
Franz Blei, Phallische Riten
Johannes Groschupf,
Unter Männern
Stephanie Castendyk,
Friede im Haus nebenan!
Michael Rutschky,
Loyalitätsübungen
Anna Katharina Hahn,
Totenwache
Dirk Knipphals,
Das Große und das Kleine
Matthias Heine, Guten Tag
Stephan Schurr,
Alphabet der Herkunft
Stefanie Flamm,
Abfall von allen
Marius Meller,
Ritueller Blödsinn
Tilman Spengler,
Elstern in Peking

Rowohlt · Berlin
Juni 2005
Heft 160 · € 10
A 20281 F

DIE ZEIT
Kursbuch
WAHL UND WÄHLEN. SCHULD UND SCHULDEN
Heft 161
Thomas Assheuer
Thomas E. Schmidt
Günter Grass
Michael Jürgs
Stefan Welzk
Franziska Augstein
Claudia Schmölders
Gunter Hofmann
Michael Naumann
Uwe Timm
Marcus Braun
Ingo Schulze
Hans Eichel
Wilfried Herz
James MacDonald
u. a.

DIE ZEIT
Kursbuch
RITTER, TOD UND TEUFEL
KRIEG, TERROR UND PANDEMIEN
Heft 162
Colum McCann
Gunnar Heinsohn
Klaus Wallendorf
Michael Kumpfmüller
Carl Schüddekopf
Walther Stützle
Georg Brunold
David Samuels
Irene Dische
Marcus Braun
Bernd Mahr
Herfried Münkler
u. a.

DIE ZEIT
Kursbuch
Heft 163
FOLTER UND FESTE

DIE ZEIT
Kursbuch
AUSGABE 164 VON PROPHETEN UND ANDEREN UNGLÜCKSRABEN
HANNES MÖHRING
HOFFNUNG AUF DEN MAHDI
CHRISTOPH REUTER
MEIN LEBEN ALS WAFFE
MANFRED HENNINGSEN
ROM + JERUSALEM = WASHINGTON
GEORG SEESSLEN
KAPUTT MACHT TRAUM
BERND FLESSNER, ACHATZ VON MÜLLER, MANFRED SCHNEIDER, HEIK AFHELDT, KARL-HEINZ STEINMÜLLER, PETER LAMPE, TILL ROENNEBERG UND VIELE ANDERE

DIE ZEIT
Kursbuch
AUSGABE 165 VERLETZLICHKEITEN
BERND FLESSNER
DIE PERMANENTE KRÄNKUNG
COLUM McCANN
EIN HUND AUF DER BRÜCKE
TOUHAMI ENNADRE
NEW YORK
CHRISTIANE GREFE
EINE BÜCHSE DER PANDORA
WILLIAM FINNEGAN, ELKE SCHMITTER, ACHATZ VON MÜLLER, FRANZISKA HEINZ, STEFAN WELZK, ALEX RÜHLE, JEAN RHYS, MARTINE BARRAT, KLAUS WALLENDORF, SYLKE TEMPEL, PETER GLASER ...

DIE ZEIT
Kursbuch
+++ EXTRA +++
KURSBOGEN
WIENER
KONGRESS
+++ EXTRA +++
AUSGABE 166 VORABSPRACHEN, ABSPRACHEN
UND VERABREDUNGEN
MILAN KUNDERA
DIE POETIK
DER GESCHICHTE
JULIA HALL
VERABREDUNG
ZUR FOLTER
NAVID KERMANI
AFGHANISTAN,
TROSTLOS
INGO SCHULZE
IN ESTLAND,
AUF DEM LANDE
HERIBERT PRANTL
DER KLEINE UND
DER GROSSE DEAL
CONSTANZE PAFFRATH, STEFAN WELZK,
THOMAS ASSHEUER, REGINA SCHMEKEN,
DANIEL SCHWARTZ, GERHARD HOFMANN,
ANNETTE REIN, CLAUS HEINRICH MEYER,
BARBARA VILLIGER HEILIG UND ANDERE

DIE ZEIT
Kursbuch
AUSGABE 167 KAMPFMASCHINEN
MANUAL
RELEASE
CAUTION
IF RED SHAFT IS
VISIBLE LINKAGE
IS UNLATCHED
DANIEL J. KEVLES
DIE ATOMBOMBE DES
ARMEN MANNES
LJUDMILA ULITZKAJA
DER GROSSE LEHRER
BERND MAHR
DER MASCHINELLE
WILLE ZUR
SELBSTVERNICHTUNG
MANFRED SCHNEIDER
BLITZKRIEG
DER EINZELGÄNGER
HERIBERT PRANTL, MAREKE ADEN,
STEFAN WELZK, BETTINA GAUS,
HARALD EGGEBRECHT UND ANDERE
ORIFICE
CAUTION
IF RED SHAFT IS
VISIBLE LINKAGE
IS UNLATCHED
ARMING
SOLENOID

DIE ZEIT
Kursbuch
AUSGABE 168 AUFGEHOBENE GRENZEN
NAVID KERMANI
DAS LABORATORIUM
STEFAN WELZK
DIE GROSSE
ENTSTAATLICHUNG
HERIBERT PRANTL
DER HERBST
DES STAATES
UTA HENSCHEL
DIE JAGD NACH H1N1
STEFAN WELZK, WILLIAM FINNEGAN,
KATHARINA TEICHGRÄBER, SHI MING,
HEIDRUN GRAUPNER UND ANDERE
FOTOESSAYS VON LEO FABRIZIO,
NELE HEITMEYER, OLAF UNVERZART,
SABINE SINNER, JENS LÜSTRAETEN

DIE ZEIT
Kursbuch
AUSGABE 169 DER GLÄSERNE MENSCH
JULI ZEH
CORPUS DELICTI
ASMUS PETERSEN
WOLLT IHR DEN
TOTALEN KLICK?
LAWRENCE WRIGHT
DER OBERSPION
NAVID KERMANI
KASCHMIR
KERSTIN SPECHT, BERND MAHR,
WALTER SCHINDLER, MARCUS BRAUN,
WOLFGANG VAN DEN DAELE, BERND
FLESSNER, STEFAN WELZK
FOTOESSAYS VON JÜRGEN CHILL,
MARCUS BUCK, JONAS VAN DER HUDE,
DONOVAN WYLIE, ROMAN SCHRAMM

Kursbuch 170
Krisen lieben
Sven Murmann Vorwort • Armin Nassehi, Peter Felixberger Ein Anfang • Henning Marmulla 1965/2012 • Armin Nassehi Der Ausnahmezustand als Normalfall • Dietmar Dath Legitimiert euch doch selbst! • Werner Plumpe Ohne Krisen keine Harmonie • Gunter Dueck Ich hasse Krisen • Romuald Hazoumè Europa in der Krise • Daniela Roth Kanisterkunst Jasmin Siri Krise organisieren • Florian Rötzer Medien in der Krise • Wolfgang Schmidbauer Krisen der Psychotherapie • Katja Mellmann Literatur als Krisenerzählung • Kathrin Röggla Frühjahrstagung, Herbsttagung
MURMANN
Februar 2012 € 19,– / sFr. 27.–

Kursbuch 171
Besser optimieren
Jens Bisky Brief eines Lesers • Birger P. Priddat Kapitalismus als Religion • Niels Pfläging Kaputtoptimieren • Jörn Müller-Quade Geheimnis Kryptografie • Lydia Rea Hartl Menschenoptimierung im Netzzeitalter • Peter Felixberger Das Coca-Cola-Komplott • Thorsten Baensch The Coca Cola Collection • James Shikwati Die Optimierungsfalle • Ingo Rechenberg Optimierbarkeit optimieren • Sabine Maasen Gut ist nicht gut genug • Irmhild Saake Sterben vor Publikum • Christian Gansch, Armin Nassehi Der perfekte Klang Gert Heidenreich Der Beste
MURMANN
Juni 2012 € 19,– / sFr. 27.–

Kursbuch 172
Gut leben
Ines Pohl Brief einer Leserin • Armin Nassehi Gut wirtschaften • Reinhard K. Sprenger Leadershit • Christina von Braun Wir zahlen alle den Preis des Geldes • Tobias Esch Wie kann man Glück lernen? • Jürgen Dollase Gut essen Peter Berner Neues Wohnen • Hans Förstl & sterben mit Alzheimer • Gian Domenico Borasio Gut sterben – wie geht das? • Friedrich Wilhelm Graf Dient Religion dem guten Leben? • Herfried Münkler Wann marschieren wir ein? Peter Felixberger Gut : Gerecht • Thomas C. Boyle In guten Händen
MURMANN
Oktober 2012 € 19,– / sFr. 27.50

Kursbuch 173
Rechte Linke
Johan Schloemann Brief eines Lesers • Armin Nassehi Die Macht der Unterscheidung • Susan Sontag 1968 • Axel Honneth / Paul Nolte Ich@Wir • Peter Felixberger Links = rechts • Ernst Pöppel Der autistische Spiegel • Konrad Paul Liessmann Lechts und rinks • Hans-Peter Feldmann 8 Seiten Bilder • Barbara Vinken Links ist, wo der Daumen rechts ist • Florian Rötzer Sind Google und die Piraten links? • Karl Bruckmaier Werch ein Illtum • Michael Brenner Der antisemitische Code • Nico Stehr Mut zur Lücke • Gesa Lindemann Mann und Frau • Georg M. Oswald In schwierigstem Gelände
MURMANN
März 2013 € 19,–

Kursbuch 174
Kursbuch 174
Richtig wählen
Barbara Schäfer Brief einer Leserin • Joachim Behnke Wozu Wahlen? • Armin Nassehi Abwählen! • Matthias Hansl Falsch gewählt • Florian Felix Weyh Losen statt wählen Michael Zöller CDU wählen? • Julian Nida-Rümelin SPD wählen? • Dirk Lüddecke FDP wählen? • Ralf Fücks Grüne wählen? • Rainer Rilling Die Linke wählen? • Florian Süssenguth Piraten wählen? • Harald Welzer Nicht wählen? Wolfgang Schmidbauer Die Richtigen • Ernst Mohr Wie wählen Konsumenten? • Jürgen Dollase Neue Koalitionen
MURMANN
Juni 2013 € 19,–

Kursbuch 175
Kursbuch 175
Gefährdete Gesundheiten
Norbert Seitz Brief eines Lesers • Gunnar Stollberg Was ist Gesundheit? • Manfred Lütz Auf Gedeih und Gesundheit! Joachim Müller-Jung Der kranke Gesunde • Armin Nassehi Kritik des gesunden Menschenverstandes • Gina Atzeni Wer gefährdet hier welche Gesundheiten? • Wilhelm Schmid Was macht ein Philosoph im Krankenhaus? • Peter Wagner Dreck macht Speck • Robert Pfaller Lasst euch nicht verführen! • Katarina Greifeld Meine Gesundheit gehört mir! • Michael von Brück 32 Arten des Pulses • Deborah Lupton Persönlich verantwortlich • Thomas Gerlinger Wettbewerb und Privatisierung • Rainer Merkel Aschura
MURMANN
September 2013 € 19,–

Kursbuch 176

Ist Moral gut?

Stephan Lohr **Brief eines Lesers** • *Rainer Erlinger* **Warum ich (k)ein Moralist bin** • *Heinz Bude* **Das Schicksal des Gutmenschen** • *Wolfgang Sofsky* **Das »eigentliche Element«** *Irmhild Saake* **Alles wird ethisch** • *Armin Nassehi* **Ist Dialog gut?** • *Uli Reinhardt* **Nirgendwo. Auf der Suche nach einem Leben mit Moral** • *Alfred Hackensberger* **Islam? Irrweg einer Weltreligion** • *Barbara Vinken* **Sexualmoral oder Liebeskunst?** • *Birger P. Priddat* **Moral führt!** • *Peter Felixberger* **Machtgeil, romantisch oder kompetent?** • *Gert G. Wagner* **Doping freigeben!** • *Yasmina Khadra* **Der Schreiber von Koléa**

MURMANN Dezember 2013 € 19,–

Kursbuch 177

Privat 2.0

Jakob Schrenk **Brief eines Lesers** • *Georg von Wallwitz* **Endlich Ruhe!** • *Armin Nassehi* **Die Zurichtung des Privaten** *Patrick Bahners* **Bitte legen Sie nicht auf!** • *Urs Stäheli* **Aus dem Rhythmus fallen** • *Jan Schallaböck* **Löscht die Daten!** *Olaf Unverzart* **Somalia Houses** • *Evgeny Morozov* **Datenagenten in eigener Sache** • *Karl-Heinz Ladeur* **Cyber Courts** • *Jörn Müller-Quade* **Privatsphäre gesucht!** • *Steffan Heuer* **Arbeit 2.0** • *Gesa Lindemann* **In der Matrix der digitalen Raumzeit** • *Eric Jarosinski* **Memeia Moralia**

MURMANN März 2014 € 19,–

Kursbuch 178

1964

Jürgen Kaube **Brief eines Lesers** • *Peter Felixberger* **Kind, Korn und Kachelofen** • *Armin Nassehi* **Die erste digitale Generation** • *Johano Strasser* **Wir bleiben im Gespräch** *Franziska Hohl* **Ausgeburt der Ohnmacht** • *Thomas Demand* **©2014** • *Ulf Poschardt* **Der lange Marsch in die Normalität** • *Karl Bruckmaier* **When I'm 1964** • *Stefan Willeke* **Wir haben uns treiben lassen** • *Ursula Pasero* **Die vielen** • *Rainer Merkel* **Zeige deine Wunde**
& 10 **INTERMEZZI** *von: Max Otte • Ulf von Rauchhaupt Ömer Şimşek • Kai Hafez • Martina Koederitz • Erik Lindner Inge Kloepfer • Rainer Forst • Peter Klotzki • Oliver Lepsius*

MURMANN Juni 2014 € 19,–

Kursbuch 179

Freiheit, Gleichheit, Ausbeutung

Thomas Palzer **Brief eines Lesers** • *Sudhir Venkatesh* **Freiheit im Untergrund** • *Georg von Wallwitz* **Der große Schwund** • *Hansjörg Küster* **Mensch und Natur** • *Erich Weede* **Freiheit impliziert Ungleichheit** • *Regina Schmeken* **Glamour** • *Elmar Altvater* **Die Dialektik der Ausbeutung** *Dirk Baecker* **Der Arbeitskraftunternehmer** • *Armin Nassehi* **Arbeit 4.0** • *Gerhard Klas* **Mythos Mikrokredit** • *Elísio Macamo* **Vorsprung durch Aufklärung** • *Dorthe Nors* **Der Buddhist**

MURMANN September 2014 € 19,–

Kursbuch 180

Nicht wissen

Andrian Kreye **Brief eines Lesers** • *Armin Nassehi* **Wenn wir wüssten!** • *Wolfgang Schmidbauer* **Einen Seitensprung gestehen?** • *Karsten Fischer* **Überwachen und steuern** *Werner Vogd* **Götter in Grau** • *Jürgen Zöllner* **Sterben müssen wir alle** • *Ernst Pöppel* **Ich habe keine Ahnung** • *Harald Lesch* **Warum bin ich ein Mensch?** • *Paul Hahn* **Learning** *Gregor Maria Hoff* **Gott im Verzug** • *Hans Ulrich Gumbrecht* **Pep Herberger** • *Peter Felixberger* **Die Stunde der Blender** *Martin G. Kocher* **Richtig falsch** • *Andreas Zeuch* **Im Tal der Ahnungslosen** • *Colm Tóibín* **Zwei Frauen**

MURMANN Dezember 2014 € 19,–

Kursbuch 181

Jugend forsch

Vera Bachmann **Brief einer Leserin** • *Julian Müller* **Émile und die Rousseauisten** • *Sabine Donauer* **Ihr seid mir unheimlich** • *Dark Horse* **Einfach ausprobieren** • *Gustav Theile* **Erneuerung jetzt** • *Leo Fischer* **Warum ich links bin** *Tilo Jung* **Hört auf, zu schwafeln** • *Mario Gerth* **Nomadenkinder** • *Eduardo Maura* **Vertrauen verspielt** • *Adi Livny* **Raketengetrieben** • *Anne Wizorek* **Generation müsy** • *Lara Fritzsche* **Bah, Nahrungsaufnahme** • *Jakob Schrenk* **Heult doch** • *Dominik Prantl* **Der Berg ist flach** *Nora Bossong* **Robinson Bahrain**

MURMANN März 2015 € 19,–